KB159225

한국어의 의미와 의미 이론

전영철

서울대학교 인문대학 언어학과 졸업
서울대학교 대학원 언어학과 졸업(문학석사)
인디애나대학교 대학원 언어학과 졸업(문학박사)
현 서울대학교 인문대학 국어국문학과 교수

저서: 한국어 명사구의 의미론
논문: "한국어 양상 범주의 형식의미론적 접근에 대하여",
　　　"대조 화제와 대조 초점의 표지 '는'", "한국어 복수 표현의 의미론" 등 다수

한국어의 의미와 의미 이론

초판 인쇄　　2023년 6월 19일
초판 발행　　2023년 6월 30일

지은이　　　전영철
펴낸이　　　박찬익
편집　　　　이기남
책임편집　　권효진
펴낸곳　　　㈜박이정
주소　　　　경기도 하남시 조정대로 45 미사센텀비즈 F827호
전화　　　　031-792-1195
팩스　　　　02-928-4683
홈페이지　　www.pijbook.com
이메일　　　pijbook@naver.com
등록　　　　2014년 8월 22일 제2020-000029호
ISBN　　　 979-11-5848-897-0 (93710)
책값　　　　18,000원

'이 연구는 서울대학교 미래기초학문분야 기반조성사업으로 지원되는 연구비에 의하여 수행되었음'

한국어의 의미와 의미 이론

전영철 지음

박이정

| 머리말 |

이 책의 목적은 한국어에서 의미가 작동하는 모습들을 관찰하고, 이를 어떻게 효과적으로 설명해 낼 수 있는지를 탐구하는 데 있다. 인간이 언어를 사용하는 것은, 그것에 대해 조금씩 더 알면 알수록 더 경이로워지는 묘한 세계의 일인 듯하다. 소리의 세계도 그러하고, 형태·통사의 세계도 그러하고, 또한 의미의 세계도 그러하다. 심지어 의미는 정확히 그것이 무엇인지도 잘 알지 못한다. 인간은 의미를 제대로 정의하지도 못하면서 끊임없이 그것을 주고받으며 삶을 산다. 무엇인지도 잘 모르면서 너무나 방대한 규모의 의미를 너무나 정확하고 빠르게 서로 공유하며 살아간다. 의미의 세계를 조금만 들여다보아도 놀라운 일 투성이다. 언어를 통해 의미를 주고받지 못한다면 무슨 일이 벌어질까? 상상조차 하기 힘든 가정이다. 우리는 이 책에서 한국어의 의미 세계의 일부를 들여다보려고 한다.

이 책은 다섯 부분으로 구성되어 있다. Ⅰ부에서는 언어 의미의 본질에 대해 알아본다. 의미란 과연 무엇인지 그리고 의미의 주요 특성들이 무엇인지 등을 다룬다. Ⅱ부에서는 의미 분석의 최소 단위이자 가장 강력한 심리적 실체인 단어의 차원에서 실현되는 의미의 모습을 살펴본다. Ⅲ부에서는 문장의 차원에서 실현되는 몇 가지 의미 현상들을 관찰한다. 문장은 단어들이 결합하여 이루는 대표적인 언어 단위로서 명제가 구현되는 분석의 단위이다. 문장에는 단어와는 다른 성격의 다양한 의미적 특성들이 관여한다. 이 책에서는 그중 일부인 시제, 시상, 양상과 같이 가능세계의미론적 특성이 나타나는 현상들을 주로 살펴본다. 그리고 문장 간의 대표적인 관계인 함의와 전제에 대해서도 살펴본다. Ⅳ부에서는 맥락이 관여하는 의미 현상들을 다룬다. Ⅱ부와 Ⅲ부의 내용들이 언어 표현의 고유한 의미에 대한 것이라면 Ⅳ부의 내용은 언어 표현의 고유한 의미로부터 맥락적 요소가 개입하여 도출되는 의미에 대한 것이다. 보통 화용론이라고 불리는 분야이다. 여기에서는 화용론의 근간을 이루는 언어 행위와 함축 이론을 살펴보고, 나아가 한국어의 의미적 특성을 잘 반영하는 지시성 및 정보구조 등에 대해 더 알아본다. Ⅴ부에서는 의미 이론들을 살펴본다. 먼저 의미 연구의 역사를 간략히 개괄하고, 이어서 현대 의미론의 두 주요 의미 이론인 형식의미론과 인지의미론의 기본 정신에 대해 살펴본다.

원래는 Ⅰ부~Ⅳ부만으로 책을 구성하려 하였는데, Ⅴ부의 의미 이론 부분을 추가하였다. 한국어의 의미에 대한 연구는 그동안 활발하게 이루어져 와서 그 연구 성과가 매우 크다. 그런데 한국어 의미 연구의 많은 부분이 의미론이 아닌 문법론이라는 좀 더 넓은 분야 속에서 다루어져 오면서, 대개는 구조주의적 혹은 기능주의적 관점에서 의미 현상들을 기술하는 데 주력해 왔다. 그 결과로 의미 이론들에 대한 관심이 상대적으로 약한 편이다. 의미 현상을 자세히 기술하는 노력과 의미 이론에 대한 관심이 조화를 이룰 때 한국어의 의미에 대한 이해가 더 깊어질 것이다. 이를 고려하여 의미 이론의 흐름을 짚어보는 부분을 첨가하였다.

이 책의 원고는 지난 십 년 이상을 주물럭거리던 것이다. 그 오랜 시간 동안 출판을 미루어 온 이유는 늘 부족함을 느껴서이다. 좀 더 솔직하자면, 게으름의 소치이다. 아직도 부족한 것 투성이지만 이렇게 출판을 하려고 하니, 그래도 기쁜 마음이 먼저 든다. 부족한 것들이 머릿속을 왔다 갔다 하지만, 그동안 마음이 많이 불편하였던 듯하다. 부족함에 대한 염려를 모른 체하고 기쁜 마음을 앞세워 본다.

이 책의 내용들은 여러 해 동안 학부 및 대학원의 한국어 의미론 수업에서 사용된 바 있다. 수업에 참여한 많은 학생들과 내용을 공유하면서 큰 도움을 받을 수 있었다. 그리고 꼼꼼하게 원고의 교정을 보아준 대학원생 백인영에 감사한다. 늘 함께하며 소중한 세월을 같이 쌓아가는 아내이자 절친인 황정희에게 나의 고마운 마음을 전하고 싶다.

2023년 6월 전영철

II. 단어의 의미

제3장 낱말밭과 성분분석

제4장 어휘의 의미 관계

III. 문장의 의미

Ⅳ. 맥락의 의미

V. 의미 이론

I. 언어의 의미

인간은 언어를 통해 의사소통을 한다. 그리고 언어를 통한 의사소통이란 언어의 '의미'를 서로 주고받는 일이다. 즉, '의미 활동'이라고 할 수 있다. 이 의미 활동은 인간을 인간답게 하는, 인간을 다른 존재들과 구별하는 핵심적 요소이다. 그러면 과연 '의미'란 무엇일까? 우리는 이에 대한 명확한 답을 가지고 있지 못하다. 인간 언어의 의미를 명확하게 정의하지 못한다. 그러나 우리는 그 '의미'를 공유한다. 모든 사람은 언어 표현의 의미를 다른 사람들과 공유하여, 너무나 쉽게 무의식적으로 의미를 주고받으며 삶을 살아간다. 우리는 이와 같은 존재인 의미에 대해 현재 우리가 이해하고 있는 바를 살펴보려고 한다.

1장에서는 '의미'의 의미를 어떻게 논할 수 있는지를 살펴본다. 지금까지 의미에 대하여 이런저런 정의들이 있었지만 만족할만한 수준에는 이르지 못한다. 우리는 어떤 정의를 추구하기보다 우리가 의미를 이해하는 자연스러운 두 가지 방식에 대해 생각해 보고자 한다. 그러한 두 가지 방식은 의미 연구의 두 주축인 형식의미론과 인지의미론에서 의미를 어떻게 파악하는지와도 통한다.

2장에서는 인간 언어의 의미가 가지는 주요한 특징들을 몇 가지 살펴본다. 다른 동물의 언어에서는 찾아볼 수 없는 현저한 특징들이 인간 언어의 의미에 독보적인 체계를 부여함을 확인할 수 있다. 이와 더불어, 의미를 논할 때 자주 등장하는 중요한 용어들도 몇 가지 살펴보고자 한다.

01

의미의 의미

1.1. 언어의 자의성

가장 기본적인 언어 표현인 단어의 의미를 가지고 얘기를 시작해 보자. 예를 들어, 영어 단어 'love'의 의미가 무엇이냐고 물으면, '사랑'이라고 보통 대답할 것이다. 그런데 '사랑'의 의미를 모른다면 혹은 또 다른 이유로 "그러면 사랑은 뭐야?"라는 질문으로 이어질 수 있다. 그리고 그 대답으로 "좋아하는 감정이야."라고 할 수 있을 것이다. 그런데 여기에서 끝나지 않고 "감정은 뭐야?"라는 질문으로 이어질 수도 있다. 이런 식의 설명은 끝없이 계속 이어질 수가 있다. 그리고 의미를 이런 식으로 설명하면 경우에 따라서는 순환론적 설명에 이를 수도 있다. 'love'에서 시작하여 '사랑', '좋아하는 감정' 등을 거쳐 다시 'love'로 돌아올 수도 있는 것이다. 따라서 이렇게 어떤 언어 표현의 의미를 다른 언어 표현으로 설명하는 것은 궁극적인 설명이 될 수 없다. "'love'의 의미는 '사랑'인가요?"라는 질문에 대해, 아마도 "아닙니다. 'love'의 의미는 '사랑'이 아니라 '사랑의 의미'입니다."가 더 적절한 대답이 될 것이다.

이러한 '의미'가 무엇인지에 대한 본격적인 논의에 앞서서, 우선 '의미'에 대한 언급이 시작되는 언어의 자의성에 대해 얘기를 시작해 보고자 한다. 우리는 언어를 형식과 의미의 자의적 연결체라고 한다. '자의적'이라는 말은 '필연적'이 아니라 '임의적', '우연적' 혹은 '관습적'이라는 것이다. 단어를 예로 들면, '집'이라는 소리(형식)은 고유의 의미, 가령 이 세상의 실제의 집과 자의적으로 연결되어 있다.

(1)

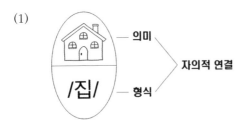

이 실제의 집이, 가령 '/밥/'이 아니라 '/집/'이라고 불러야 할 필연적인 이유가 없다는 것이다. 그저 언어사용자 간의 약속에 따른 관습적 결과이다. 이에 대한 명시적 이해는 20세기 초 구조주의 언어학에서 확립된 바 있다. 그리고 단어뿐만 아니라 구, 절, 문장 등의 모든 단위의 언어 표현들에 이러한 자의성이 실현된다. 우리는 '아이가 집에 있다.'라는 문장의 의미를 알고 있는데, 이 문장이 이러한 의미를 가지는 까닭은 한국어 사용자 간의 약속의 결과일 뿐이지 필연적인 이유가 없다. 물론 여기에는 단어 차원의 자의성뿐만 아니라, 단어들이 결합하면서 발생하는 문법적 자의성도 관여한다. 가령, 이 문장의 단어들이 왜 이런 순서로 나타나는지는 필연이 아니라 한국어의 자의적 특성이다.

우리가 '집'이라고 소리를 내거나 쓰게 되면 이 형식과 자의적으로 연결되는 무엇인가가 등장한다. 이러한 그 '무엇'이 의미이다. 이어서, 의미를 어떻게 정의할 수 있는지에 대해 알아보고자 한다.

1.2. 의미 삼각형

언어의 의미가 무엇인지를 정의하는 것은 매우 어려워서, 만족할 만한 정의를 내리지 못하고 있는 실정이다. 표준국어대사전에는 '의미'를 '말이나 글의 뜻'이라고 정의하고 있는데, 이것은 제대로 된 정의가 아니다. 그저 '의미'라는 한자어를 '뜻'이라는 고유어로 바꾸어 놓은 것에 불과할 뿐이다.

앞에서 살펴본 것처럼, 형식과 자의적으로 연결되는 존재로서 의미를 설정할 수 있지만, 여전히 의미가 무엇인지는 구체적으로 밝히기 힘들다. 그런데, 어린아이가 언어를 습득하는 과정을 살펴보면 의미의 모습을 어느 정도 확인할 수 있을 듯하다. 아이들은 말을 배우면서 모르는 표현을 듣게 되면 그 표현의 의미를 묻게 되고 주위 어른들로부터 답을 얻어 언어를 습득하곤 한다. 예를 들어 '코끼리'라는 단어를 어른들 대화에서 처음 접하게 되면 "엄마 '코끼리'가 뭐야?"라고 질문하는데, 이 질문은 다름 아닌 "엄마, '코끼리'라는 형식과 자의적으로 연결된 의미가 무엇이에요?"라는 질문이다. 이 질문에 대해 엄마가 답을 주면 그 아이는 만족해서 질문 과정을 종결하게 되는데, 이때 엄마가 주는 답을 살펴보면 의미에 대해 무언가를 포착할 수 있을 듯하다. 엄마의 답은, 마침 동물원에서 코끼리 우리 앞에 있다면 "저게 코끼리야."가 될 수 있고, 동물 그림책이 옆에 있다면 코끼리 그림을 보여주면서 "이게 코끼리야." 할 수도 있고, 마침 옆에 코끼리 장난감이 있다면 역시 "이게 코끼리야." 할 수 있을 것이다. 그런데 이러한 도움이 될 만한 것들이 없다면 그림을 그려서 설명해 줄 수도 있을 것이고, 그것조차 힘들다면 말로 설명해 줄 것이다. 아이의 수준에 맞추어 "코끼리는 코가 아주 길고 아주 몸이 큰 동물이야." 정도가 가능할 것이다.

이런 여러 가지 엄마의 답을 살펴보면 엄마의 답들은 크게 두 종류로 나눌 수 있다. 제일 마지막 대답과 그 나머지이다. 마지막 대답을 제외한 나머지 대답들은 정도의 차이는 있지만 실제의 코끼리를 이용하여 대답하는 반면에 마지막 답은 머릿속에 든 코끼리에 대한 이미지를 말로 풀어내고 있다. 사실은 이 두 가지 대답의 태도는 의미 연구의 주요한 두 가지 방향을 대변

하고 있다. 전자는 의미를 실제 세상에 존재하는 실체로 보는 것이며, 후자
는 그 실체가 언중들의 머릿속에 각인된 개념을 의미로 보는 것이다. 전자
의 대표적 연구로 '형식의미론(formal semantics)'이 있고 후자의 대표적 연구
로 '인지의미론(cognitive semantics)'을 들 수 있다.

이러한 사정을 의미 삼각형을 이용하여 다음과 같이 제시할 수 있다.

(2)

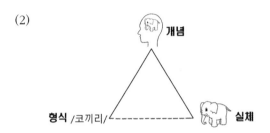

한 꼭지점은 '코끼리'라는 '형식'을 나타내고 또 한 꼭지점은 이 세상 코끼리
의 '실체(entity)'를 나타낸다. 그리고 나머지는 머릿속 코끼리의 '개념(concept)
'을 나타낸다. 밑면이 실선이 아니라 점선인 것은 형식과 실체 사이의 연결
관계가 다소 소극적임을 나타낸다. 이것은 형식과 의미 사이의 관계가 가지
는 자의성에 해당한다. 코끼리라는 실체가 '코끼리'로 불려야 할 필연성이
없음을 나타낸다. 그리고 나머지 두 변이 실선인 것은 머릿속의 개념이 심
리적으로 실존함을 표현한다. 개념은 형식이나 실체와 심리적으로 필연적
관계를 형성한다는 주장이다.

이 두 종류의 의미 이론은 각각 장점 및 한계를 가진다. 형식의미론의
장점은 실세계의 구체적인 지시물을 이용하여 언어표현의 의미를 명시적으
로 나타낼 수 있다는 점이다. 가령 고유명사 '철수'의 의미는 철수라는 바로
실제 개체이고, 보통명사 '사람'의 의미란 세상 모든 사람들의 집합으로 파
악하는 등이다. 그러나 실세계에 구체적인 지시물을 가지고 있지 않은 추상

명사('사랑', '미움')나 가상적인 언어 표현들('용', '불로초')에 대해서는 적절한 설명이 어렵다. 한편, 인지의미론은 언어기호의 의미를 머릿속에 있는 이미지, 개념 등으로 파악하므로, 실세계에 구체적인 지시물이 없는 경우도 그 의미를 부여할 수 있는 장점을 가지고 있다. 그러나 이미지나 개념을 명시적으로 제시할 방법이 뚜렷하지 않다. 인지의미론은 이미지나 개념 그 자체를 정의하기가 쉽지 않다는 한계를 가질 수밖에 없는 단점이 있다.

언어의 의미를 파악하기 위한 이러한 연구들이 만족스러운 수준의 정의를 제공하지는 못한다. 그렇지만 이 두 의미 이론은, 언어 표현의 의미를 다른 언어 표현으로 설명할 때 발생하는 순환론을 극복한다는 점에서 바람직한 면을 공유하고 있다. 형식의미론은 의미를 '대응되는 실체'로, 인지의미론은 의미를 '개념'으로 파악하여 순환의 고리를 종결시킨다. 다른 기존의 많은 언어 이론들이 의미를 논할 때 순환론적 설명을 벗어나지 못한 것과 비교하면 진일보한 이론들이라고 볼 수 있다.

1.3. 지시와 의의

언어 표현의 의미를 실제 세상에 존재하는 실체로 보는 의미관에 대해 좀 더 자세히 살펴보자. 이러한 실체란 곧 지시물(referent)이고, 언어 표현은 지시물을 지시하고(refer to), 언어 표현의 의미를 지시물과의 대응, 즉 지시(reference)라고 보는 의미 이론을 지시의미론(referential semantics)이라고 한다. 지시의미론의 대표적인 것으로 형식의미론을 들 수 있다.

지시의미론에서 일반적으로 취하고 있는 몇 가지 언어 표현들의 의미, 즉 지시를 제시해 보면 다음과 같다.

(3) 고유명사   개체
    일반명사   개체들의 집합
    형용사   개체들의 집합
    자동사   개체들의 집합
    타동사   개체들의 순서쌍들의 집합
    문장   참 또는 거짓

'철수'라는 고유명사의 의미는 철수라는 실제 인물이고, '옷'이라는 일반명사의 의미는 이 세상의 모든 옷들의 집합이며, '파랗다'라는 형용사의 의미는 이 세상의 모든 파란 것들의 집합이며, '자다'라는 자동사는 이 세상의 모든 자는 것들의 집합이며, '사랑하다'라는 타동사는 사랑하는 자와 사랑받는 자로 구성된 순서쌍들의 집합이라는 식의 견해이다. 그리고 이러한 기본 표현들을 바탕으로 복합 표현들의 의미가 결정되는데, 예를 들어 '파란 옷'이라는 명사구의 의미는 '파랗다'의 의미인 파란 것들의 집합과 '옷'의 의미인 옷들의 집합의 교집합이라고 본다. 하나 더 예를 들어, '철수가 잔다.'라는 문장의 의미는 철수와 자는 것들의 집합 간의 관계에 의해 결정되어, 철수가 자는 것들의 집합에 들어 있으면 참이 되고, 그렇지 않으면 거짓이라고 본다. 즉, 문장의 의미는 참 또는 거짓의 진리값으로 처리된다.

의미는 지시라는 견해는 이러한 방식으로 확대되어 모든 언어 표현들에 대해 일정한 의미를 부여하게 되지만, 이들 중에서 직관적으로 쉽게 파악할 수 있는 언어 표현은 고유명사, 일반명사, 명사구 등의 명사적 표현(nominal)이다. 따라서 명사적 표현을 대상으로 지시로서의 의미에 대해 좀 더 자세히 알아보자.

위에서 살펴본 '철수', '옷', '파란 옷' 등의 명사적 표현들은 비교적 쉽게 지시를 파악할 수 있지만, 지시를 파악하는 데 어려움이 있는 경우들이 상당히 많다. 추상명사나 가상의 언어 표현들은 지시물이 실제 세계에 존재하지 않아서 직접적인 지시를 부여하기가 어렵다. 그리고 어떤 하나의 지시물에 대하여 둘 이상의 언어 표현들이 사용되는 경우에도 어려움이 뒤따른다. 하나의 동일 인물이 경우에 따라 '아빠', '우리 회사 사장님', '수영 초급반 수강생' 등으로 지칭될 수 있는데, 지시의미론의 관점에서 보면 이 세 가지 표현들은 동일한 인물을 지시하므로 동일한 의미를 가지게 된다. 그런데 실제로 우리가 이 표현들의 의미가 서로 동일하다는 데 선뜻 동의하기가 쉽지 않다. 예를 들어, 역사적 인물이 관점에 따라 완전히 다르게 평가될 수가 있다. 우리가 '안중근 의사'라고 부르는 인물에 대하여 어떤 다른 집단은 '테러리스트'라고 부른다. 비록 이 두 표현들이 동일한 지시를 가진다고 하더라도, 이들이 동일한 의미를 가진다고는 볼 수가 없다. 만약 사정이 이렇다면 의미를 단순히 지시로 보는 것은 타당하지 않을 것이다. 의미는 지시 이상의 무엇인가를 더 포함하고 있다고 보아야 할 것이다.

의미와 지시의 이와 같은 차이에 대한 명시적인 언급을 Frege(1892)에서 찾아볼 수 있다. 금성(Venus)이 새벽에 동쪽 하늘에 나타나기도 하고 초저녁에 서쪽 하늘에 나타나기도 하는데, 전자의 경우에 '샛별'이라고 불리고 후자 때는 '개밥바라기별'이라고 불린다. 하나의 행성이 두 가지로 불리는 것인데, Frege는 이 둘의 의미가 같지 않다고 하였다. (4가)는 'A는 A이다.'의 동일 서술 형식의 문장이어서 언제나 참이 되는 항진 명제인데, (4나)는 동일 서술부의 '샛별'을 이와 동일한 지시를 가지는 '개밥바라기별'로 대치한 문장이다.

(4) 가. 샛별은 샛별이다.
    나. 샛별은 개밥바라기별이다.

그런데 (4가)와는 달리, (4나)는 항진 명제가 되지 않는다. (4가)는 언제나 참이 되는 항진 명제로 가치 있는 정보를 가지고 있지 않지만, (4나)는 그렇지 않다. 새벽에 동쪽에서 보이는 별이 초저녁 서쪽에서 보이는 별과 동일한 별이라는 천문학적 지식을 알려준다.

Leibnitz의 법칙에 따르면, 어떤 두 요소가 동일하다면 이들이 서로 대치되어도 문장의 진리치가 바뀌지 않는다. 그런데 (4)의 예에서는 이 법칙이 준수되지 않는다. '샛별'과 '개밥바라기별'이 대치되었을 때 문장의 진리치가 바뀐다. 이 둘은 동일하지 않다는 것이다. 즉 동일한 의미가 아니다. 이에 Frege는 지시가 같다고 하여 의미가 같다고 볼 수 없음을 확인하고, 의미를 지시와 의의(sense)로 양분할 것을 제안한다. 그리고 지시가 같지만 의미가 같지 않은 '샛별'과 '개밥바라기별'과 같은 경우를 의의가 다른 것으로 설명한다. 의의란 지시보다 포괄적인 의미라고 볼 수 있다. '샛별'의 지시적 의미란 금성이라는 지시물 그것뿐이지만, 의의적 의미는 이러한 지시적 의미에 덧붙여 새벽이나 동쪽이라는 정보 등도 포함한다.

이상을 통해, 의미를 단순히 지시라고 보는 것은 충분하지 않다는 사실을 알 수 있다. 의미를 제대로 논하기 위해서는 의의를 포착할 필요가 있다. 아래에서는 의의를 포착하기 위한 두 가지 흐름을 알아보고자 한다. 먼저 개념의미론을 살펴보고, 이어서 형식의미론으로 대표되는 지시의미론에서 지시가 곧 의미라는 한계를 극복하기 위해 제시된 방안을 살펴보기로 하자.

1.4. 개념

지시의미론이 언어 표현의 의미를 그와 직접 대응하는 지시물로 보는 반면에 개념의미론은 대응하는 지시물에 대해 마음속 혹은 머릿속에 가지고 있는 '개념'이 바로 의미라고 주장한다. 개념의미론자들은 어떤 언어 표현의 의미를 파악한다는 것이 단지 그 표현의 지시물을 확인하는 것만으로 끝나는 것이 아니라, 여기에 덧붙여 여러 가지 관련되는 작업들이 함께 동반된다고 본다. 그리고 그 결과로 그 언어 표현에 대한 개념이 머릿속에 형성되는 데 이것이 바로 의미라는 것이다. 이렇게 볼 때, 개념은 지시보다 더 포괄적인 것으로 바로 의의에 해당한다고 볼 수 있다.

우리가 '얼음'이라는 언어 표현을 접했을 때 무엇이 얼음인지에 대한 확인만으로 의미 파악을 종결하는 것이 아니라, **얼음**이라는 개념과 연관되는 **차갑다**, **딱딱하다**, **미끄럽다** 등의 여러 가지 관련 개념들을 떠올린다.[1] 그리고 실제로 이러한 관련 개념들이 '얼음'의 의미를 이해하는 데 중요한 구실을 한다. 예를 들어 '차가운 얼음', '딱딱한 얼음' 등은 의미적으로 적절한 표현이지만 '따뜻한 얼음'이나 '부드러운 얼음'과 같은 표현은 의미적으로 부적절한 결합인데, 이러한 판단이 가능한 이유가 바로 지시적 의미를 넘어서서 개념적 의미가 존재하기 때문이다. 그리고 나아가 '얼음'에 대해 머릿속에 형성되어 있는 개념을 근거로 '얼음'의 지시적 의미를 판단한다고도 볼 수 있다. 어떤 것이 주어졌을 때 그것이 얼음인지 아닌지를 판단하는 근거가 바로 **얼음**이라는 개념이라고 볼 수 있다. 그 어떤 것이 **얼음**에 부합하면 그것은 얼음으로 판단될 것이며, 그렇지 않다면 얼음이 아니라고 판단될 것이다. 이와 같이 개념은 지시보다 더 포괄적이며, 개념으로부터 지시가 도출된다고도 볼 수 있는 까닭에 개념을 의의라고 볼 수도 있을 것이다.

또한 지시와는 달리, 추상명사나 가상적 표현 등과 같이 구체적인 실체가 없는 언어 표현에 대해서도 개념을 설정할 수 있어서 개념이 지시보다 더 포괄적인 동시에 유연하다고 할 수 있다. 그러나 개념은 몇 가지의 문제점을 원천적으로 안고 있기도 하다. 우선 개념이 무엇인지에 대해 명시적으로 규정할 수 없다는 것이다. 세상에 대한 경험을 토대로 언중들 간에 공유되는 그 무엇인가가 머릿속에 존재하는 것으로 가정할 수 있으나, 그것이 어떤 형식을 갖추고 있는지에 대해서는 명확하게 밝힐 수 없는 한계를 가진다.

---

1) '**얼음**'과 같이 굵은 흘림체는 개념을 나타내기 위하여 사용된다.

개념을 필요충분조건들의 집합으로 간주하려는 노력도 있으나, 이 또한 큰 어려움을 가진다. 아주 단순한 표현조차도 그 개념을 위한 필요충분조건을 세우기가 쉽지가 않기 때문이다. '개'의 개념 *개*에 대한 필요충분조건을 생각해 보자.

(5) 동물이다
   인간에게 충성한다
   다리가 넷이다
   꼬리가 있다
   …

위의 속성들이 개와 일반적으로 관련이 있다는 것은 인정할 수 있지만, 필요충분조건을 세운다는 것은 다른 문제이다. 개는 일반적으로 인간에게 충성스럽지만 모든 개가 그렇지는 않으며, 대부분의 개가 다리가 넷이지만 아주 드물게라도 어떤 이유로 인해 다리가 셋인 개도 있을 수 있다.

사실은 이러한 필요충분조건을 따지기에 앞서서 아주 단순한 수준에서도 개념을 파악하기가 얼마나 어려운지를 쉽게 알 수 있다. 고양이에 대하여 모든 사람이 동일한 경험을 하고 이를 바탕으로 '고양이'에 대한 동일한 개념을 공유한다고 말할 수 있는가? 결코 아닐 것이다. 어떤 사람은 고양이에 대한 좋은 기억이 있는 반면에 또 어떤 사람은 정반대의 기억을 가지고 있을 수 있다. 어떤 언어 표현에 대해서도 이와 비슷한 상황이 연출될 것이다. 심지어는 아주 어린 새끼 고양이만 본 어린 아이에게는 아주 큰 어른 고양이는 고양이가 아닐 수도 있을 것이다.

1.5. 외연과 내포

지시의미론에서 어떤 언어 표현의 의미란 실제 세계의 지시물이다. 술어 '파랗다'의 의미는 실제 세계에서 파란 것들의 집합으로 규정된다. 그런데 지금 내가 입고 있는 파란 옷이 빨간 색인 가상의 세계를 가정해 보자. 내가 입고 있는 옷이 빨간 색인 것을 제외하고는 모든 것이 실제 세계와 동일한 세계를 가정해 보자는 것이다. 이제 실제 세계와 가상 세계에서 '파랗다'의 의미를 따져 보자. 실제 세계에서의 파란 것들의 집합과 가상 세계에서의 파란 것들의 집합은 서로 동일하지 않다. 내가 입고 있는 옷이 전자에는 포함되지만 후자에는 포함되지 않기 때문이다. 따라서 지시적 의미에 의하면 '파랗다'의 의미는 이 두 세계에서 동일하지 않다. 그러나 이러한 결론은 우리의 직관에 위배된다. 우리의 직관에 따르면, 파란 것들의 집합의 구성원들이 동일하지 않다고 하더라도 이 두 세계에서 '파랗다'의 의미는 똑같다고 보아야 한다. 이러한 우리의 직관을 유지하는 한 방법은, 지시적 의미를 실제 세계뿐만 아니라 가능한 다른 세계에서의 지시물까지로 확대시키는 것이다. 즉, '파랗다'의 지시적 의미를 실제 세계에서의 파란 것들의 집합과 가상 세계에서의 파란 것들의 집합을 모두 포함하는 것으로 확대하자는 것이다. 이렇게 되면 '파랗다'의 의미는 이 모든 세계 각각의 파란 것들의 집합을 포함하는 하나의 의미를 가지게 되어, 실제 세계에서의 파란 것들의 집합과 가상 세계에서의 파란 것들의 집합이 다르더라도 우리의 직관에 위배되지 않는다.

지시의미론에서는 지시적 의미의 이러한 확대를 위하여 가능세계(possible world)의 개념을 도입한다. 즉 어떤 언어 표현의 의미는 실제 세계에서의 지시일 수도 있지만 모든 가능 세계에서의 지시로 확대될 수도 있다고 본다. 그리고 실제 세계는 가능 세계들 중의 하나이다. 이에 따르면 '옷'의 의미는 개별 가능 세계에서의 지시 및 모든 가능 세계에서의 지시로 포착된다. 전자는 개별 가능 세계 각각에서의 옷들의 집합이고 후자는 모든 가능 세계들 각각에서의 옷들의 집합을 모두 포함한다. 전자와 같이 각 가능세계에서의 지시적 의미를 외연(extension)이라 하고, 후자와 같이 모든 가능세계에서의 지시적 의미를 내포(intension)라고 하여 구별한다. '옷', '파랗다', '자다'의 외연과 내포는 각각 다음과 같다.

(6)　가. '옷'의 외연: 개별 가능 세계에서의 옷들의 집합
　　　　'옷'의 내포: 모든 가능 세계들 각각에서의 옷들의 집합의
　　　　　　　　총합
　　나. '파랗다'의 외연: 개별 가능 세계에서의 파란 것들의 집합
　　　　'파랗다'의 내포: 모든 가능 세계들 각각에서의 파란 것들의 집합
　　　　　　　　의 총합
　　다. '자다'의 외연: 개별 가능 세계에서의 자는 것들의 집합
　　　　'자다'의 내포: 모든 가능 세계들 각각에서의 자는 것들의 집합의
　　　　　　　　총합

　　이와 같이 지시를 외연뿐만 아니라 내포도 포함하는 것으로 확대하면, 앞에서 언급한 지시의미론의 어려움이 해소될 가능성이 열린다. 예를 들어 '아빠'와 '우리 회사 사장님'이 실제 세계에서 동일한 지시를 가지지만 동일한 의미를 가지지는 않는다는 점을 지적하였는데, 지시를 외연과 내포로 분리하면 이 둘의 의미가 다르다는 사실을 설명할 수 있다. 즉, 외연은 같지만 내포가 달라서 이 둘의 의미는 동일하지 않다고 볼 수 있게 된다.
　　논의의 편의를 위해 가능 세계를 무한하다고 보지 않고 시간 및 장소에 따라 일정한 수의 가능 세계가 존재한다고 가정하자. 다음과 같이 각 표현에 대해 여러 가능 세계들에서의 지시체, 즉 외연을 설정해 볼 수 있다.

(7) '아빠'의 외연과 내포

	장소1	장소2	장소3
시간1	☺2	☺2	☺3
시간2	☺2	☺1	☺3
시간3	☺2	☺2	☺3

(8) '우리 회사 사장님'의 외연과 내포

	장소1	장소2	장소3
시간1	☺2	☺1	☺3
시간2	☺2	☺1	☺1
시간3	☺2	☺1	☺2

이렇게 장소 셋과 시간 셋에 의해 가정된 아홉 개의 가능 세계 중에서 장소2
와 시간2로 구성된 가능 세계를 실제 세계라고 본다면, 실제 세계에서 '아빠'
와 '우리 회사 사장님'의 외연 및 내포는 다음과 같다.

(9) 가. 실제 세계에서의 '아빠'의 외연 = ☺1
     나. (실제 세계에서의) '아빠'의 내포 = ☺2 [장소1/시간1]
                                            ☺2 [장소1/시간2]
                                            …
                                            ☺1 [장소2/시간2]
                                            …
                                            ☺3 [장소3/시간3]

(10) 가. 실제 세계에서의 '우리 회사 사장님'의 외연 = ☺1
     나. (실제 세계에서의) '우리 회사 사장님'의 내포 = ☺2 [장소1/시간1]
                                                        ☺2 [장소1/시간2]
                                                        …
                                                        ☺1 [장소2/시간2]

실제 세계인 [장소2/시간2]에서 '아빠'와 '우리 회사 사장님'의 외연은 ☺1으로 동일하지만, 그 내포는 각각 다르다. 예를 들어, [장소3/시간3]의 가능세계에서 그 지시체가 각각 ☺3, ☺2이므로 이들의 내포는 서로 달라진다. 실제 세계에서는 동일한 인물을 지시체로 가지지만 모든 가능 세계에서 그렇지는 않기 때문이다.

지시의미론은 지시를 이와 같이 외연과 내포로 확대하여 구분함으로써 Frege가 지적한 의미의 두 가지 측면인 지시와 의의를 포착하고자 한다. 이제, 외연과 내포는 각각 Frege의 지시와 의의에 해당한다. 외연과 내포의 구분을 Frege의 예에 적용해 보면 다음과 같다.

(11) '샛별'의 외연과 내포

	장소1	장소2	장소3
시간1	★2	★2	★3
시간2	★2	금성	★3
시간3	★2	★2	★3

(12) '개밥바라기별'의 외연과 내포

	장소1	장소2	장소3
시간1	금성	★2	★3
시간2	★2	금성	★3
시간3	★2	★3	금성

'샛별'과 '개밥바라기별'은 [장소2/시간2]의 실제 세계에서 우연히 금성을 지시물로 공유하지만 모든 가능 세계에서 그렇지는 않다. 즉 외연만 같을 뿐

이지 내포는 달라서 의미가 다르다고 할 수 있다. 의미의 두 가지 측면인 Frege의 지시와 의의의 구분이 외연과 내포에 의해 명시적으로 이루어진 셈이 된다.

한편, 이와 같이 확대된 지시의미론적 방식은 가상적 지시물에 대해서도 적절한 지시적 의미를 부여할 수 있다. '화성에 착륙한 최초의 인간'과 같은 표현이 실제 세계에서는 실체를 가지지 못하지만 미래의 어떤 가능 세계에서는 실체를 가질 수 있기 때문이다. 즉, 실제 세계에서는 이 표현이 외연을 가지지 못하지만 내포는 가능하기 때문에 지시적 의미를 가진다고 할 수 있다.

이러한 방식을 문장의 의미에도 적용시킬 수 있다. 문장의 외연은 참 또는 거짓이므로, 문장의 내포는 모든 가능 세계에서의 진리치의 총합이 될 것이다. 가령 '철수는 잔다.'의 외연과 내포는 다음과 같다.

(13) '철수는 잔다.'의 외연과 내포

	장소1	장소2	장소3
시간1	참	거짓	거짓
시간2	거짓	참	거짓
시간3	거짓	참	거짓

[장소2/시간2]의 실제 세계에서 이 문장의 외연은 참이고, 이 외연 값뿐만 아니라 다른 모든 가능 세계 각각에서의 진리치를 모아 놓은 것이 이 문장의 내포가 된다. 그런데 이러한 내포적 의미를 진리치가 참인 모든 가능 세계들의 집합으로도 포착할 수 있다. 이 예에서는 참의 진리치를 가지는 세 가능 세계들의 집합인 {[장소1/시간2], [장소2/시간2], [장소2/시간3]}이 그것이다. 이런 식으로 문장의 내포적 의미를 나타내면, 내포적 의미가 다른 모든 문장들을 구별할 수 있다. 가능 세계의 수는 무한하기 때문에, 내포적

의미가 다른 모든 문장에 각기 다른 가능 세계들의 집합을 부여할 수 있는 것이다. 문장의 내포적 의미, 즉 명제는 참이 되는 모든 가능 세계들의 집합으로 규정된다.

02
언어 의미의 특성들

2.1. 합성성 원리

우리는 이제까지 가장 대표적인 언어 단위인 단어를 통해 언어의 의미를 어떻게 파악할 수 있는지를 알아보았다. 언어 단위의 측면에서 볼 때 형식과 의미 간에 자의성이 관여하는 가장 작은 단위는 형태소이므로 형태소가 의미를 논할 수 있는 최소의 언어 단위라고 할 수 있다. 그렇지만 형태소 하나로 이루어진 단어들이 많이 존재하고, 단어가 언어사용자에게 가장 중요한 언어 형식으로 작용한다는 사실을 고려하면, 단어를 의미가 관여하는 최소의 언어 단위로 다루어도 무방할 것이다.

여기에서는 단어보다 큰 언어 단위인 구나 문장 등의 의미는 어떻게 파악할 수 있을지를 살펴보고자 한다. 구와 문장은 단어들이 결합하여 이루어지는 형식이므로, 이것들의 의미는 단어들 각각의 의미와 그 단어들이 결합하면서 발생하는 의미에서 비롯될 것이다. 예를 들어, '철수가 영희를 좋아한다.'와 '영희가 철수를 좋아한다.'의 의미를 생각해 보자. 이 두 문장은 의미가 다른데, 이 두 문장에는 '철수', '영희', '좋아한다' 등의 동일한 단어들이 사용되고 있으나 그 단어들이 결합하는 방식이 다르다. 즉, 이 문장들은 동일한 단어의 의미들을 가지지만 단어들의 결합 방식에서 유래하는 의미가 서로 다르기 때문에 이 두 문장의 의미가 달라지게 된다.

우리는 이 두 종류의 의미를 구별하여, 단어의 의미를 '어휘적 의미(lexical

meaning)'라고 하고, 단어들이 결합하면서 발생하는 의미를 '구조적 의미 (structural meaning)'라고 부른다. 문장의 의미는 어휘적 의미와 구조적 의미라 는 두 가지 의미에 의해 결정된다. 이를 '합성성 원리(the principle of compositionality)'라고 하는데, 문장뿐만 아니라 모든 단위의 복합적 언어 표현에 적 용되는 원리이다. 이를 좀 더 일반화하여 다음과 같이 말할 수 있다.

(1) 의미의 합성성 원리
   어떤 언어 표현의 의미는 그 구성 요소들의 의미와 그것들이
   결합하는 방식에 의해 결정된다.

구성 요소의 최소 단위를 단어라고 본다면, 어떤 언어 표현의 의미는 구성 단어들의 의미와 그것들이 결합하는 방식에 의해 결정된다고 볼 수 있다.

한편, 구조적 의미는 함수적 적용(functional application)에 의해 결정되는 특 징이 있다. 복합 언어 표현들은 특정한 구조를 가지는데, 그 구조는 기본적 으로 양분법에 의해 형성된다. 긴 복합 언어 표현들이 차례로 양분되어 마 지막 단계인 단어에 이르는 구조를 가진다는 것이다. 예를 들어, '철수가 영희를 좋아한다.'는 '철수가'와 '영희를 좋아한다'로 양분되고, 다음으로 '영 희를 좋아한다'는 '영희를'과 '좋아한다'로 양분되어 다음의 특정한 구조를 이루게 된다.

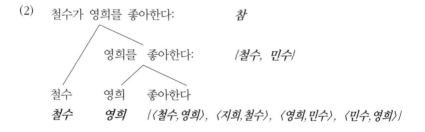

이 문장이 이런 방식이 아니라 '철수가 영희를'과 '사랑한다'로 양분되지는

않는다. 한국어 사용자들은 모두 (2)와 같이 양분하는 언어 직관을 가진다. 문장이 먼저 주부와 술부로 나누어지는 언어적 직관이 반영된 결과이다.

양분된 요소들은 모두 둘 중 하나가 함수자(functor)가 되고 나머지는 논항(argument)이 되어, 이 둘이 결합할 때 함수적 적용에 의해 그 결합 표현의 의미가 결정된다. 집합이론을 이용하여 이러한 함수적 적용을 설명해 보자. 위의 나무 그림에는 각 구성성분에 의미가 부여되어 있는데, 굵은 흘림체가 '의미'를 나타낸다. '철수'라는 단어는 철수라는 실제 사람을 의미로 가지고, '영희'는 영희라는 실제 사람을 의미로 가진다. 그리고 '사랑한다'라는 타동사는 사랑하는 사람과 사랑받는 사람으로 이루어진 순서쌍들의 집합을 의미로 가진다고 파악한다. 이 예에서는 철수와 영희, 지희와 철수 등의 네 순서쌍이 존재하는 상황을 가정하고 있다. 이제 이 단어들이 결합하여 문장을 이루어가는 과정을 살펴보자. 먼저 '영희'와 '좋아한다'가 결합하는데, 이들의 의미를 고려하면 '좋아하다'가 함수자이고 '영희'가 논항이 된다. 논항 '영희'가 함수자 '좋아한다'에 적용되면 그 결과값으로 '영희를 좋아하는 사람들의 집합'이 도출된다. 이것은 철수와 민수를 구성원으로 가지는 집합인데, '영희를 좋아한다'의 의미가 된다. 다음으로 주어인 '철수'와 술어인 '영희를 좋아한다'가 결합하는데, 이들의 의미값에 의해 '철수'가 논항이 되고 '영희를 좋아한다'가 함수자가 된다. 이들 사이의 함수적 적용에 따라, 철수가 영희를 좋아하는 사람들의 집합에 들어 있으면 이 문장은 참이 되고 그렇지 않으면 거짓이 된다. 이 예에서는 영희를 좋아하는 사람들의 집합에 철수가 들어있으므로 이 문장은 참이 된다.

다음으로, 다른 문장 '영희가 철수를 좋아한다.'의 의미를 알아보면, '철수가 영희를 좋아한다.'와는 다른 방식으로 단어들이 결합하고 있어서 다른 의미를 가지게 된다. 위에서와 같은 함수적 적용을 거쳐 이 문장은 거짓이 되어 (2)의 문장과는 다른 의미를 가지게 된다.

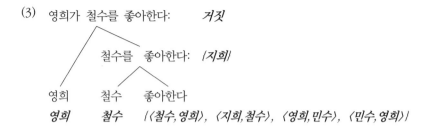

(3) 영희가 철수를 좋아한다:　　*거짓*

철수를　좋아한다:　*{지희}*

영희　　철수　　좋아한다
영희　　　***철수***　　*{⟨철수,영희⟩, ⟨지희,철수⟩, ⟨영희,민수⟩, ⟨민수,영희⟩}*

이와 같이 문장의 의미는 함수적 적용의 결과로 나타난다. 동일한 단어들이 사용되는 문장들이 서로 다른 의미를 가지게 되는 것은 단어들의 결합 방식이 달라서 서로 다른 함수적 적용이 이루어진 결과이다. 이처럼 문장을 포함하여, 모든 복합 언어 표현들의 의미가 함수적 적용이 작동하는 합성성 원리에 따라 계산될 수 있다는 아이디어는 19세기 말 독일의 수학자이자 언어철학자인 Frege로부터 시작되었다.

2.2. 맥락적 의미

의미 해석의 대원칙인 합성성의 원리에 따르면, 어떤 문장의 의미는 어휘적 의미와 구조적 의미에 의해 결정된다. 그리고 이 두 가지 의미에는 고정적인 성격이 있다. 어휘적 의미는 단어의 형식에 자의적으로 연결된 고정적 의미로서 모든 언어 사용자에 의해 공유된다. 구조적 의미도 마찬가지여서 한 언어의 구조적 특징에 따라 작동하는 함수적 적용에서 유래되므로 동일한 구조에 대해 늘 동일한 방식으로 의미가 부여된다. 예를 들어, "작품이 꽤 좋아 보입니다."라는 문장을 생각해 보자. 이 문장의 의미를 사용된 단어들을 기반으로 합성성 원리에 따라 구해 본다면, 해당 작품의 질이 중상 정도가 된다는 의미로서 모든 언어 사용자에 의해 공유되는 고정적인 의미를 가진다. 그런데 이 문장이 이러한 의미와는 상당히 다르게 사용될 수도 있다. 작품 평가자의 성향에 따라 평범한 작품이라는 의미일 수도 있고 최상의 작품일 수도 있다. 한 예를 더 들자면, "지금 밤 10시예요."라는 발화는 현재의 시간을 나타내는 고정적인 의미를 가지지만, 상황에 따라 아주 늦었으니 헤어지자는 의미로 혹은 이와는 정반대로 얼마 늦지 않았으니 계속 같이 있자는 의미로도 사용될 수가 있다. 이러한 비고정적인 의미들은 언어 표현들에 고유한 고정적인 의미를 다루는 합성성 원리만으로는 설명할 수가 없다. 어떤 상황에서 사용되느냐에 따라 그 의미들이 다양하게 결정되기 때문이다.

합성성 원리가 작동하는 언어 표현 고유의 고정적 의미를 '문자적 의미(literal meaning)'라고 하고, 맥락의 영향이 작용하여 도출되는 의미를 '비문자적(non-literal)/맥락적(contextual) 의미'라고 하여 구별할 수 있다. 문자적 의미란 언어의 자의성에서 유래하는 고정적인 의미인 까닭에 언제 어디에서 사용되든지 모든 언어 사용자에 의해 예측가능한 의미이다. 반면에 맥락적 의미는 사용 맥락에 따라 달라지므로 언어 표현 자체만으로는 예측이 가능하지 않다. 사용 맥락에는 화자 및 청자와 관련되는 여러 요소들뿐만 아니라 언어적인 전후 사정, 상황적인 수 많은 요인들이 관여한다. 따라서 이로 인해 언어의 의미는 더욱 더 복잡한 모습을 보인다. 맥락적 의미를 다루는 분야를 화용론(pragmatics)이라고 하여 의미론과 구분한다.

위의 예 "작품이 꽤 좋아 보입니다."나 "지금 밤 10시예요."를 포함하여 모든 발화는 문자적 의미를 가진다. 그리고 이 문자적 의미로부터 화용적 추론에 의해 맥락적 의미를 얻게 된다. 그런데 화용적 추론은 논리적 추론과는 다른 추론 방식이다. 논리적 추론의 예를 들자면, '철수는 어제 경찰을 만났다.'로부터 '철수는 어제 사람을 만났다.'를 추론해 내는 것이다. 누군가가 경찰이라면 이 사람은 반드시 사람이기 때문이다. 이 추론은 문장들 사이의 참이나 거짓의 진리조건과 관련되는 추론이며, 사용되는 맥락과는 관계가 없다. 반면에, 화용적 추론은 우리의 경험이나 세상 지식에 기반하는 추론으로 참이나 거짓의 문제가 아니라 적절성의 문제이다. 어떤 맥락에서 발화된 "지금 밤 10시예요."가 아주 늦었으니 헤어지자는 의미로 해석되는지 혹은 얼마 늦지 않았으니 계속 같이 있자는 의미로 해석되는지는 참이나 거짓의 차원이 아니라 적절한 해석인지와 관련되는 문제이다.

그런데 맥락적 정보가 항상 문자적 의미를 구한 다음에 작용하는 것은 아니다. 문자적 의미를 얻기 위하여 먼저 맥락적 정보가 관여해야 하는 경우들도 있다. "내가 어제 너에게 거기에서 그에 대해 말했잖아."라는 문장의 문자적 의미를 얻기 위해서는 '나', '어제', '너', '거기'의 의미를 알아야 하는데, 이를 위해서는 이 문장이 발화되는 맥락적 정보가 필요하다. 의미론적 해석을 얻은 다음에 이를 근거로 맥락의 정보가 관여하는 화용론적 해석을 구하는 해석의 순서가 고정되어 있는 것은 아니다.

2.3. 중의성

언어는 형식과 의미의 결합체인데, 형식과 의미가 일대일로 항상 대응되지는 않는다. 하나의 형식이 여러 가지 의미로 사용되는 경우를 쉽게 접할 수 있는데, 인간이 표현하고자 하는 의미의 양이 무척 방대하여 각각의 의미에 서로 다른 형식을 부여하는 것이 매우 어렵기 때문에 이러한 방식을 택한다고 볼 수 있다.

아래의 세 '배'는 각각 사람의 배, 운송 수단의 배, 먹는 배를 가리킨다.

(4) 가. 배가 아프다.

　　　나. 배가 고장 났다.

다. 배가 맛있다.

동일한 형식에 세 가지 의미가 대응되는 경우이지만, 문장 내의 다른 요소들
(여기서는 서술어들)에 의해 세 가지 의미 중에서 어떤 의미로 사용되는지 쉽게
알 수 있다.

　그러나 다른 경우에는 이렇게 쉽게 구별되지 않을 때도 있다.

　(5) 그의 말은 무척 느리다.

여기에서 '말'은 입으로 하는 말과 타는 말의 두 가지 의미로 사용될 수 있으
나, 동일한 문장에서 이 두 가지 의미가 가능하여 문장 내의 다른 요소에
기대어서 어떤 의미가 선택되는지를 결정할 수 없다. 이런 경우는 이 문장
전에 주고받았던 대화의 내용에 의해서나 상황에 의해 그 구별이 이루어
진다.

　이와 같이 하나의 언어 형식에 둘 이상의 의미가 연결되는 현상을 가리켜
중의성(ambiguity)이라고 한다. 위의 예들은 중의성이 단어의 형식을 통해 나
타나는 경우로 어휘적 중의성이라고 한다.

　이 밖에도 중의성에는 구조적 중의성과 영역(scope)의 중의성이 있다. 다
음의 예들은 각각 구조적 중의성과 영역의 중의성을 보여준다.

　(6) 가. 내 친구의 그림은 환상적이다.
　　　나. 모든 남학생이 한 여학생을 좋아한다.

(6가)는 내 친구가 그린 그림이 환상적이라는 의미로 쓰일 수도 있고 내
친구를 그린 그림이 환상적이라는 의미로 쓰일 수도 있다. '내 친구'가 주어
로도 목적어로도 쓰일 수 있어서 통사 구조상의 차이에 의해 중의성이 발생

한다. (6나)는 모든 학생 각각에게는 이들이 좋아하는 여학생이 한 명 있다는 의미로 사용되기도 하고, 모든 학생이 동일한 여학생을 공통적으로 좋아한다는 의미로 사용되기도 한다. 이 중의성은 양화사 '모든'과 '한'의 영역의 차이에서 발생한다. 첫 번째 의미는 '모든'이 '한'보다 큰 영역을 가지는 경우이고, 두 번째 의미는 그 반대의 경우이다.

한편, 중의성과 대비되는 개념으로 모호성(vagueness)이 있다. 실제 세계에서 분명히 구별되지 않는 것을 언어적으로 표현함으로써 마치 중의성이 발생하는 듯한 경우이다. '젊은이'를 생각해 보자. 상황에 따라 30대가 포함될 수도 있고 그렇지 못할 수도 있어서, 그리고 심지어는 50대도 포함될 수 있어서 하나의 표현 '젊은이'가 둘 이상의 의미를 나타낸다고 볼 수도 있을 듯하다. 그러나 이것은 위에서 살펴본 중의성의 경우와는 달리, 실재하는 서로 다른 두 의미가 관여하는 것이 아니라 분명하게 서로 구별되지 않는 두 의미가 관여하는 경우이다. '키가 크다', '노인', '사발' 등이 모두 이러한 모호성을 동반한다고 할 수 있다.

2.4. 효율성

의미를 주고받는 인간의 의사소통에 고도의 계산을 요구하는 두뇌 활동이 필요하다는 것은 어렵지 않게 예측할 수 있다. 그리고 그러한 두뇌 활동에 맞추어 인간 언어의 의미 체계도 고도의 효율성을 갖춘 발달된 수준일 것이다. 그런데 실제의 언어 현상들을 보면 사정이 그리 단순하지가 않은 듯하다. 우리의 예측과 어긋나는 듯한 현상들이 의미 체계에 상당히 존재함을 발견하게 된다. 즉, 서로 모순되는 특성들이 양립하고 있어서 체계의 관점에서 결함이 있는 듯해 보이는 경우들이 있다. 우선 몇 가지 예를 살펴보자.

우선, 경제성과 비경제성의 공존이다. 예를 들어 단어의 형식과 의미 사이의 대응에 대해 생각해 보자. 인간이 표현하고자 하는 모든 의미에 모두 다른 형식을 대응시키려고 하면 엄청난 수의 서로 다른 형식들을 고안해 내어야 할 것인데, 이것은 매우 부담스러운 일이다. 그래서 일반적으로 이런저런 근거에서 하나의 형식을 여러 개의 의미를 위해 사용하는 경향이 있다. 다의어나 동음이의어가 그 예들이다. 다의어인 '손'은 '신체의 손'부터 시작하여 '일하는 사람', '영향력이나 권한', '수완이나 꾀' 등의 여러 의미로 확대되어 사용된다. 하나의 형식을 여러 개의 의미와 대응시켜 경제성을 추구하는 것이다. 그런데 이와는 정반대로 하나의 의미를 위해 여러 개의 형식을 사용하는 경우가 있다. 동의어 혹은 유의어가 여기에 해당된다. '아빠'와 '아버지'는 동일한 의미를 가진다고 할 수 있는데, 두 형식이 사용되고 있다. 이것은 비경제적인 선택이라고 할 수 있다. 그러나 좀 더 관찰해보면 '아빠'와 '아버지'가 완전하게 같은 의미를 가지고 있는 것이 아니다. 아무런 차이 없이 이 두 단어를 번갈아 가면서 사용하는 사람은 거의 없어서, 이 두 단어 중 하나만을 사용하는 것이 일반적이다. 아주 미세한 차이라고 할 수도 있겠지만 이 둘의 의미는 차이가 나고 이 차이를 반영하기 위해 서로 다른 두 형식을 사용하는 것이다. 경제성의 관점에서 보면 이러한 선택이 합리적이 아닐 수 있다. 그러나 인간 언어는 아주 미묘한 의미적 차이도 표현하기 위해 경제성에 반하는 선택을 하는 멋을 부리기도 한다고 하겠다.

두 번째로는 합성성과 비합성성의 공존을 들 수 있다. 앞에서 살펴보았듯이 합성성 원리는 매우 기본적인 의미론적 원리이다. 즉, 사용되는 단어들의 어휘적 의미와 이들이 함수적으로 결합하면서 생겨나는 구조적 의미에 의해 복합 표현의 (문자적) 의미가 결정된다. 그래서 복합 표현의 의미는 예측가능한 측면이 있다. 한편, 우리는 맥락의 개입으로 인해 복합 표현의 의미가 합성성 원리를 넘어 다양하게 실현되기도 함을 살펴본 바 있다. 그러나 경우에 따라서는 맥락의 개입이 없이도 어휘적 의미와 구조적 의미만으로는 예측되지 않는 표현들이 있다. 숙어 등이 그런 예이다. "나 어제 미역국 먹었어."는 '나는 어제 시험에 떨어졌어.'라는 정도의 의미로 사용된다. 이러한 의미는 단어들의 의미와 그것들의 결합적 의미로부터 예측되는 것이 아니라 그 밖의 무엇인가가 작용하여 이루어지는 비합성적 의미이다. 1+1이 2가 아니라 다른 예측되지 않는 값을 가지는 셈이다. 이와 같이 언어에는 맥락이라는 다른 요인이 관여하지 않음에도 불구하고, 합성성 원리에 따라 예측가능한 효율적인 체계만을 고수하지는 않는 특성이 있다. 합성성만을 추구하지 않고 비합성적 표현도 사용하는 것은 언어 사용의 다양성 추구와 관련이 있을 것이다. 숙어의 존재 이유와 연관되는 부분이다.

또한, 언어의 의미에는 보편성과 상대성이 공존한다. 보편성과 상대성은 상반되는 개념들임에도 불구하고 언어 의미의 특성으로 함께 실현됨을 확인할 수 있다. 이에 대해서는 다음 절에서 좀 더 자세히 살펴보고자 한다.

이와 같이, 경제성과 비경제성, 합성성과 비합성성, 보편성과 상대성 등과 같이 서로 모순되는 속성들이 의미 체계에 공존한다. 이러한 모순적 공존은 의미 체계에 큰 부담이 될 것인데도 이것을 수용하는 이유는 아마도 인간의 의미 활동이 단순하지 않고 다차원적 목적을 추구하기 때문일 것이다. 그리고 이러한 부담까지 끌어안으면서도 고도의 계산 절차가 가능하다는 것은 인간 언어의 의미가 지금으로서는 분명히 설명할 수 없지만, 단순한 차원의 효율성만으로는 설명되지 않는 매우 높은 차원의 효율성을 갖춘 체계이리라 예측하게 된다.

2.5. 보편성과 상대성

다음으로, 언어 의미에 반영되는 상대성 및 보편성에 대해 알아보자. 먼저, 언어가 문화의 영향을 크게 받는다는 것은 널리 알려진 사실이다. 특히 인류언어학자들의 노력으로 그러한 상대주의적 언어관이 주목을 받아왔다. 가령 낱말밭 이론을 통해 그러한 예들이 많이 언급되는데, 비슷한 의미를 가지는 단어들을 모아 놓은 집합인 낱말밭들의 모습이 문화에 따라 크게 다를 수 있다는 것이다. 낙타나 눈 등을 나타내는 어휘의 수가 언어에 따라 크게 다르고, 한국어에는 친족어가 매우 풍부하며, 언어에 따라 기본 색채어의 수가 다르다는 따위이다.

Berlin & Kay(1969)의 논리를 따라 색채어 낱말밭의 예를 가지고 언어 의미의 상대성 및 보편성에 대해 간단히 알아보고자 한다. 몇 가지 기준을 통해 기본 색채어를 설정하는데, 어떤 언어에서는 흑과 백의 두 가지 기본 색채어만 있는가 하면 가장 많게는 열 한 개의 기본 색채어가 존재하는 언어도 있어서 그 차이가 매우 크게 나타난다. 그래서 이러한 차이는 문화적 영향의 결과로서 의미 상대주의의 예로 언급되곤 하였다.

그런데 분명히 이러한 차이가 존재하지만, 좀 더 깊이 있게 관찰한 결과, 색채어가 오히려 언어적 보편성을 보여준다는 사실이 밝혀졌다. 우선, 열 한 개의 기본 색채어가 존재 가능성의 측면에서 아래와 같이 일정한 순서를 형성하고 있음이 밝혀졌다.

(7)
$$\left\{ \begin{array}{l} \text{흰색} \\ \text{검정색} \end{array} \right\} < \text{빨강색} < \left\{ \begin{array}{l} \text{녹색} \\ \text{노랑색} \end{array} \right\} < \text{푸른색} < \text{갈색} < \left\{ \begin{array}{l} \text{주황색} \\ \text{분홍색} \\ \text{오렌지색} \\ \text{회색} \end{array} \right\}$$

흰색과 검정색이 1번이고, 빨간색이 2번, 녹색과 노랑색이 3번, 푸른색이 4번 등의 순서로 존재한다는 것이다. 따라서 기본 색채어가 둘인 언어는 흰색과 검정색을 가지며, 기본 색채어가 셋인 언어는 여기에 빨간색을 더해 가지고 있다. 그리고 기본 색채어가 넷인 언어는 흰색, 검정색, 빨간색에 녹색을 더하거나 노랑색을 더하게 된다. 한편 이 순서가 역사적 변화에도 반영됨이 밝혀졌다. 예를 들어 어떤 언어의 기본 색채어가 셋에서 넷으로 변한다면, 흰색, 검정색, 빨간색에 녹색이나 노랑색이 추가된다. 이와 같이, 기본 색채어 낱말밭의 심층에는 보편적 원리가 존재함을 알 수 있다. 기본 색채어의 수가 언어에 따라 다르다는 표층적인 관찰이 언어 상대성을 표방하는 듯하지만, 좀 더 심층적 관찰을 통해 언어 보편성을 확인할 수 있는 것이다.

인간 언어의 의미 체계에는 상대성과 보편성이 공존한다. 문화적 차이를 반영하는 상대성과 인간의 보편적 인지와 관련되는 보편성이 의미 체계에 동시에 반영되고 있다.

2.6. 의미 활동

언어를 통한 인간의 의사소통은, 화자가 전달하고자 하는 의미를 부호화 (encoding)하여 표현하고, 이 부호화된 의미를 청자가 해독(decoding)하는 과정이다. 이 과정은 의미를 주고받는 과정이므로 의미 활동이라고 볼 수 있다. 먼저 부호화의 과정을 살펴보기 위해, 전달하고자 하는 의미를 문장 단위로 부호화한다고 가정해보자. 문장의 길이는 한 단어에서부터 시작해서 끝없이 길어질 수 있지만, 편의상 다섯 개의 단어로 구성된 문장을 예로 들어보자. 성인이 평균적으로 약 4만 개의 단어를 알고 있다는 사실을 고려하면, 한 문장을 만든다는 것은 4만 개 단어의 집합에서 적당한 단어 다섯 개를 골라서 일정한 순서대로 나열하는 작업이다. 다시 말하면, 다섯 개의 자리에 각각 4만 개의 단어들로부터 선택된 하나의 단어를 차례대로 집어넣는 것이다. 따라서 가능한 문장의 수는 4만을 다섯 번 곱한 $40,000^5$이 된다. 이것을 지수의 법칙(exponential principle)이라고 한다.

(8) 지수의 법칙

    $N = A^B$ (N: 문장 수, A: 단어 수, B: 문장 길이)

실로 어마어마한 수의 서로 다른 문장이 가능한 것이다. 실제로는 각 자리마다 문법적 제약 등의 고려해야 할 사항들이 있기 때문에 4만 단어 중 일부만 각 자리에 허용될 것인데, 그렇다고 하더라도 역시 어마어마한 수가 된다. 전달하고자 하는 의미에 적당한 다섯 개의 단어를 4만 개의 단어가 들어 있는 머릿속 사전에서 찾아서, 이를 한국어에서 허용되는 순서에 맞게 배열하는 작업이 바로 부호화의 과정이다.

    그런데 이 과정은 매우 짧은 시간 안에 이루어진다. 좀 더 정확히 말하자면, 이 단 몇 초도 발성 기관을 움직이는 데 필요한 시간이기 때문에 실제적인 부호화 과정은 순식간에 이루어진다. 화자가 어떤 생각을 하여 그것을 문장으로 발화하기까지는 단 몇 초의 시간이 걸릴 뿐이다. 머릿속 사전에서 적당한 단어 다섯 개를 선택하는 것도 고도의 작업일 것인데, 이들을 한국어의 문법에 맞는 순서로 배열하는 작업도 또한 그러하다. 이 배열 작업은 우리가 앞에서 살펴본 합성성 원리와 직결된다. 직선적 배열이지만 실제로는 나무그림 식의 계층 구조를 이루고 있으며, 이 구조에 함수적 적용이 순차적으로 작용하여 적절한 문장의 의미를 이룬다. 이러한 부호화 과정은 실로 엄청난 수준의 계산(computation) 활동인 것이다. 더욱이, 우리가 앞에서 살펴본 것처럼, 전달하고자 하는 의미는 문자적 의미뿐만 아니라 화용적 추론이 필요한 맥락적 의미까지 포함하고 있다. 이러한 추론의 과정까지 포함되는 부호화 과정은 미루어 짐작하기만 해도 엄청난 양과 속도를 요구하는 계산 활동이 될 것이다.

2.7. 의미론과 기호학

인간은 언어를 통해 의미를 주고받음으로써 의사소통을 한다. 그런데 언어를 통한 의사소통에 관여하는 의미 외에도 다른 종류의 의미들이 존재한다. 언어가 아니더라도 우리 주위에 있는 깃발, 신호등, 구름의 형상, 얼굴빛, 개 짖는 소리 등등은 제각기 의미를 가진다. 먹구름을 보고 비가 곧 올 거라고 짐작하게 되고, 신호등의 녹색을 직진의 의미로 이해하는 등 이들 각각에는 의미가 연결되어 있다. 의미가 연결되어 있는 모든 것들을 기호(sign)이라고 하고, 이에 대한 연구를 기호학(semiotics)라고 한다. 언어는 기호의 한 종류이므로, 언어 의미에 대한 연구인 의미론은 기호학의 한 부분이 된다. 의미란 기호가 나타내고자 하는 대상(object)인데, 기호는 대상과 일정한 관계를 형성한다. 지난 세기 초에 미국의 기호학자 Peirce는 기호와 대상 사이에 형성되는 관계의 성격에 따라, 기호를 도상(icon), 지표(index), 상징(symbol)의 세 유형으로 구분하였다.

도상은 그것이 표상하는 대상과 유사한 기호를 말한다. 도상은 대상과 비슷하게 보이거나 비슷한 소리를 내거나 비슷한 이미지를 가진다. 초상화나 사진, 의성어 등이 도상의 예이다. 그림문자(pictograms)도 도상에 속한다. 月은 달을 닮았고, 日은 해를 닮았다.

지표는 대상과 인과 관계 등의 밀접한 관련성을 맺고 있는 기호이다. 연기는 불의 지표이고, 높은 체온은 병의 지표이다. 비싼 차는 부의 지표이다.

상징은 관습적 관계에 근거하고 있는 기호이다. 군대의 계급장, 신호등 체계, 상복의 색 등은 모두 관습적으로 만들어진 기호이다. 문화권에 따라 상복의 색은 흰색이기도 하고 검은색이기도 하다. 어떤 색이 선택되는지는 단지 구성원들 간의 약속에서 비롯된다. 그리고 언어도 상징에 속한다. 동물의 언어나 인간의 언어 모두 상징이다. 인간의 언어는 가장 높은 수준의 상징이자 가장 높은 수준의 기호이다.

동물의 언어도 상징의 요소를 가지고 있다. 그러나 동물의 언어와 인간의 언어가 가지는 상징 체계는 너무나 현격한 차이가 난다. 인간은 발성 가능한 무한 수의 소리 중에서 단 몇십 개의 변별적인 소리를 선택하여 고도의 체계를 세우고, 이를 이용하여 의미를 지닌 최소의 단위인 형태소나 단어를 만들어 내고, 또 이들을 일정한 규칙에 따라 결합시켜 무한 수의 언어 표현들이 가능한 의사소통을 한다. 우리가 잘 알고 있는 벌이나 침팬지 등의 어떠한 동물의 언어도 이러한 인간의 언어와 비교의 대상이 되지 못한다. 인간 언어는 기호의 일종이지만, 가장 높은 수준의 기호인 상징에 속하고, 상징 중에서도 독보적으로 높은 수준의 기호이다.

인간은 기호와 더불어 기호 속에서 살아간다. 오늘 내가 입은 옷의 색깔도 기호이고, 회의석상의 자리 배치도 기호이고, 점심 메뉴도 또한 기호이다. 인간 언어도 기호의 하나이지만, 인간 언어는 기호 중에서 독보적인 최정점에 위치하며, 따라서 인간 언어의 의미도 이러한 차원에서 다른 모든 기호들의 의미와 명백하게 구별된다.

2.8. 대상 언어와 상위 언어

어떤 언어적 표현을 설명하기 위하여 다른 언어적 표현이 사용되는 경우에, 전자를 대상 언어(object language)라 하고 후자를 상위 언어(metalanguage)라고 하여 구별한다. 한국어로 쓰인 영어 문법서에서 영어는 대상 언어이고 한국어는 상위 언어이다. 그리고 영한 사전의 경우에도 영어가 대상 언어이고 한국어가 상위 언어가 된다. 국어 사전의 경우에는 대상 언어와 상위 언어가 모두 한국어가 된다.

그러면 어떤 언어 표현의 의미를 설명하기 위하여 또 다른 언어 표현을 사용하는 경우를 생각해보자. 예를 들어 영어 단어 'autumn'의 의미를 '가을'이라고 설명하고, '가을'의 의미를 '한 해의 네 계절 가운데 세 번째 계절'이라고 설명한다. 이때 'autumn'과 두 번째 '가을'은 대상 언어이고, 첫 번째 '가을'과 '한 해의 네 계절 가운데 세 번째 계절'은 상위 언어가 된다. 이와 같이 상위 언어를 사용하는 방법이 어떤 언어 표현의 의미를 설명하는 데 손쉽게 사용된다.

그런데 문제는 이러한 상위 언어적 방법이 언어 표현의 의미를 제대로 설명한다고 볼 수 있느냐는 것이다. 'autumn'의 의미를 '가을'이라고 하는 설명은 '가을'의 의미에 대한 또 다른 상위 언어를 요구하며, 이를 '한 해의 네 계절 가운데 세 번째 계절'이라고 설명한다고 하더라도, 또다시 이 설명에 사용되는 언어 표현들의 의미에 대한 상위 언어적 설명이 요구되는 등 끝없이 이어질 것이다. 'autumn'의 의미는 '가을' 아니라 '가을의 의미'인 것이다. 'autumn'의 의미를 상위 언어적으로 제대로 설명하기 위해서는 궁극적으로 '가을'이라는 상위 언어가 아니라 '가을'의 의미에 해당하는 상위 언어가 필요하다.

2.9. 발화, 문장, 명제

발화, 문장, 명제의 세 용어는 언어 분석의 서로 다른 층위를 반영한다. 발화가 가장 구체적인 층위이고, 명제가 가장 추상적인 층위에 속하고, 문장은 그 중간 층위에 위치한다.

가령 어떤 상황에서 "철수가 영희를 칭찬했어."라고 누군가가 말했다면, 이것은 우선 발화에 해당한다. 그리고 동일한 사람이 다른 상황에서 또다시 "철수가 영희를 칭찬했어."라고 말하더라도, 이 사람은 다른 발화를 한 것이라고 볼 수 있다. 구체적인 상황에서 실현되는 실제적인 말을 발화라고 한다. 상황적 요소가 관여하기 때문에 발화의 의미는 화용론의 대상이다. 한 사람이 다른 상황에서 발화한 "철수가 영희를 칭찬했어."는 서로 다른 의미일 수 있다. 하나는 단순한 보고이고, 다른 것은 비난일 수 있다.

문장은 추상화된 문법적인 요소를 대변한다. 서로 다른 상황에서 "철수가 영희를 칭찬했어."라고 말했다고 하더라도, 이 발화들은 동일한 어휘들과 동일한 문법적인 요소들로 구성되어 있다. 따라서 이 발화들이 각각 다른 사람에 의해 실현되어도 동일한 문장에 해당한다.

명제는 문장 의미의 기본적인 요소이며, 참과 거짓을 논할 수 있는 의미론의 소관이다. 동일한 명제가 여러 가지 방식, 즉 여러 가지 문장으로 표현될 수 있다.

(9) 가. 철수가 영희를 칭찬했어.
     나. 영희가 철수에게 칭찬을 받았어.

이 두 문장은 서로 다른 문법적 요소들의 실현이지만, 동일한 진리치를 가지는 동일한 명제를 표현한다. 명제는 문장보다 추상적인 층위에 위치한다.

Ⅱ. 단어의 의미

언어는 형식과 의미의 자의적인 결합체이므로 언어의 반쪽을 의미가 차지하고 있다고 보아도 무방할 것이다. 그런데 앞에서 살펴보았듯이 의미는 수월하게 다룰 수 있는 연구 대상이 아니어서 형식에 기대어 의미 연구의 기준을 모색하곤 한다. 언어 형식의 단위는 음성에서 시작하여 음소, 형태소, 단어, 구, 절 또는 문장, 단락 등으로 확대되는데, 의미가 형식과 실질적으로 결합하는 것은 형태소부터라고 볼 수 있다. 형태소를 가리켜 보통 '의미를 가진 최소의 언어 단위'라고 정의하는 데에서도 이를 확인할 수 있다. 따라서 의미 연구의 출발은 형태소가 될 것이다. 한편 형태소가 하나 이상 모여서 단어를 이루는데, 단어가 언어의 가장 기본적인 단위로 인식되는 경향이 뚜렷하다. 즉, 언어 사용자들은 단어를 언어의 실질적인 가장 작은 단위로 인식하여 단어를 토대로 더 큰 언어 표현들을 만들어 사용한다. 2.6에서 지수의 원리를 논할 때 기준이 되는 단위는 형태소가 아니라 단어라는 점도 이러한 면을 잘 보여준다. 이런 이유로 해서 의미론에서는 일반적으로 단어를 의미 분석의 출발점으로 취한다.

일반적인 모국어 사용자들은 수만 개의 단어들을 사용하는데, 언어의 자의적인 속성을 상기한다면 이는 엄청한 두뇌 활동에 해당한다. 수만 개의 자의적인 결합을 암기하고 이들 중에서 적절한 단어들을 순식간에 골라내어서 적절한 언어 표현을 구사한다는 사실을 어떻게 설명할 수 있을까? 최소한, 수만 개의 단어들이 무작위로 머릿속에 저장되어 있다가 특별한 절차 없이 선택되어 사용되는 것은 아닐 것이다. 이 수많은 단어들이 사용되어지는 양상을 고려해볼 때, 단어들은 아주 높은 수준으로 조직화되어 있을 것으로 예측된다. 단어들의 이러한 의미적 속성을 이해하기 위한 여러 가지 노력들이 있었는데, 여기에서는 이러한 노력들 중에서 오래전부터 중요하다고 여겨지는 몇 가지를 알아볼 것이다. 3장에서는 낱말밭과 성분분석을, 그리고 4장에서는 어휘의 의미 관계를 살펴보자.

03

낱말밭과 성분분석

3.1. 낱말밭

3.1.1. 계열적 낱말밭과 결합적 낱말밭

한 단어의 의미가 무엇인가를 따질 때 다른 단어들과의 연관성을 따져야만 비로소 그 의미를 명확하게 밝힐 수 있을 때가 많다. 예를 들어 '과장'의 의미가 무엇인가를 알려면, '부장-과장-대리'과 같은 체계를 알고 있어야 한다. 만약 직위의 체계가 그렇지 않고 '부장-차장-과장-대리'라면 '과장'의 의미는 달라진다. 이와 같이 어떤 단어와 의미상 관련이 있는 단어들을 모아 하나의 집합을 구성할 수 있는데, 이런 집합을 가리켜 낱말밭(lexical field)이라고 한다. '부장-차장-과장-대리'는 직위의 낱말밭을 이룬다고 하겠다. 한편, 특정한 낱말밭에 속하는 단어들을 함께 배우는 것이 어휘 습득에 매우 용이하게 사용되기도 한다. 친족어, 색채어, 착탈어, 요리어, 공간감각어 등의 낱말밭에 속하는 많은 단어들을 함께 습득하는 것은 분명히 큰 이점이 있다.

여러 단어들이 어떤 연관성으로 인해 묶일 수 있다는 생각은 오래전부터 있었으며, 이러한 생각들은 유럽에서 구조주의적 언어 연구가 발전함에 따라 보다 명시적으로 구체화되었다. 언어의 다른 요소들과 마찬가지로, 단어의 의미도 구조적으로 정해진다는 견해가 널리 수용된 것이다. 즉 어떤 단어의 의미란 그 단어의 의미만으로 파악될 수 있는 것이 아니라, 그 단어의 의미가 다른 단어들의 의미들과 가지는 관계 속에서 결정된다는 것이다. 구조주의적 언어 연구에서는 계열적(paradigmatic) 관계와 결합적(syntagmatic) 관계의 두 가지 관계가 사용된다. 계열적 관계는 세로의 관계로서 서로 대치될 수 있는 관계를 말하고, 결합적 관계는 가로의 관계로서 서로 연쇄될 수 있는 관계를 말한다. 단어의 의미도 이 두 가지 관계에 의해 결정된다고 보며, 따라서 이러한 두 관계에 입각하여 낱말밭에 대한 이론들이 생겨났다.

먼저 계열적 관계에서 비롯되는 낱말밭 이론에 대해 살펴보자. 다음의 예를 통해 계열적 관계를 확인할 수 있다.

   (1) 가. 어제 저녁에는 _____을 먹었다.
       나. _____이 회의에 참석했다.

(1가)에서 빈칸에 들어갈 수 있는 단어들로는 '비빔밥', '육개장', '쌀국수', '스파게티' 등의 음식 이름들을 들 수 있고, (1나)의 빈칸에는 '사장님', '부장님', '총장님', '학장님' 등의 사람을 지시하는 명사들이 들어갈 것이다. 이와 같이 선적 구성의 빈칸에 들어갈 수 있는 단어들은 서로 대치될 수 있는 관계를 형성하는 것이므로, 그럴 수 없는 단어들과 구별하여 어떤 특별한 계열적 관계를 맺고 있다고 볼 수 있다. 그리고 이러한 계열적 관계를 맺고 있는 단어들은 특수한 집합, 즉 낱말밭을 구성하며 이러한 낱말밭을 고려하여야만 단어들의 의미를 제대로 파악할 수 있다고 보았다. 계열적 관계에 의해 형성되는 낱말밭을 계열적 낱말밭이라고 한다.

계열적 낱말밭의 한 특징은, 어떤 영역을 분할하여 부분들로 나누고 그 부분들을 유기적으로 연결하여 구성하는 분절성(articulateness)에 있다. 예를 들어 직위의 영역을 '부장-차장-과장-대리'으로 파악한다면 아래와 같이 그 영역이 분할되고 그 부분들은 상호 간에 일정한 등급의 관계를 맺는다.

(2) 직위의 낱말밭

부장	차장	과장	대리

'과장'의 의미를 안다는 것은 관련되는 직위의 영역이 부장, 차장, 과장, 대리의 네 직위로 분할되고, 과장이 세 번째 등급에 해당하고, 차장과 대리의 등급 사이에 존재한다는 것 등을 앎을 뜻한다.

결합적 관계란 어떤 단어가 모든 단어들과 결합할 수 있는 것이 아니라 특정한 단어들과만 결합할 수 있음을 말한다. '발로 차다', '주먹으로 치다', '이로 물다'로부터 다음과 같은 관계를 얻는다.

(3) 가. 차다 : 발
    나. 치다 : 주먹
    다. 물다 : 이

가령 동사 '차다'는 '발'과 결합할 수 있을 뿐이지 '주먹'이나 '이'와는 결합하지 못한다. 우리는 '차다'의 의미를 발을 언급하지 않고 설명할 수 없으며, '물다'의 의미도 이를 언급하지 않고는 설명할 수 없다. 즉, '차다'의 의미에는 발과 관련되는 의미 요소가 포함되어 있어서 '발로 차다'라는 표현이 가능하다는 것이다. 이러한 특별한 결합관계가 성립하는 단어들이 하나의 낱말밭을 형성한다고 보고, 이러한 낱말밭을 결합적 낱말밭이라고 한다.

낱말밭은 의미장(semantic field), 장이론(field theory), 개념장(conceptual field)이라고도 불린다. 1920-30년대에 유럽 학자들에 의해 많은 성과가 나타났으며, 계열적 낱말밭은 Trier에 의해, 그리고 결합적 낱말밭은 Porzig에 의해 주도되었다. 이 두 종류의 낱말밭 이론은 낱말밭에 대한 서로 다른 시각을 반영하고 있지만, 둘 다 각자의 방식으로 어휘 의미를 이해하는 데 기여한다. 따라서 어휘 의미의 구조에 대한 보다 성공적인 이론적 모색을 위해서는 이 두 가지 낱말밭이 통합적으로 관여하여야 할 것이다. 그렇지만, 보다 일반적으로 언급되는 낱말밭 이론은 Trier식의 계열적 낱말밭이다. 아래에 서는 이 두 낱말밭이 각각 어휘의 의미 변화를 설명하기 위하여 활용되는 예들을 들어 이 두 이론의 효용성을 알아보고자 한다.

먼저 Trier의 예인데, 독일어에서 지성(知性)의 낱말밭 변함에 따라 관련 단어들의 의미도 변함을 명시적으로 보여준다. 단어의 의미는 그것이 속한 낱말밭 내에서 결정되는데, 시간의 흐름에 따라 낱말밭이 변하게 되면 단어 의 의미도 변한다고 보았다.

(4) 가. 1200년경의 '지성'의 의미장

wîsheit	
kunst	list

나. 1300년경의 '지성'의 의미장

wîsheit	kunst	wissen

1200년경에는 'kunst'와 'list'가 각각 귀족 계급의 고급 지식과 하층 계급의 실용적 지식을 의미하고, 'wîsheit'는 이들을 함께 의미하였다. 그 후 봉건적 계급 사회가 무너지면서 1300년경에는 지성의 낱말밭도 변화를 겪었다. 우 선 'list'는 하층 계급과의 관련성으로 인해 사용되지 않게 되었으며, 'wîsheit'가 종교적 혹은 철학적 지식을 나타내는 변화를 겪었다. 그리고 'kunst'는 이전의 'list'에 해당하는 기술적 지식을 뜻하게 되었으며, 'wissen' 이라는 새로운 단어가 등장하여 일상적인 지식의 부분을 담당하게 되었다. 이러한 낱말밭의 변화를 통해 'wîsheit'나 'kunst' 같은 개별 단어들의 의미 변화를 제대로 포착할 수 있음을 보여주었다. 이와 같은 지성의 낱말밭은 두 시대의 지성의 의미 영역을 분할하고, 그렇게 분할된 부분들의 유기적

관계를 반영하므로 계열적 낱말밭에 해당한다.

다음은 Porzig가 독일어 동사 'reiten'의 의미 변화에 대해 한 설명이다. 원래 이 동사는 말 등에 타는 것을 나타내는 데 쓰이다가 시간이 지나 들보에 걸터앉는 것으로도 의미가 확대되어 오늘날의 의미에 이르렀다. 그런데 이 동사와 통시적으로 관련되는 영어 동사 'ride'는 다른 의미 변화를 겪게된다. 원래는 말 등에 타는 것이었으나 자전거와 같은 다른 운송기관을 타는 것으로도 확대되었다. 한편 독일어에서는 자전거를 타는 것에는 'reiten'이 사용되지 않고 'fahren'이 사용된다. 그리고 영어에서는 들보에 앉는 것에 'ride'가 사용되지 않는다. 이와 같이, 매우 특수한 의미로 동일하게 사용되던 독일어의 'reiten'과 영어의 'ride'가 시간이 흘러 보다 일반화되는 과정에서 서로 다른 길을 걷게 되어 두 단어의 의미가 달라지게 되었다. 이와 같이, 현재 이 두 단어의 의미 차이는 이들이 각각 결합할 수 있는 단어들의 차이에 반영되므로, 이들의 결합적 관계가 서로 달라졌음을 뜻한다. 이 예는 결합적 낱말밭에 의해 잘 설명되는 의미 변화를 보여준다.

3.1.2. 한국어 낱말밭의 예

구조주의의 언어 연구에서 비롯된 낱말밭 이론은 이후 큰 주목을 받아 널리 연구되어 왔는데, 특히 언어적 상대성을 주장하는 근거로 많이 사용되곤 하였다. 어떤 의미 영역에 대해 구성되는 낱말밭이 언어에 따라 다르다는 것을 확인함으로써 해당 언어들 간의 차이를 분명하게 밝힐 수가 있다. 예를 들어 한국어에서는 '검다, 희다, 누르다, 푸르다, 붉다' 등이 모여서 기본 색채어 낱말밭을 이루는데, 언어에 따라서는 단 두 개의 단어로 구성되어 있기도 하고, 많게는 열한 개의 단어로 이루어지기도 한다. 여기에서는 한국어의 특이성이 잘 드러나는 두 가지 낱말밭의 예를 살펴보고자 한다. 하나는 친족어 낱말밭의 일부인 형제자매(兄弟姉妹)어 낱말밭이고, 또 하나는 착탈(着脫)어 낱말밭이다. 이 예들을 통해 다른 언어와의 차이점들을 관찰할 수 있다.

먼저 형제자매어 낱말밭을 살펴보자. 한국어를 배우는 외국인들이 한국어의 친족관계어를 배우는 데 무척 고생을 하는데, 이것은 한국어의 친족어 낱말밭이 매우 복잡하게 이루어져 있기 때문이다. 친족어 낱말밭의 일부인 형제자매어 낱말밭에 대해 몇 가지 언어의 예를 아래와 같이 들 수 있다.

(5) 형제자매어 낱말밭

	한국어	헝가리어	영어	말레이어
elder brother	형/오빠	bátya	brother	sudarā
younger brother	남동생	öcs		
elder sister	누나/언니	néne	sister	
younger sister	여동생	hug		

형제자매에 대해 언어에 따라 사용하는 단어의 수가 각각 다르다. 헝가리어는 형제자매 모두에 대해 특정한 단어가 사용되는 반면에 영어는 두 단어, 말레이어는 단 하나의 단어로 모두를 나타낸다. 그리고 한국어는 헝가리어보다 더 복잡하다. 형(兄)과 자(姉)에 대해 각각 '형, 오빠', '누나, 언니'의 두 가지가 사용되는데, '형'과 '누나'는 남자가, '오빠'와 '언니'는 여자가 사용한다. 그런데 사실은 이보다 더 복잡하다. '아우', '누이', '오라비'과 같은 표현들이 더 있고, 여기에도 사용자가 남자와 여자 중 누구인지가 관여하기 때문이다. 이와 같이, 한국어에서 형제자매의 의미 영역은 형/오빠, 남동생, 누나/언니, 여동생 등에 의해 분할되어 있는 계열적 낱말밭을 이룬다.

다음은 착탈어와 관련되는 낱말밭을 살펴보자. 한국어에는 꽤 많은 동사들이 옷이나 장신구의 착탈을 위하여 사용된다. 그 중에서 몇 가지를 추려서 제시하면 다음과 같다.

(6) 가. 입다: 옷, 바지, 치마
　　 나. 쓰다: 모자, 마스크, 안경
　　 다. 신다: 신, 구두, 양말
　　 라. 끼다: 장갑, 팔찌, 반지
　　 마. 매다: 넥타이, 허리띠
　　 바. 차다: 시계, 수갑

(7) 가. 벗다: 옷, 바지, 치마, 모자, 마스크, 안경, 신, 구두, 양말, 장갑
　　 나. 빼다: 팔찌, 반지
　　 다. 풀다: 넥타이, 허리띠, 시계, 수갑

(6)과 (7)은 각각 '착'과 '탈'을 나타내는 동사들의 일부를 보여주지만 꽤 복잡한 모양새이다. 그리고 상대적으로 '착'의 동사가 '탈'의 동사보다 더 다양하게 사용됨을 보여준다. '입다', '쓰다', '신다'와 같은 여러 '착'의 동사들과 결합하는 대상들이 모두 '벗다'라는 하나의 '탈'의 동사와 결합한다. 이들은 특정한 착탈동사와 결합 가능한 목적어를 보여주는 결합적 낱말밭의 예이다. 이와 관련하여 영어는 아주 다른 모습을 보여준다. '착'과 '탈'의 동사로 각각 'wear'와 'take off'가 사용되어 거의 모든 옷이나 장신구와 결합할 수 있다. 영어의 착탈동사는 한국어의 착탈동사보다 훨씬 자유롭게 관련 대상들과 결합하는 차이가 나타난다. 영어 사용자들이 한국어의 착탈동사를 배우는 데 어려움을 겪는 이유이다.

　우리는 위에서 형제자매어 낱말밭과 착탈동사어 낱말밭을 살펴보았는데, 이들은 각각 계열적 낱말밭과 결합적 낱말밭에 해당한다. 두 종류의 낱말밭에서 모두 다른 언어들과 차이가 나는 한국어 낱말밭의 특이성을 확인할 수 있었다. 이와 같은 차이는 언어 구조상의 차이인데, 이런 차이가 개념적 차이를 반영하는 것인지에 대한 의문이 생겨나며, 이에 대한 해답은 언어학뿐만 아니라 인류학, 사회학 등의 연구를 함께 필요로 한다.

3.2. 성분분석

3.2.1. 의미자질

위에서 우리는 수만 개의 단어가 우리 머릿속에 저장되어 있는 방식의 하나로 낱말밭에 대해 알아보았다. 여기에서는 이러한 낱말밭을 분석하고 나아가 단어 의미의 고유 특성들을 설명하기 위하여 고안된 중요한 연구 방법을 하나 살펴보고자 한다. 앞에서 언급하였듯이 이제까지 우리는 단어를 의미 분석의 가장 작은 단위로 설정하여 이를 의미 분석의 출발점으로 삼고 있다. 그러나 개별 단어의 의미를 더 이상 쪼갤 수 없는 최소 단위의 의미로 보는 것은 아니다. 가령 '할아버지'의 의미를 더 이상 분석할 수 없는 최소의 의미 단위로 보는 것이 아니라 좀 더 기본적인 의미 단위들로 분석할 수 있다고 본다.

(8) 할아버지: [+사람] [+늙음] [+남자]

'할아버지'의 의미를 [+사람], [+늙음], [+남자]라는 원소적인 의미 요소들의 묶음으로 파악하는데, 이러한 의미 요소들을 의미 자질(semantic feature) 혹은 의미 성분(semantic component)이라고 부른다. 이것은 구조주의 의미론에서 고안된 의미 분석 방법인데, 음운론에서 음소를 변별 자질들의 묶음으로 파악하는 것에 착안하여 도입된 방식이다. 예를 들어, 음소 /b/를 [+유성], [+양순], [+폐쇄]라는 변별적 음운 자질들의 묶음으로 처리하는 것과 동일하다. 음운 자질이 음소 체계의 이해에 크게 공헌하였듯이 의미 자질의 설정도 의미 체계의 설명에 크게 기여한다. 이러한 의미 분석 방식을 성분분석(componental analysis)이라고 하는데, 이는 낱말밭 및 그와 관련되는 의미 현상을 설명하는 데 특히 유용하다.

위에서 든 형제자매어 낱말밭을 다시 보자. 우선 한국어의 해당 낱말밭에서 '형—남동생—누나—여동생'만을 가지고 성분분석을 해보자. 여기에는 [동기(同氣)], [손위], [남자]라는 의미 자질이 동원되었다.

(9) 형: [＋동기] [＋손위] [＋남자]
     남동생: [＋동기] [－손위] [＋남자]
     누나: [＋동기] [＋손위] [－남자]
     여동생: [＋동기] [－손위] [－남자]

우선 네 표현 모두 [＋동기]라는 자질을 가져서 하나의 의미 영역에 속함을 나타내고, [손위]와 [남자]의 두 자질에 대해 서로 다른 값을 가짐으로써 네 표현이 적절하게 구별되고 있다. 여기에서 [동기]와 같이 해당 단어들이 공통적으로 같은 값을 가지는 자질을 공통 성분(common component)이라고 하고, [손위]와 [남자]처럼 한 의미 영역에 속하는 단어들의 의미 차이를 구별하는 데 사용되는 자질을 진단 성분(diagnostic component)이라고 한다.

이에 비해 영어의 형제자매어 낱말밭은 아래와 같이 간단한 성분분석이 이루어진다.

(10) brother: [＋동기] [＋남자]
      sister: [＋동기] [－남자]

'brother'와 'sister'가 [＋동기]라는 공통 성분으로 한 의미 영역에 속함을 나타내고, [남자]라는 진단 성분에 대한 값의 차이에 의해 두 단어가 구별된다.

이상에서 의미 자질을 도입하여 낱말밭을 분석하는 성분분석에 대해 살펴보았다. 한국어와 영어의 형제자매어 낱말밭은 서로 다르며, 이로 말미암아 서로 다른 성분분석이 행해짐을 보았다. 이렇게 행해진 성분분석을 다음과 같이 표로 함께 제시할 수 있다.

(11) 형제자매어 낱말밭의 성분분석

	형	남동생	누나	여동생	brother	sister
[동기]	+	+	+	+	+	+
[손위]	+	-	+	-		
[남자]	+	+	-	-	+	-

이 표를 통해 형제자매어 낱말밭에 대한 두 언어 간의 차이를 보다 분명하게 알 수 있다. 어떤 의미 자질이 어떻게 다르게 혹은 동일하게 사용되는지가 명시적으로 드러난다.

형제자매어 낱말밭과 같은 계열적 낱말밭뿐만 아니라 결합적 낱말밭에 대해서도 성분분석이 사용된다. 다음은 결합적 낱말밭인 탈착어 낱말밭의 일부에 대한 성분분석의 예이다.

(12) 입다: [+착용] [+몸통]
　　　쓰다: [+착용] [+머리/얼굴]
　　　신다: [+착용] [+발/다리]
　　　끼다: [+착용] [+손]

해당 단어들을 하나의 의미 영역으로 묶어주는 의미 자질인 [+착용]과 각각의 단어들을 구별해주는 의미 자질인 [+몸통], [+머리/얼굴], [+발/다리], [+손] 등이 사용되어 해당 낱말밭을 적절하게 설명하고 있다.

이상과 같이 성분분석은 계열적 낱말밭 및 결합적 낱말밭의 예들을 모두 효과적으로 설명한다. 아래에서는 성분분석이 낱말밭에 대해 제공하는 유용한 의미론적 정보들을 좀 더 자세하게 알아보고자 한다.

3.2.2. 성분분석의 유용성

먼저 성분분석은 특정한 낱말밭에 대해 언어들 간에 나타나는 차이점을 명시적으로 보여준다. 위에서 살펴본 한국어와 영어의 형제자매어 낱말밭을 예로 들어보자. 한국어에는 해당 낱말밭의 분석에 [손위]와 [남자]라는 두 의미 자질이 필요한 반면에 영어의 경우에는 [남자]라는 의미 자질만 필요하다는 차이가 있다. 어떤 낱말밭에 대해 언어들 간에 나타나는 차이를 이와 같은 방식에 의해 포착할 수 있다는 것은 큰 의의를 가진다. 한국어는 네 단어로 구성이 된 반면에 영어는 두 단어로 구성이 되었다는 사실에 대한 설명이 가능해지는 것이다. 한국어에는 [손위]의 의미 자질이 중요한 역할을 하는 반면에 영어에서는 그렇지 않다는 설명이 주어진다. 이것은 음운론에서 음운 자질이 하는 역할에 그대로 대응된다. 한국어와 영어의 두 음운 체계에서 전자 혹은 후자에만 작용하는 음운 자질의 존재가 두 언어 간의 중요한 음운론적 차이를 가져온다. [유성]이라는 음운 자질이 영어에서는 중요하지만 한국어에서는 그렇지 않아서, 가령 영어에서는 /b/와 /p/의 대립이 존재하는 반면에 한국어에는 단지 /p/만이 존재하는 차이로 나타난다. 이와 마찬가지로 [손위]라는 의미 자질의 존재 여부의 차이로 인하여 두 언어 간에 의미론적 차이가 초래되는 현상들을 설명할 수 있다.

다음의 이점은 주어진 낱말밭을 일정한 기준에 의해 분할하는 길을 열어 준다는 것이다. 수십 혹은 수백 개의 단어들로 구성된 낱말밭을 일정한 기준에 의해 나눌 수 있다면, 그 낱말밭의 구조를 파악하는 데 큰 도움이 될 것이다. 위에 주어진 예를 보면, '형-남동생-누나-여동생'의 낱말밭을 [손위]나 [남자]의 두 의미 자질에 의해 나눌 수 있다. [손위]에 의해 '형-누나'와 '남동생-여동생'으로 나뉘고, [남자]에 의해 '형-남동생'과 '여동생-누나'로 나뉜다. 그런데 이것은 음운론에서 음운 자질에 의해 자연 부류(natural class)를 설정하는 것과 맥을 같이 한다. 음운론에서 자연 부류를 설정함으로써 여러 가지 이점이 생기는데, 예를 들자면 어떤 음운 규칙의 적용 여부를 자연 부류의 소속 여부에 기대어 설명할 수 있다. 성분 분석을 통해 이와 마찬가지의 설명이 낱말밭의 의미 분석에도 주어질 수 있다. 예를 들어 수식어 '예쁜'은 '누나'와 '여동생'과는 자주 어울리지만 '형'이나 '남동생'과의 사용은 비교적 적게 나타나는 듯한데, 이에 대한 적절한 설명을 할 수 있다. '예쁜'은 오랫동안 주로 여성 명사와 결합하여 사용되어 온 표현이어서 [+남자]의 의미 자질을 가진 명사보다는 [−남자]의 의미 자질을 가진 명사와 더 잘 어울리는 양상을 보인다는 것이다.

한편, 이러한 의미 자질의 실현에는 이분법이 작동하고 있다. 즉, [손위]라는 정보를 가지고 있는지 없는지가 중요할 따름이지 정도를 따지지 않는다. 이것도 음운 자질이 사용되는 방식과 동일하다. [유성]에 대해 [+유성]과 [−유성]만이 문제가 될 뿐이지 유성의 정도는 개의치 않는다. 인간 언어의 중요한 특징들 중의 하나인 이분법적 사용의 원리가 의미 자질의 실현에도 관여함을 확인할 수 있다.

다음 장에서 한 낱말밭에 속하는 단어들 간에 형성되는 여러 가지 의미 관계를 살펴볼 것인데, 이러한 의미 관계를 설명하는 데에도 의미 자질은 유용하게 사용된다. 예를 들어, 어떤 반의 관계를 이루는 두 단어는 모든 의미적 속성이 반대되는 것이 아니라 단지 하나의 의미 자질만이 다르다는 사실을 확인할 것이다. 그리고 어휘의 의미 관계의 설명에 사용되는 의미 자질의 다른 역할들도 살펴보게 될 것이다.

한편, 성분 분석은 의미 자질의 설정으로부터 필연적으로 유래되는 어려움이 있다. 더 이상 쪼갤 수 없는 최소의 의미 단위로서의 의미 자질은 성분 분석의 기초이지만, 어떤 의미 자질을 얼마나 많이 설정하느냐의 문제가 쉽게 결정되지 않는다. 음운론의 음운 자질의 설정에서도 동일한 어려움이 존재한다. 언어 보편적으로 사용할 수 있는 최소한의 의미 자질을 설정하여 최대한 효과적으로 의미 분석을 수행하는 것이 궁극적인 목표이겠으나 실제 분석에 있어 이러한 목표를 달성하기란 쉽지 않다.

04

어휘의 의미 관계

우리는 단어들이 비슷한 말, 반대말 등의 이런저런 의미적 관계를 맺고 있는 것을 안다. 여기에서는 그러한 어휘의 의미 관계들에 대해 살펴볼 것인데, 한 낱말밭 안에서 그들의 존재를 쉽게 확인할 수 있다. 앞에서 살펴본 바와 같이, 일정한 의미적 유대 관계를 가지는 단어들이 모여 하나의 낱말밭을 형성하게 되므로 이렇게 형성된 낱말밭을 구성하는 단어들 간에는 여러 가지 형태의 의미 관계가 나타난다. 이 장에서는 이러한 관계를 몇 가지로 유형화해 볼 것이다. 우선 낱말밭을 구성하는 기본적인 관계인 계열적 관계와 결합적 관계에서 비롯하는 어휘의 의미 관계들을 살펴보고자 한다. 이어서 이와는 관점이 다른 어휘의 의미 관계인 다의성과 동음(이의)성에 대해 알아볼 것이다.

4.1. 계열적 관계

4.1.1. 하의 관계

어떤 단어의 의미가 다른 단어의 의미에 포함되어 있을 때, 두 단어는 하의 관계(hyponymy)에 있다고 말한다. 즉, 단어 A의 지시 범위와 단어 B의 지시 범위를 비교하였을 때, 전자가 후자에 포함되는 관계를 이른다. 이를 포함 관계라고도 한다. A가 B보다 더 특수한 단어인 경우라고도 할 수 있는

데, 이를 뒤집으면 B가 A보다 더 일반적인 단어임을 뜻한다. '장미' : '꽃', '축구' : '구기종목', '구기종목' : '운동', '사다' : '얻다' 등이 이러한 관계의 예이다. 더 특수한 단어를 하의어(hyponym)이라고 하고, 더 일반적인 단어를 상의어(hypernym)이라고 한다. '장미'는 '꽃'의 하의어이고, '꽃'은 '장미'의 상의어이다.

하의 관계는 다음과 같이 어휘의 계층적 구조에 의해 잘 나타난다.

(1)

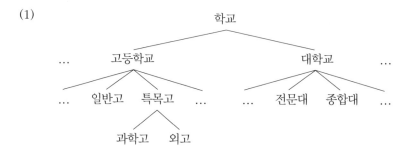

상위 계층의 단어가 하위 계층의 단어보다 더 일반적인 단어이어서, '학교'는 '고등학교'나 '대학교' 등의 상의어이고 '고등학교'는 '일반고'나 '특목고' 등의 상의어라는 하의 관계가 잘 드러난다. 그리고 이 두 하의 관계로부터 '학교'는 '일반고'나 '특목고' 등의 상의어라는 사실도 쉽게 확인할 수 있다. 즉 A가 B의 상의어이고, B가 C의 상의어라면 A는 C의 상의어가 된다. '학교'가 '고등학교'의 상의어이고, '고등학교'가 '특목고'의 상의어이므로 '학교'는 '특목고'의 상의어이다. 즉, 하의 관계에는 이행성(transitivity)이 성립한다.

또한 하의 관계에는 일방적 함의 관계가 나타난다.

(2) 가. 나는 장미를 선물로 받았다.
    나. 나는 꽃을 선물로 받았다.

(2가)는 (2나)를 함의하지만, 그 역은 성립하지 않는다. 두 문장 간의 이러한

일방적 함의 관계는 '장미'와 '꽃'의 하의 관계에서 유래된다.

하의 관계는 의미 자질에 의해 명시적으로 포착된다. 상의어와 하의어는 일정한 의미 자질들을 공유하는 한편, 하의어는 상의어보다 많은 의미 자질을 필요로 한다. 하의 관계에 있는 단어들이 다음과 같이 의미 자질로 기술될 수 있다.

(3) 가. 학교:　　[+기관] [+교육]
　　나. 고등학교:[+기관] [+교육] [+중학교 졸업]
　　다. 특목고:　[+기관] [+교육] [+중학교 졸업] [+특수 목적]
　　라. 외고:　　[+기관] [+교육] [+중학교 졸업] [+특수 목적] [+외국어]

하의어가 상의어보다 더 특수하여 더 많은 정보를 가지고 있으므로 더 많은 의미 자질을 요구할 뿐 아니라 상의어가 가지는 의미 자질도 공유한다. 그리고 하의 관계에서 나타나는 일방적 함의 관계는 이러한 의미 자질이 구현된 결과이다. 상의어가 가지는 의미 자질을 공유하면서 또 다른 의미자질도 가지는 하의어는 상의어를 함의하기 마련이다. 그리고 그 역은 성립할 수 없다.

4.1.2. 부분 관계

두 단어 A와 B 사이에 'A는 B의 부분이다'는 관계가 성립할 때, 이들 사이에는 부분 관계(meronymy)가 성립한다고 하고, A를 부분어(meronym), B를 전체어(holonym)이라고 부른다. '팔은 몸의 일부이다.'가 성립하므로 '팔'은 '몸'의 부분어이다. '방'과 '집'의 관계도 마찬가지이다. 다음과 같이 계층구조를 통해 부분 관계를 확인할 수 있다.

(4)
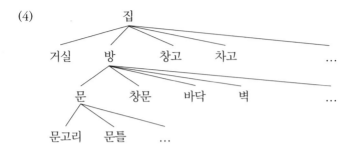

부분 관계는 하의 관계와 같이 계층적으로 표현될 수 있지만, 하의 관계와는 구별되어야 한다. 하나의 동일한 상의어와 하의 관계에 놓인 하의어들은 모두 같은 종류에 속하면서도 각자 독립적인 존재로 인식되는 경향이 강하다. 즉, 장미, 국화, 백합 등은 모두 꽃이라는 동일한 종류에 속하면서도, 각자 독립적인 존재이기도 하다. 장미는 꽃의 한 종류이지 꽃의 부분이 아니기 때문이다. 이에 반해, 동일한 한 전체어와 부분 관계에 놓이는 부분어들은 같은 종류에 속한다고 보기 어려우며, 또한 독립적으로 존재한다기보다는 함께 어울려서 전체어를 이루는 특징이 있다. '팔', '다리', '몸통' 등은 '사람'의 부분어들인데, 이것들은 동일한 종류에 속한다고 할 수가 없다. 그리고 이것들은 독립적으로 인식된다기보다는 '사람'이라는 전체어의 일부로 인식되는 경향이 강하다. 팔이나 다리, 몸통은 사람의 한 종류가 아니라 사람의 부분이다.

또한 부분 관계는 이행성의 관점에서도 하의 관계와 구별된다. 지시물 X가 지시물 Y의 부분이고, 지시물 Y가 지시물 Z의 부분이면, 물리적으로 지시물 X는 지시물 Z의 부분이다. 이와 같이 물리적인 지시물들 사이에는 부분의 관계에 이행성이 항상 성립하지만, 이 지시물들을 표상하는 단어들 사이에 존재하는 부분 관계에는 이행성이 성립되지 않을 수도 있다. 위의 계층 구조에서 문고리가 문의 부분이고, 문이 방의 부분이고, 방이 집의 부분이므로, 물리적으로 따져볼 때 문고리는 집의 부분임이 틀림없다. 그러나 이 지시물들을 표상하는 단어들 간에는 부분 관계의 이행성이 성립하지 않는다. '문고리'가 '문'의 부분어이고, '문'이 '방'의 부분어이고, '방'이 '집'의 부분어인데, 이를 바탕으로 '문고리'가 '집'의 부분어라고 하기는 힘들다. '문고리'와 '집' 사이에는 심리적 거리가 존재하여 이 둘을 동일선상에 놓고 어휘 관계를 논하기가 어렵다. 지시물들 간에 성립하는 물리적인 부분의 관계에는 이행성이 보장되는 반면에 이것들이 어휘화되었을 때에는 이러한 관계가 달리 인식될 수도 있다.

이에 더하여, 함의의 관점에서도 부분 관계와 하의 관계는 차이를 보인다. 우리는 하의 관계가 의미 자질에 의해 포착되며, 이를 토대로 하의어가 상의어를 일방적으로 함의함을 살펴보았다. 이에 반해, 부분 관계에는 의미 자질이 관여하지 않고, 함의 관계도 일정하게 성립하지 않는다.

(5) 가. 나는 문고리를 샀어.
    나. 나는 집을 샀어.

'문고리'는 '집'의 부분어인데, (5가)가 (5나)를 함의하지 않는다.

이상과 같이 부분 관계와 하의 관계는 모두 계층적 구조로 나타낼 수 있음에도 두 관계는 분명하게 구별되어야 한다. 예를 하나 더 들어 두 관계를 보다 명확하게 구별해 보자. 우리는 위에서 '사람'과 '팔', '다리', '몸통' 사이에는 부분 관계가 성립함을 살펴보았다. 그런데 '사람'과 '태양인', '태음인', '소양인', '소음인' 사이에는 하의 관계가 성립한다. 먼저, 태양인이나 태음인, 소양인, 소음인은 각각 사람의 한 종류들을 가리킨다. 그리고 이것들은 사람의 부분을 가리키지는 않는다. 나아가 이 두 관계의 차이를 다음과 같은 함의 관계의 성립 여부에서도 확인할 수 있다.

(6) 가. 나는 팔을 아낀다.
　　　나. 나는 사람을 아낀다.
　　　다. 나는 태양인을 만난 적이 있다.
　　　라. 나는 사람을 만난 적이 있다.

(6가)는 (6나)를 함의하지 않지만 (6다)는 (6라)를 함의한다. 부분 관계에는
함의 관계가 보장되지 않는 반면에 하의 관계에는 보장된다는 관찰이 유효
하다. 필요에 따라 사람을 팔, 다리, 몸통 등으로 파악할 수도 있고, 태양인,
태음인, 소양인, 소음인으로 파악할 수도 있다. 그런데 이 두 가지 파악 방법
에는 이상과 같은 흥미로운 차이가 존재한다. 이것은 두 종류의 글쓰기로
귀결되기도 한다. 사람에 대한 글을 쓸 때 사람을 팔, 다리, 몸통 등으로
나누어 쓴다면 '분석'의 글쓰기가 되고, 태양인, 태음인, 소양인, 소음인으로
나누어 쓴다면 '분류'의 글쓰기가 된다. 부분 관계는 분석의 글쓰기와, 하의
관계는 분류의 글쓰기와 대응된다.

4.1.3. 동의 관계

둘 이상의 형식이 하나의 의미에 연결되어 있는 어휘 관계가 있다. 이를
동의 관계(synonymy)라고 한다.

(7) 재능-재주, 발전-발달, 사과-사죄, 걸상-의자, 아우-동생

얼핏 생각하기에는 이들은 경제성의 추구라는 측면에 위배되는 듯하다. 그
러나 동의 관계는 인식의 다양성을 표현하려는 의도가 반영된 것이라고 볼
수 있어서 단순히 비경제적인 방식이라고 할 수는 없다. 경우에 따라서는
아주 미세한 의미의 차이라도 반영하려는 노력들의 결과라고 보겠다.
　　실제로 보통 동의어라고 하는 단어들 간에 의미의 차이가 전혀 없는 경우

는 드물다. 예를 들어 '아빠'와 '아버지'의 경우 전혀 의미의 차이가 없다고 할 수 있는가? '아우'와 '동생'은 보통 동의어라고 하는데, '아우님'은 되지만 '아우분'은 어색하고, '동생님'은 안 되지만 '동생분'은 괜찮다.

4.1.4. 반의 관계

서로 대립하는 의미를 가진 두 단어들을 반의 관계(antonymy)에 있다고 한다. 그런데 어떤 반의어들은 서로 아주 가까운 단어들이어서 단 하나의 의미 자질만이 다르기도 하다. 가령, '할아버지'는 '할머니'의 반의어인데 이 두 단어는 모든 의미 자질에서 동일하고, 단지 [+남성]과 [-남성]의 면에서만 차이가 있을 뿐이다. 반의어는 단순 반의어, 정도 반의어, 방향 반의어 등으로 세분된다.

4.1.4.1. 단순 반의어

상호 배타적인 영역을 담당하고 있어서 동시에 성립할 수 없는 두 단어를 단순 반의어(simple antonym)라고 하는데, 상보 반의어(complementary antonym)라고도 부른다.

(8) 남성-여성, 미혼자-기혼자, 살다-죽다, 합격하다-불합격하다

단순 반의 관계에 놓인 두 단어 간에는, 그 속성상 한 단어의 긍정이 나머지 단어의 부정을 함의하고 또한 그 역도 성립한다. 즉 한 단어의 긍정과 나머지 단어의 부정 사이에는 상호 함의가 성립한다. 따라서 단순 반의 관계의 두 단어를 동시에 긍정하거나 부정하는 경우에는 다음과 같은 모순이 발생한다.

(9) 가. *강아지가 죽었는데 살았다.

나. *저 사람은 미혼자도 아니고 기혼자도 아니다.

4.1.4.2. 정도 반의어

서로 대립되는 두 단어 사이에 정도의 차이를 따질 수 있을 때, 이들을 정도 반의어(gradable antonym)라고 한다.

(10) 길다-짧다, 무겁다-가볍다, 쉽다-어렵다, 덥다-춥다

어느 정도로 긴지 혹은 어느 정도로 짧은지에 대한 언급을 할 수 있으며, 또한 상대적인 개념으로 사용되므로 절대적인 개념인 단순 반의어와 구별된다. 1미터의 칼이 긴 칼이 될 수 있지만 1미터의 창이 긴 창이 될 수는 없을 것이다.

정도 반의 관계를 맺는 두 단어 사이에는 중립적인 개념이 존재할 수 있다. 예를 들어 '무겁다'와 '가볍다' 사이에는 무겁지도 않고 가볍지도 않은 무게가 설정될 수 있다. 따라서 이 두 단어를 동시에 부정하는 경우에도 모순이 발생하지 않는다.

(11) 오늘은 덥지도 않고 춥지도 않고, 시원하다.

그러나 두 단어를 동시에 실현시키는 것은 허용되지 않는다. 두 단어 사이의 중간 단계가 존재하지만, 두 단어는 여전히 대립적 관계이기 때문에 동시에 실현되지는 못한다.

(12) *오늘은 더우면서 춥다.

한편 정도 반의 관계를 맺는 두 단어 사이에는, 한 단어의 긍정이 나머지 단어의 부정을 일방적으로 함의한다.

(13) 가. 오늘은 덥다. → 오늘은 춥지 않다.
　　나. 오늘은 춥지 않다. ↛ 오늘은 덥다.
　　다. 오늘은 춥다. → 오늘은 덥지 않다.
　　라. 오늘은 덥지 않다. ↛ 오늘은 춥다.

그리고 정도 반의 관계를 이루는 두 단어 중에 더 기본인 것으로 인식되는 것이 있다. 그래서 예를 들어, 무게를 물어볼 때 '그 가방 얼마나 무거워요?'라고 하지만 '그 가방 얼마나 가벼워요?'라고는 하지 않는다.

4.1.4.3. 방향 반의어

움직임을 나타내는 단어들 사이에 서로 방향만이 다른 경우에 이들을 방향 반의어(directional antonym)라고 부른다. 주로 동사들 사이에 성립한다.

(14) 가다-오다, 들어가다-나오다, 오르다-내리다, 전진하다-후퇴하다, 위로-아래로, 안으로-밖으로

실제적인 움직임은 없지만, 관점의 차이에 의해 방향의 대립적 관계가 발생하는 경우들도 포함한다.

(15) 위-아래, 왼쪽-오른쪽, 조상-후손, 고용주-피고용주, 팔다-사다, 가르치다-배우다

4.2. 결합적 관계

단어들이 결합할 때 생겨나는 단어들 간의 가로의 관계를 결합적 관계라고 한다. 단어들이 결합하여 더 큰 언어 표현을 만들 때 문법적 정보에만 의존하는 것이 아니다. 문법적으로는 결합이 가능한 단어들이 이들 간의 의미적인 이유로 인해 실제적으로는 결합하지 못하기도 한다. 대표적인 결합적 의미 관계로는 숙어(idiom)와 연어(collocation)를 들 수 있다.

둘 이상의 단어가 결합하여 더 큰 언어 표현을 형성할 때, 그 언어 표현의 의미가 구성 단어들의 의미로부터 예측되지 않을 때가 있는데, 이러한 언어 표현을 숙어라고 한다.

(16) 나는 이번에도 미역국을 먹었어.

'미역국을 먹다'는 '미역국'과 '먹다'의 결합으로부터 나타나지만, 그 의미인 '실패하다'는 '미역국'과 '먹다'로부터 예측되지 않는다. 이러한 이유로 숙어는 합성성의 원리를 어기는 대표적인 예로 언급된다.

그런데 이러한 의미적 속성을 가지는 숙어는 형식적인 측면에서도 고정된다는 특성이 있다. 보통의 언어 표현들은 문법적으로 허용되는 형식적 변화가 가능하지만 숙어의 경우에는 그러한 형식적 변화를 허용하지 않는다.

(17) 가. 나는 이번에도 미역국을 맛있게 먹었어.
　　　나. 나는 이번에도 엄마가 만든 미역국을 맛있게 먹었어.

위의 예들은 (17)의 예로부터 각각 '맛있게'와 '엄마가 만든'이라는 표현을 덧붙여서 문법적으로 확장이 가능한 형식적 변화를 겪은 것인데, 그 결과로 '미역국을 먹다'의 숙어적 의미인 '실패하다'의 의미는 상실된다.

한편, 단어들이 결합할 때 가능한 것들 사이에 선호도의 차이가 발생하는 경우들이 있다. 예를 들어 '불이 났다'가 '불이 발생했다'보다 더 선호되는데, 이것은 '화재가 났다'와 '화재가 발생했다' 사이에 큰 차이가 없는 것과 대조된다. '불'과 '화재'가 의미적으로 큰 차이가 없고, '나다'와 '발생하다'도 그러하지만, 이것들이 결합할 때에는 선호도의 차이가 드러난다. 일종의 선택 제약(selectional restriction)이라고 볼 수 있는데, 이를 연어라고 부른다. 이것은 특정 단어의 올바른 사용을 위해서는 반드시 습득되어야 할 정보이다. 몇 가지 예를 더 들어 보면 다음과 같다(임근석 2006).

(18) 가. 말을 몰다, *말을 운전하다, *말을 조정하다, 말을 부리다
　　　나. 차를 몰다, 차를 운전하다, *차를 조정하다, *차를 부리다
　　　다. 가벼운 농담, *경(輕)한 농담, *무겁지 않은 농담
　　　라. 간곡한 부탁, *최대의 부탁, *강한 부탁, *심한 부탁,
　　　　　*높은 부탁, *진한 부탁
　　　마. 역사 의식, 역사 정신, 역사 인식
　　　바. 윤리 의식, *윤리 정신, *윤리 인식

이상과 같이 단어들이 결합할 때 선호도의 차이가 분명히 나타나는데, 이러한 연어는 숙어와 자유 결합의 중간 단계에 해당한다고 할 수 있다. 한편으로는 숙어가 극도의 폐쇄성을 가지고 있는 것과는 달리 상당히 열린 부류를 형성한다고 볼 수 있으며, 다른 한편으로는 자유 결합과 비교해서 상당한 결합적 제약을 가지고 있기 때문이다.

4.3. 형식과 의미의 대응 관계

단어를 형성하는 형식과 의미의 연결 방식을 몇 가지로 생각해 볼 수 있

다. 형식과 의미가 일대일로 대응하는 것이 이상적이지만 실제로는 일대일의 대응 관계는 찾아보기 어렵다.

(19) 가. 일대일 대응   나. 일대다 대응   다. 다대일 대응

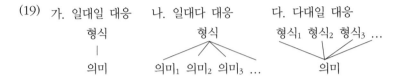

일대일 대응을 이루는 경우를 단의 관계(monosemy)라고 하고, 일대다 대응의 경우는 다의 관계(polysemy)와 동음(이의) 관계(homonemy)의 둘로 구분하여 다룬다. 그리고 다대일 대응은 동의 관계(synonymy)라 한다. 동의관계는 계열적 관계의 하나로 앞에서 살펴보았다. 일대일 대응의 단의 관계는 하나의 형식이 배타적으로 하나의 의미로만 사용되는 전문어를 제외하면 실제로 잘 사용되지 않는다. 아래에서는 일대다 대응의 경우인 다의 관계와 동음 관계에 대해 살펴보고자 한다. 이들은 앞에서 살펴본 계열적 관계와 결합적 관계라는 구조적인 어휘의 의미 관계와 구별되는 어휘의 의미 관계이다.

4.3.1. 다의 관계

인간이 언어를 통해 표현하고자 하는 것의 수는 얼마나 될까? 오감을 통해 감지하는 수많은 대상들이나 머릿속의 한없는 생각들은 그 수가 무한하다고 할 만하다. 반면에 이러한 거의 무한한 수의 의미들을 위해 인간이 사용할 수 있는 형식은 상대적으로 제한적이다. 따라서 모든 의미에 각각 다른 형식을 부여할 수가 없고, 하나의 형식으로 여러 개의 의미를 나타내는 방식을 필연적으로 택해야만 한다. 인간 언어의 큰 특징들 중의 하나로 경제성의 추구를 드는데, 형식과 의미의 일대다 대응도 경제성 추구의 한 양상이라고 하겠다.

한 언어 형식에 연결된 의미와 어떤 연관성이 있는 다른 의미들이 표현됨으로써 형식과 의미의 일대다 대응 관계가 형성될 수 있다. 이러한 어휘 관계를 다의 관계라고 하고 이러한 특성을 가진 단어를 다의어(polyseme)라고 한다.

(20) 가. 그 여자는 손이 커서 큰 장갑을 사야 한다.
　　 나. 그 여자는 손이 커서 돈을 헤프게 쓴다.
　　 다. 그 여자는 손이 필요하다.
　　 라. 그 일은 그 여자의 손이 미치지 못한다.
　　 마. 그 여자가 이 옷을 손봐 주었다.
　　 바. 그 여자와 손을 끊었다.

(20가)의 '손'은 신체기관의 의미를 가지는데, 이 의미와 어떤 연관성을 가진 의미들에도 '손'을 사용함으로써 그 의미가 확대되었다고 볼 수 있다. 이렇게 '손'의 신체 기관의 의미와 같이 다의어의 핵심이 되는 의미를 중심 의미라 하고, 이 중심 의미가 맥락이나 상황에 따라 확대되는 의미를 주변 의미라고 한다. 다음과 같은 다른 다의어의 예들에서도 이와 같은 현상을 확인할 수 있다.

(21) 길, 듣다, 죽다, 보다 등

4.3.2. 동음 관계

하나의 형식에 둘 이상의 의미가 연결되는 어휘 관계로 다의 관계 이외에 또 하나의 의미 관계가 존재한다. 다음의 예들은 다의 관계와 마찬가지로 둘 이상의 의미들을 나타낸다.

(22) 배, 다리, 은행, 쓰다, 그리다 등

그런데 이 예들은 다의 관계에서 보이는 의미들 간의 연관성이 결여되어 있다. '배'의 경우 다음과 같이 사용되는데, 각각의 '배'가 나타내는 의미들 간의 연관성을 찾아보기 힘들다.

> (23) 가. 배가 아프다.
>   나. 배가 고장 났다.
>   다. 배가 맛있다.

이와 같이, 한 형식에 여러 개의 의미가 연결되어 있지만 그 의미들 간에 뚜렷한 연관성을 찾기 힘들 때, 이 어휘 관계를 동음이의 관계라고 하여 다의 관계와 구별한다. 동음이의 관계를 줄여서 동음 관계라고도 부른다. 이러한 동음관계는 사전에서 다음과 같은 형식으로 다의관계와 구별된다.

> (24) 가. 배1 ...   나. 손 1. ...
>   배2 ...   2. ...
>   배3 ...   3. ...

'배'에서 나타나는 동음 관계는 여러 개의 단어들 사이에서 실현되는 것으로 보아 '배1', '배2', '배3' 등의 여러 어휘 항목을 설정하는 반면에, '손'에서 나타나는 다의 관계는 하나의 단어가 여러 개의 관련 의미로 실현되는 것으로 보아 하나의 어휘 항목만을 설정한다.

4.3.3. 다면어

형식과 의미가 일대다의 대응 관계를 보이는 또 다른 예들이 있다.

> (25) 가. 식당이 멋있다.
>   나. 식당이 맛있다.

다. 식당이 친절하다.

여기에서 하나의 형식 '식당'이 식당 건물, 식당 음식, 식당 직원 등의 여러 의미로 실현되는 듯하다. 그리고 이 의미들은 식당과 관련되는 의미적 연관성을 가지고 있어서 다의 관계에 해당하는 것 같다. 그러나 다의 관계와는 달리, 중심 의미를 내세우기가 어렵다. 다의 관계와는 차이가 감지된다.

이 예에서 나타나는 의미들은 모두 합쳐서 '식당'의 의미를 구축하는 것으로 볼 수 있다. 우리가 '식당'이라는 단어를 떠올리면 식당의 건물, 음식, 직원 등 식당과 관련되는 제반 의미 요소들이 함께 관여한다고 볼 수 있다. 그리고 어떤 맥락에서 사용되느냐에 따라 이러한 여러 의미 요소들 중 하나가 선택되어 표출되는 것으로 보인다. 가령, 식당에 들어가면서 (24가)와 같이 말한다면 식당의 건물이라는 의미 요소가 부각되어 사용된 것이다. 이와 같이, 한 단어의 의미가 여러 가지 의미 요소, 즉 의미면(facet)으로 이루어질 때, 그 단어를 다면어(multi-faceted word)라고 한다. 여러 의미면이 모여서 하나의 의미를 이루는 것이므로 하나의 형식 '식당'이 하나의 의미에 대응된다고 볼 수 있어서 이전에는 보통 단의어의 일종으로 처리되었다.

이상과 같이, 다면어는 다의어적인 속성과 단의어적인 속성을 어느 정도 가지고 있다. 여러 가지 의미 요소들이 관여하고 이들이 모종의 연관성을 지닌다는 점에서 다의어적 속성을 가지며, 이런 여러 의미 요소들이 합쳐져서 하나의 의미를 구축한다고 볼 수 있다는 점에서 단의어적 속성을 가진다. 다면어는 다의어와 단의어의 중간적인 존재라고 할 수 있다. 다면어의 존재를 좀 더 확인하기 위해, 흔히 드는 예를 하나 더 살펴보자.

(26) 가. 책이 매우 두껍다.
    나. 책이 아주 재미있다.

여기에서 각각의 '책'은 책의 형태와 책의 내용이라는 의미면이 부각된 예들인데, 이들이 합쳐져 '책'의 의미 하나를 구축한다고 볼 수 있다. '책'은 형태와 내용의 두 의미면으로 이루어진 다면어이다.

Ⅲ. 문장의 의미

'비가 오다.'라는 문장에 대해 다음과 같은 여러 가지 확장된 문장들이 가능하다.

(1) 가. 비가 왔다. (과거)
　　나. 비가 오고 있었다. (과거, 진행)
　　다. 비가 오고 있었겠다. (과거, 진행, 추측)

이렇게 확장된 문장들은 '비가 오다.'라는 문장이 표현하는 상황에 대해 각각 어떤 의미를 덧붙이고 있다. (1가)는 그 상황이 과거에 발생하였음을 덧붙이고, (1나)는 그 상황이 과거에 발생하고 있었음을 덧붙이고, (1다)는 그 상황이 과거에 발생하고 있었음을 추측함을 덧붙인다. 즉, (1가)에는 그 상황이 발생한 시점이 표시되고, (1나)는 (1가)에다 그 상황이 일정 시간 동안 계속해서 실현됨을 표시하고, (1다)는 (1나)에다 화자의 추측이 덧붙여진다. 그리고 이러한 확장된 의미는 각각 '-었-', '-고 있-', '-겠-'에 의해 실현된다.

　이 세 가지 의미가 작용하는 범위는 문장이다. 즉, (1가)에서 '-었-'의 의미는 '비가 오다.'라는 문장을 대상으로 작용하며, (1나)의 '-고 있-'은 '비가 왔다.'라는 문장에 대해, 그리고 (1다)의 '-겠-'은 '비가 오고 있었다.'는 문장 전체에 대해 작용한다. 따라서 이들에 의해 실현되는 의미적 특질은 문장 차원에서 다루어져야 할 것이다.

이 셋은 문장에 의해 표현되는 상황에 대해 작용한다는 점에서 동일하지만, 이것들이 작용하는 관점에서 각각 차이가 난다. 쉽게 포착되는 차이는 '-었-'과 '-고 있-'이 시간과 관련되는 의미 속성을 가지는 반면에 '-겠-'은 그렇지 않다는 것이다. 그리고 '-었-'과 '-고 있-'이 관여하는 시간에 대한 정보가 서로 다른 성질이라는 점도 파악된다. 개략적으로 말해, '-었-'은 어떤 상황이 실현되는 시간적 위치를 나타내는 반면에 '-고 있-'은 어떤 상황이 실현되는 시간적 모습을 나타낸다고 할 수 있다. 이 셋은 시제(tense), 시상(aspect), 양상(modality)이라는 범주로 다루어져 왔다. 이들을 차례대로 살펴보기로 하자.

문장의 단위에서 작용하는 의미 범주들은 이 세 범주 외에도 많이 있다. 대략적으로 얘기해도, 의미역, 피동, 사동, 부정, 경어법 등을 들 수 있는데, 여기에서는 위의 세 범주만 다루고자 한다. 그 이유는, 우선 한국어 연구의 특유한 전통을 고려해서이다. 한국어 연구에서 문법론이라는 분야는 형태통사적 현상뿐만 아니라 그와 관련되는 의미까지 포괄적으로 다루는 경향이 있어서 문장 단위에서 나타나는 의미 범주들을 함께 다루곤 한다. 위에서 언급된 의미 범주 대부분이 문법론 분야에서 다루어지므로, 이를 고려하여 그 일부만을 다루어 보려고 한다. 한편, 시제, 시상, 양상의 세 범주는 가능 세계라는 요인을 공유하는데, 가능 세계가 의미론 연구에서 차지하는 중요성을 고려하여 이 세 가지 범주를 함께 다루고자 한다.

그리고 이에 덧붙여, 문장들 간의 의미 관계를 다룰 것이다. 어휘의 의미 관계를 이해하는 것이 단어의 의미를 이해하는 데 필수적이듯이, 문장의 의미 관계는 문장의 의미를 이해하는 데 꼭 필요하다. 특히, 어떤 문장이 다른 문장으로부터 자동적으로 추론되는 의미 관계인 함의와 전제를 중점적으로 다룰 것이다. 이 현상들은 의미론과 화용론의 경계와도 관련되어 있다.

05

시제와 시상

5.1. 시제

5.1.1. 시간적 위치

우리는 시간을 보통 과거, 현재, 미래로 파악한다. 지금, 즉 현재를 중심으로 하여 그 이전을 과거, 그 이후를 미래로 구분한다. 그리고 어떤 상황을 표현할 때 그 상황이 과거, 현재, 미래라는 시간의 흐름 속에서 어디에 위치하는지를 표시한다.

```
            과거          현재          미래
(2)   ---------- |---☺---|----------▶
              발화 시점
```

(2)는 우리가 시간을 어떻게 파악하는지를 개략적으로 보여준다. 발화 시점이 중심이 되어 그 앞뒤의 일정한 시간 영역이 현재로 다루어지고, 그 이전과 이후의 시간 영역은 각각 과거와 미래로 처리된다. 그런데 이때 현재를 이루는 시간 영역의 크기는 상당한 융통성을 가진다. 경우에 따라서는 발화의 순간만을 현재로 보고 바로 조금 전의 시점도 과거로 파악할 수 있는 반면에, 경우에 따라서는 몇 년의 시간 폭도 현재로 허용될 수 있기 때문이다.

시간의 개념이 어떻게 내면화되는지는 언어에 따라 차이가 나지만, 시간에 대한 위와 같은 기본적인 구분은 자연 언어에 잘 반영되기 마련이다.

(3) 가. Tom plays a piano.
　　　나. Tom played a piano.
　　　다. Tom will play a piano.

(4) 가. Tā xiànzài yǒu kè.
　　　　 he now have classes
　　　　 'He now has classes.'
　　　나. Tā zuótian yǒu kè.
　　　　 he yesterday have classes
　　　　 'He had classes yesterday.'
　　　다. Tā míngtian yǒu kè.
　　　　 he tomorrow have classes
　　　　 'He will have classes tomorrow.' (Saeed 2009)

(5) 가. 민수는 (지금) 중국어를 배운다.
　　　나. 민수는 중국어를 배웠다.
　　　다. 민수는 중국어를 배울 것이다.

(3)-(5)는 영어, 중국어, 한국어의 예이다. 이 예들은 각 언어에서 현재, 과거, 미래가 반영되는 모습을 보여준다. (4)의 중국어의 예에서는 현재, 과거, 미래가 시간 부사에 의해 표현됨을 알 수 있다. 반면에 영어와 한국어에서는 이들이 동사의 형태적 변화를 통해 실현된다. 그리고 영어와 한국어에 나타나는 이러한 동사의 형태적 변화에는 또 어떤 차이가 존재하는 것을 알 수 있다. 이와 같이 현재, 과거, 미래가 실현되는 방식은 언어에 따라 다를지라도 각 언어들은 고유의 방식에 의해 이러한 시간적 구분을 반영한다.

　　각 언어들에서 실현되는 시간적 구분의 방식에 차이가 있음에 주목해 보

자. 우선 위의 영어와 한국어 예에서는 동사의 형태적 변화, 즉 동사의 활용에 시간적 구분이 반영되고 있다. 반면에 중국어의 예에서는 다른 어휘들을 사용함으로써 그 구분을 대신하고 있다. 즉, 전자는 시간적 구분이 문법화되어 있는 반면에 후자는 그렇지 못하다. 전자와 같이 시간적 구분이 문법화되는 현상을 시제라고 부른다. 여기에서 시간적 구분이란 (2)에서와 같이 시간의 흐름 속에서의 위치를 나타내므로, 시제란 시간의 위치를 표현하는 범주이다.

우리는 시간과 시제를 구별하고 있다. 시간에 대한 인식은 인간의 인지적 능력과 관련되어 있기 때문에 시간의 구분은 모든 언어 사용자에게 동일할 것이다. 그렇지만 이러한 시간의 구분이 문법화되는 방식에 대해서는 언어 간에 차이가 존재한다. 이것은 마치 색채와 색채어의 관계와 흡사하다. 모든 언어 사용자는 색채를 구별할 수 있는 동일한 능력을 가지고 있고 모든 언어는 서로 다른 색채들을 표현할 수 있는 고유의 방식을 가진다. 그런데 각 언어는 서로 다른 크기의 기본 색채어 어휘 목록을 가진다. 각 언어의 시제 체계가 다른 것은 각 언어의 기본 색채어 목록이 다른 것에 비유될 수 있겠다.

5.1.2. 시제 체계의 다양성

발화 시점을 기준으로 이루어지는 시간적 구분인 과거, 현재, 미래가 그대로 언어에도 반영되는 것이 가장 자연스러운 시제 체계일 것으로 예측해 볼 수 있다. 그러나 실제로 실현되는 시제 체계는 상당히 다양한 모습을 보여준다. 언어에 따라 다양하게 실현되는 시제 체계의 몇 가지 예들을 살펴보고, 이어서 한국어의 시제 체계를 파악해 보고자 한다.

우선 영어의 경우를 살펴보자. 보통 영어의 시제는 현재와 과거의 이원 체계로 파악된다. (3가)의 예에서 현재 시제가 '-s'라는 동사의 활용에 의해 표현되고 있으며, (3나)에서는 '-ed'라는 활용에 의해 과거 시제가 표현되고 있다. 반면에 (3다)에서는 조동사 'will'에 의해 미래가 표현되고 있는데, 이 것은 (3가)나 (3나)와는 달리 동사의 활용에 의해서가 아니라 어휘적 방법에 의존하고 있다. 시간을 표현하는 이러한 두 가지 방법을 구분하여, 전자와 같이 동사의 활용에 의해 문법화된 경우만을 시제 범주로 포착한다. 따라서 영어에는 미래 시간이 문법화되어 있지 않아서 미래 시제가 결여되어 있다고 할 수 있다. 즉, 영어는 현재 시제와 과거 시제의 이원적 시제 체계를 가지고 있다고 하겠다.

다음으로 좀 더 복잡한 시제 체계를 가진 반투어(Bantu)의 하나인 치벰바어(Chibemba)의 예를 들어보자(Saeed 2009: 127).

(6) 치벰바어 과거 시제 체계
　　가. Ba-àlí-bomb-ele. 'They worked (before yesterday)'
　　나. Ba-àlíí-bomba. 'They worked (yesterday)'
　　다. Ba-àcí-bomba. 'They worked (earlier today)'
　　라. Ba-á-bomba. 'They worked (in the past few hours)'

(7) 치벰바어 미래 시제 체계
　　가. Ba-áláá-bomba. 'They'll work (in the next few hours)'
　　나. Ba-léé-bomba. 'They'll work (later today)'
　　다. Ba-kà-bomba. 'They'll work (tomorrow)'
　　라. Ba-ká-bomb-ele. 'They'll work (after tomorrow)'

이 언어에는 발화 행위로부터 네 단계의 시간적 거리가 과거와 미래 시제 체계에 각각 반영된다. '지금부터 몇 시간', '오늘 이내', '오늘과 인접한 날 이내', '오늘과 인접한 날 넘어'와 같은 식이다. 이러한 네 단계의 시간적 거리가 과거 및 미래 방향으로 반영되는 복잡한 시제 체계를 보여준다.

5.1.3. 한국어의 시제

5.1.3.1. 발화시 기준

이제 한국어의 시제 체계를 살펴보자.

(8) 가. 어제 비가 왔다.
　　나. 지금 비가 온다.
　　다. 내일 비가 오겠다.

(8가)-(8다)는 기본형 '오다'에 각각 선어말어미 '-었-', '-는-', '-겠-'이 붙어서 과거, 현재, 미래를 표현한다. 이것은 (2)에서 살펴본 시간적 위치와 그대로 일치한다. 발화시를 중심으로 현재를 파악하고, 그 전후를 과거 시제와 미래 시제로 표현한다. 따라서 한국어에는 발화시 기준으로 과거, 현재, 미래의 삼원적 시제 체계가 있다고 할 수 있겠다.

그런데 미래의 '-겠-'은 '-었-'이나 '-는'과는 달리 미래 시제를 표현하는 것이 아니라는 의견이 있다. 이러한 근거 중 하나는 '-겠-'이 현재나 과거의 상황을 표현하기도 한다는 것이다.

(9) 가. 지금 비가 오겠다.
　　나. 어제 비가 왔겠다.

(9가)와 (9나)는 현재 및 과거의 상황인데도 '-겠-'이 사용되고 있으며, 이때 '-겠-'의 역할은 시간을 표현한다기보다는 추측을 표현한다고 볼 수 있다.

한편 '-겠-'이 없이도 미래의 상황을 표현할 수 있다.

(10) 가. 내일 비가 온다.
　　　나. 내일 비가 와.

이 두 예는 '-겠-'이 없는데도 미래의 상황을 가리킨다. (10가)와 (10나)에서는 현재 시제의 '-는-'과 'ø'가 각각 사용되어 미래의 상황을 표현한다.[1] 그런데 이렇게 '-는-'과 'ø'가 미래의 상황에도 사용된다면, '-는-'과 'ø'를 현재 시제 형태소로 처리하기보다는 현재와 미래, 즉 비과거 시제 형태소로 처리하는 것이 타당할 것이다.

이러한 사실을 근거로, 한국어는 과거, 현재, 미래의 삼원적 시제 체계가 아니라 과거와 비과거의 이원 체계라고 주장하기도 한다.

5.1.3.2. 상황시 기준

이상에서 살펴본 시제는 지금, 즉 발화시를 기준으로 하여 설정되었다. 어떤 상황이 발화시 이전에 위치하면 과거이고 그렇지 않으면 비과거로 처리하였다. 즉, 발화시를 기준시로 삼은 시제 체계를 살펴보았다. 그런데 발화시가 기준시가 아닌 예들이 존재한다.

(11) 가. 오랜만에 운동을 하니 꽤 힘이 든다.
    나. 오랜만에 운동을 하니 꽤 힘이 들었다.

발화시를 기준시로 하였을 때, (11가)의 '하니'는 현재이지만 (11나)의 '하니'는 과거를 나타낸다. 그런데 이것은 부자연스러운 설명이다. 왜냐하면 이 예들에는 동일한 시제 형태소 'ø'가 사용되고 있기 때문이다. 하나의 시제 형태소 'ø'가 어떤 경우에는 현재를 나타내고 다른 경우는 과거를 나타낸다는 것은 상당히 어색해 보인다. 이 두 예에서 모두 시제 형태소 'ø'가 동일 시제를 나타낸다고 보는 것이 타당할 것인데, 'ø'가 모두 주절 동사의 시제를 그대로 반영한다고 보는 방법이 있다. 그렇게 되면, (11가)의 '하니'는

---

1) 'ø'는 음성적으로 실현되지 않는 형태소(영 형태소)를 가리킨다.

주절 동사 '든다'와 같은 시제가 되고, (11나)의 '하니'는 '들었다'와 같은 시제가 되어 이 두 '하니'의 시간적 차이를 잘 반영할 수 있다. 이것은, 두 '하니'의 기준시를 발화시 대신에 주절 동사 '든다' 및 '들었다'의 상황시로 하는 방법이다. 두 '하니'를 동일하게 상황시 기준으로 현재 시제로 보더라도 각각의 상황시가 다르므로, 두 '하니'의 시간적 차이가 잘 설명된다.

이렇듯, 어떤 상황이 기준시 이전에 위치하면 과거이고 그렇지 않으면 비과거가 된다. 그리고 기준시로 발화시가 사용되면 절대 시제(absolute tense)라 하고, 기준시로 상황시가 사용되면 상대 시제(relative tense)라 하여 두 종류의 시제 체계를 구별한다. 위에서 살펴본 바와 같이, 한국어 시제의 적절한 처리를 위해서는 이 두 종류의 시제 체계가 요구된다.

이러한 두 종류의 시제 체계와 관련하여, 과거 시제 형태소가 두 번 나타나는 듯한 '-었었-'의 시제적 역할에 대해 살펴볼 필요가 있다. '-었었-'은 종종 대과거 시제로 다루어져서, 과거 시제보다 더 먼 과거를 가리키는 것으로 인식되었다. '-었-'과 '-었었-'이 사용된 다음의 두 문장을 비교해보자.

(12) 가. 정원에 꽃이 피었다.
　　 나. 정원에 꽃이 피었었다.

(12나)가 (12가)보다 더 먼 과거의 상황을 표현하는 차이가 드러나는 듯하다. 그리고 (12가)는 과거에 꽃이 핀 상황이 현재까지 계속되고 있는 경우를 표현하기도 한다. 반면에 (12나)는 이와 같은 경우를 표현할 수가 없는데, 과거에 꽃이 핀 상황이 현재와 단절되었음을 표현하고 있다.

이러한 '-었었-'에 대해 첫 번째 '었'과 두 번째 '었'이 서로 다른 종류의 시제를 반영한다고 파악할 수 있다. 첫 번째 '었'은 발화시보다 앞선 시점의 상황임을 나타내는 반면에 두 번째 '었'은 첫 번째 '었'에 의해 설정된 시점보다 이전의 상황임을 나타낸다고 보는 것이다. 이러한 설명을 위에서 살펴본 절대 시제와 상대 시제의 관점에서 정리해보면, 첫 번째 '었'의 과거 시제는 발화시를 기준시로 하므로 절대 시제에 해당하고, 두 번째 '었'은 첫 번째 '었'에 의한 상황시를 기준시로 하므로 상대 시제에 해당한다.

5.2. 시상

5.2.1. 시간적 형상

앞에서 예 (1)과 관련하여, '-었-'은 어떤 상황이 실현되는 시간적 위치를 나타내는 반면에 '-고 있-'은 어떤 상황이 실현되는 시간적 모습을 나타낸다고 하였다. 그리고 '-었-'과 같이 상황의 시간적 위치를 나타내는 문법 범주를 시제라고 하였다. 이 절에서는, 시간과 관련되는 다른 관점, 즉 상황의 시간적 모습이 반영되는 범주인 시상에 대해 살펴보자. 시제와 시상은 위와 같이 구별되는 개념이기도 하지만, 시간과 관련된다는 면에서 아주 밀접하게 연관된다. 그래서 실제로 이 두 범주가 실현되는 방법이 엄밀하게 구별되지 않는 경우들이 많다. 따라서 시상을 다룰 때에 시제와 관련되는 사항들을 함께 언급해야 하는 경우들이 종종 있다. 마찬가지로 시제를 다룰 때 시상을 함께 다루어야 하는 경우들도 많이 있다.

시제는 어떤 상황이 기준시를 중심으로 시간의 축에서 어디에 위치하는 가의 문제이므로 해당 상황이 놓이는 시점(the point of time)이 관건이다. 이에 비해, 시상은 어떤 상황이 시간의 관점에서 어떻게 실현되는지의 문제여서 해당 상황의 시간적 형상이 관건이다. 즉, 시제는 상황 외부의 시간적 속성인 반면에 시상은 상황 내적인 시간적 속성을 반영한다고 할 수 있다. 이러한 점을 고려하면, 시제는 직시어(deixis)의 일종이라고 할 수 있는 반면에 시상은 그렇지 못하다.

상황의 내적인 시간적 속성이란 상황이 종료되었는지 아닌지, 상황이 순간적으로 발생하는지 아니면 일정한 시간의 폭을 가지는지 등에 대한 정보를 말한다. 이러한 시간적 형상이 언어에 반영되는 방식들 중에서 가장 대표적인 것으로는 완망상(perfective aspect)와 비완망상(imperfective aspect)의 구별을 들 수 있다. 슬라브어에 속하는 언어들이 동사의 활용을 통해 (비)완망상을 충실하게 반영하는데, 이러한 시상적 대립은 주로 과거 시제에서만 실현되는 경향이 있다. 다음은 러시아어의 예이다.

(13) 가. On pročital   pis'mo. (완망상)
     he read.PAST.PERF a letter
     'He read a letter.'
   나. On čital   pis'mo. (비완망상)
     he read.PAST.IMPERF a letter
     'He was reading a letter.'

(13가)는 편지를 읽은 사건이 전체가 하나로 표현되기 때문에 해당 사건의 시작, 진행, 종결 등의 구분이 들어 있지 않은 방식의 표현이다. 반면에 (13나)는 해당 사건이 부분들로 나누어져 파악되어 그 사건이 진행되는 중간에 있음을 표현한다. 동일한 사건에 대해 이와 같은 두 가지 방식의 인식이 가능하며, 화자에 의해 이 둘 중 하나가 선택되고, 그 결과가 동사의 활용에 반영되는 것이다.

한편, (비)완망상의 방식과는 다르게 시상적 정보를 제공하는 방식으로 완료상(pecfect aspect)과 미완료상(imperfect aspect)을 들 수 있다. 완료상은 어떤 상황이 종료되었음을 표현하고, 미완료상은 그렇지 않음을 표현하는데, 일반적으로 진행상(progressive aspect)이 미완료상에 해당한다. 영어에서 실현되는 완료상과 진행상의 예를 살펴보자.

(14) 가. Mary has arrived.

나. Mary had arrived.

다. Mary will have arrived.

(15) 가. Mary is arriving.

나. Mary was arriving.

다. Mary will be arriving.

(14)의 완료상은 메리의 도착이라는 상황이 종료되었음을 표현하는데, (14가)-(14다)는 각각 그 종료가 현재, 과거, 미래를 기준으로 하고 있음을 나타낸다. 현재 완료인 (14가)는 발화시보다 이전의 사건이 발화시에 연결되어 있음을 뜻하는데, 이 예에서는 종료의 방식으로 연결됨을 표현한다. 과거 완료와 미래 완료인 (14나)와 (14다)는 각각 과거의 기준시와 미래의 기준시에 해당 사건이 연결되어 있음을 표현한다. (15)의 진행상은 해당 사건이 진행되고 있거나 계속되고 있음을 표현하며, (15가)-(15다)도 역시 현재, 과거, 미래에서 각각 그 상황이 계속 진행되고 있음을 가리킨다.

시제와 시상은 서로 다른 시간적 정보를 제공하고 있지만, 실제로는 겹쳐서 실현되는 경우들이 많이 있다. 이러한 시제와 시상을 통합적으로 설명하고자 한 고전적인 방법(Reichenbach 1947)이 있는데. 이에 대해 간략히 살펴보자. 아래 예는 영어의 단순 시제와 완료 시제를 함께 파악한 것이다. S(peech point), R(eference point), E(vent point)는 각각 발화 시점, 참조 시점, 사건 시점을 가리킨다. 두 시점이 동일할 때는, 가령 R과 E가 동일한 시점일 때는 'R, E'로 표기한다.

(16) 가. 단순 과거 ---|-------|----➤ 'Mary arrived.'

                  R, E   S

나. 과거 완료 --|-----|-----|-> 'Mary had arrived.'
             E   R   S

다. 단순 미래 ---|-------|-----|-> 'Mary will arrive.'
             S   R, E

라. 단순 현재 -------|--------|-> 'Mary arrives.'
                 S, R, E

마. 현재 완료 ---|-------|-----|-> 'Mary has arrived.'
             E   S, R

바. 미래 완료 --|-----|-----|-> 'Mary will have arrived.'
             S   E   R

위의 방식에는 시제와 시상이 함께 반영되어 있는데, 이것을 Reichenbach의 시제 체계라고 부르기도 한다. 여기에는 시제와 시상의 긴밀한 관련성이 잘 반영되어 있다.

5.2.2. 어휘적 시상

위에서 살펴본 시상의 예들은 동사의 활용이나 조동사 등을 통해 시상적 정보가 표시된다. 그런데 이와는 달리 시상적 정보가 서술어 자체의 어휘적 정보로도 구현된다. 예를 들어 '착하다'와 '도착하다'는 그 자체로 서로 다른 시상적 정보를 가지고 있다. 전자는 지속적인 사건을 나타내고, 후자는 순간적인 사건을 나타낸다. 시상적 정보가 앞서 살펴본 것과는 다른 방식으로 실현되는 것인데, 이 두 가지 시상적 정보가 상호작용하여 전체 문장의 시상적 정보를 결정하기 때문에 이들을 구별할 필요가 있다. 후자와 같이 어휘적 차원에서 실현되는 것을 어휘적 시상(lexical aspect)이라고 하고, 전자와 같이 서술어의 어휘적 정보가 아닌 것을 문법적 시상(grammatical aspect)이라고 구별한다.

문법적 시상에 대해서는 위에서 살펴보았고, 여기에서는 어휘적 시상에 대해 알아보자. 우선 어휘적 시상의 관점에서 서술어를 몇 가지 부류로 분류할 수 있는데, 이것을 가리켜 서술어의 시상 부류(aspectual classes, Aktionsarten)라고 부른다. 서술어를 시상적으로 분류하는 기준으로 변화(change), 지속(duration), 종결(telicity) 등이 사용된다. 변화는 이질적(hetrogeneous) 사건과 동질적(homogeneous) 사건을 구별한다. 이질적 사건은 시간에 따른 변화가 있는 반면에 동질적 사건은 그런 변화가 없다. 지속적인 사건은 시간의 폭을 가지는 반면에 비지속적 사건은 그렇지 않아 순간적이다. 종결은 사건이 끝나는 시점의 존재 여부와 관련이 있다. 종결적 사건은 그 사건이 더 이상 계속되지 못하는 자연스러운 끝점이 있는 반면에 비종결적 사건은 그렇지 않아서 무한정 계속될 수도 있다. 이 기준들을 토대로 상태(state), 동작(activity), 완성(accomplishment), 달성(achievement), 순간(semelfactive)이라는 다섯 종류의 시상 부류가 구분된다.[2]

(17)

	변화	지속	종결	
상태	−	+	−	'예쁘다, 높다'
동작	+	+	−	'뛰다, 운전하다'
완성	+	+	+	'한 바퀴를 뛰다, 성장하다'
달성	+	−	+	'발견하다, 도착하다'
순간	+	−	−	'기침하다, 깜박거리다'

위의 예에서 볼 수 있듯이, 시상 부류는 기본적으로 동사에 적용되는 것이지만, 문장 내 다른 요소와의 결합을 통해 변화를 겪을 수도 있다. 즉, 상적 부류는 동사 및 동사구에 적용된다. 위의 예에서 '뛰다'는 동작에 해당하는

---

2) 상태, 동작, 완성, 달성의 네 종류는 Vendler(1967)에서 제안되었고, Smith(1991)에서 순간 동사가 추가되었다.

데, 목적어가 덧붙여진 '한 바퀴를 뛰다'는 완성에 해당한다.

어떤 서술어가 어떤 상적 부류에 해당하는지를 판단하기 위하여 진행형의 가능성 여부, 지속 부사구(durative adverbial) 및 시간틀 부사구(frame adverbial)와의 공기 가능성 여부, 미완료 역설(imperfective paradox) 등이 사용되곤 한다.[3]

(18) 가. *영희가 예쁘고 있다.
　　　나. 영희가 뛰고 있다.
　　　다. 영희가 한 시간 동안 뛰었다.
　　　라. *영희가 한 시간 동안 도착했다.
　　　마. 영희가 한 시간만에 뛰었다.
　　　바. 영희가 한 시간 만에 도착했다.
　　　사. 영희가 뛰고 있다. → 영희는 뛰었다.
　　　아. 영희가 성장하고 있다. ↛ 영희가 성장했다.

(18가, 나)에서 '-고 있다'의 진행형과의 공기 여부에 의해 동질적 사건과 이질적 사건이 확인된다. (18다, 라)에서는 지속 부사구의 사용이 가능한 동작 동사와 그렇지 않은 달성 동사가 구분된다. (18마, 바)에서는 시간틀 부사구의 사용이 다 허용되지만, 부사구의 효과가 다른 방식으로 나타난다. (18마)에서는 한 시간이 지난 다음에 뛰는 사건이 시작했음을 나타내는 반면에, (18바)에서는 한 시간이 지난 다음에 도착 사건이 완결되었음을 나타낸다. 마지막으로, (18사, 아)에서는 시상 부류에 따라 함의 관계 여부가 달라진다. (18사)의 동작 사건에서는 미완료의 문장이 사건의 완료를 함의하는 반면에, (18아)의 완성 사건에서는 그런 함의 관계가 성립하지 않는다.

---

3) 앞에서 'perfective'와 'perfect'를 '완망'과 '완료'로 구별하였으므로 'imperfective paradox'는 '비완망 역설'로 옮기는 것이 정확할 것이다. 그런데 한국어에서는 이 둘의 구분이 분명하지 않아서 보통 '완료'로 통칭되므로 편의상 '미완료 역설'로 사용한다.

5.2.3. 한국어의 시상

한국어의 시상에는 근본적인 의문들이 존재한다. 과연 한국어에 시상의 범주를 세울 수 있는지에 대한 의문이다. 위에서 살펴본 여러 언어들에서 나타나는 체계적인 시상의 실현을 한국어에서는 확인하기 어렵기 때문이다. 슬라브어들에서 볼 수 있는 완망상과 비완망상의 구별도 나타나지 않으며, 영어에서 살펴본 완료상과 미완료상의 체계적인 구별도 확인하기 어렵다. 그럼에도 불구하고 한국어에 시상의 범주가 존재한다는 견해들이 있으며, 한국어의 시상적 특징들에 대한 많은 연구들이 있다. 여기에서는 그 중에서 두 가지 흥미로운 논의에 대해 살펴보고자 한다. 우선, 과거 시제 형태소인 '-었-'이 완료상을 나타내는지에 대한 논의가 있다. 그리고 '-어 있다'와 '-고 있다'를 각각 완료상과 진행상으로 처리할 것인지의 논의도 있다. 후자부터 살펴보기로 하자.

다음의 예들을 비교해 보면 '-어 있다'가 완료상을 표시한다는 것을 분명하게 알 수 있다(고영근·구본관 2008).

> (19) 가. 영희는 의자에 앉아 있다.
>   나. 영희는 의자에 앉는다.

(19나)는 영희가 의자에 앉는 동작을 단순하게 기술하는 데 반하여 (19가)는 그 동작이 완료되었음을 보여준다. 그리고 이와 같이 '-어 있다'는 [+종결]의 특성을 가지는 일부 자동사와 결합하여 완료상을 나타내므로, 동사 자체의 시상적 특성이 문법적 시상에 영향을 미치고 있음도 알 수 있다.

다음의 예도 '-고 있다'가 진행상을 나타냄을 분명하게 보여준다.

> (20) 가. 나는 어제 운동장을 뛰고 있었다.
>   나. 나는 어제 운동장을 뛰었다.

(20나)는 단순히 일회적인 사건을 기술하는 반면에 (20가)는 과거의 일정 시간 동안 사건이 계속되었음을 표현한다. '뛰다'는 동작 동사에 속하는데, 동작 동사 이외에 완성 동사와 어울려서도 '-고 있다'가 진행상을 나타낼 수 있다.

> (21) 가. 나는 오랫동안 그림을 그리고 있었다.
> 　　　나. 철수는 지금 집을 짓고 있다.

이와 같이 '-고 있다'는 일반적으로 동작 동사 및 완성 동사와 어울려 진행상을 나타내는 것으로 알려져 있다. 그리고 상태 동사 및 달성 동사와는 그렇지 못하다. 이것은 진행상이 동작성이나 비상태성을 요구하고 또한 일정한 시간적 간격을 필요로 하기 때문이다.

> (22) 가. *영희는 기쁘고 있다.
> 　　　나. *민수가 우승하고 있다.

(22가)의 '기쁘다'는 상태 동사이어서 동작성을 요구하는 '-고 있다'와 함께 사용되지 못하며, (22나)의 '우승하다'는 달성 동사로 순간성을 띠고 있어서 시간적 간격을 요구하는 '-고 있다'와 함께 사용되기 어렵다. 이와 같이, 어떤 동사가 '-고 있다'와 결합하여 진행상을 나타내는 경우에도 해당 동사의 시상적 속성이 작용한다.

이상을 통해 '-어 있다'와 '-고 있다'가 각각 완료상과 진행상을 나타내기 위하여 사용된다는 사실을 살펴보았다. 그런데 문제는 이를 통해 한국어에 시상의 범주가 존재한다고 할 수 있느냐는 것이다. '-어 있다'와 '-고 있다'는 보조적 연결어미와 보조동사의 구성이어서 동사의 활용에 의해 시상성이 반영된다고 볼 수 없기 때문이다.

다음으로 동사의 활용인 '-었-'의 시상 범주 가능성에 대해 알아보자. 우선 관련되는 예들을 살펴보자.

(23) 올해 들어 내가 부쩍 늙었다.
(24) 아들이 꼭 제 아버지를 닮았다.
(25) 가. 영희는 올림픽 공원에서 결혼했다.
     나. 영희는 이미 결혼했으니 잊어 버려라.
(26) 가. 순희야, 옷 다 입었니?
     나. 순희는 노란 원피스를 입었다.
(27) 영희는 영화를 보면서 내내 웃었다.
(28) 영희는 어제 영수와 싸웠다.

이 예들은 이익섭·채완(1999)의 것인데, (23)-(24), (25)-(26), (27)-(28)에 사용된 동사들의 시상적 속성이 서로 다르며, 이로 말미암아 '-었-'이 결합되었을 때의 상적 정보도 차이가 난다고 하였다. (23)-(24)에 사용된 '늙다, 닮다, 익다'류의 동사들은 어떤 상황이나 상태가 과거로부터 시작되었지만 그 시작점이 분명하지 않은 특성을 가지며, 이러한 시상적 특성으로 말미암아 (23)-(24)는 과거의 상태를 나타낼 수 없다. 그러나 이 동사들은 어떤 상황이 발생한 후 그 결과가 계속 지속되는 특성이 있으므로, 상황이 완료된 후의 현재 상태를 나타낼 수가 있다. (25)-(26)의 '결혼하다, 입다, (먼지가) 묻다'류의 동사들은 어떤 상황이나 상태의 과거 시작점이 분명할 뿐만 아니라 그 결과가 남을 수도 있다. 그래서 이 동사들이 쓰인 문장은 과거의 의미로 해석될 수도 있고 어떤 상황이 완료된 후의 현재 상태로 해석될 수도 있다. (25가), (26가) 문장이 전자의 해석이며 (25나), (26나) 문장이 후자의 해석이다. (27)-(28)의 '웃다, 싸우다, 뛰다'류의 동사들이 나타내는 상황은 시작점이 분명하지만 상황 발생 후 그 결과가 현재의 상태로 남을 수 없는 것들이어서, (27)-(28)은 현재의 상태를 나타낼 수 없고 과거의 의미만을 가진다.

우리는 위의 예들을 통해 '-었-'이 완료의 시상적 정보를 가지는 경우들을 확인하였다. 그리고 이러한 시상적 정보가 동사의 고유한 시상적 특성과 밀접하게 관련되어 있음도 확인하였다. 우리는 이러한 사실을 토대로 '-었-'의 완료상적 특성을 과거 시제와 연관시킬 수 있다. 즉, 과거 시제 '-었-'은 상황의 기발생을 뜻하므로 결과 상태를 보존하는 시상적 특성을 가지는 동사들과 어울려서 완료상의 시상적 정보를 표현한다고 볼 수도 있다(문숙영 2005). 그런데 이렇게 되면 '-었-'의 완료상적 의미가 과거 시제 '-었-'의 부차적인 의미로 처리되는 것이어서, 시상 형태소로서의 '-었-'을 설정할 필요가 없게 된다. 한편, 완료적으로 사용되는 '-었-'이 '-어 잇-'의 화석형이라는 견해들도 있다(최동주 1995, 송철의 1996). 이는 어떤 어휘에서 문법화가 이루어지는 경우에 어휘 의미의 일부가 흔적으로 남는다는 일반적인 사실과 부합된다.

이상의 논의에서 동사의 고유한 시상적 특성이 문법적 시상의 실현에 상당히 중요한 역할을 한다는 사실을 알 수 있었다. 그런데 이와 더불어 우리가 5.2.2에서 살펴본 동사의 시상 부류만으로는 위의 논의에서 필요로 하는 적당한 근거를 제시할 수 없음도 드러난다. 위의 '-었-'의 논의에서 어휘적 시상 특성에 따라 동사들을 세 부류로 나눈 바 있다. 여기에는 두 가지 기준이 관여하였는데, 사건이 발생하는 시작점이 분명한지의 여부와 사건이 발생한 후에 그 결과가 발화시까지 지속되는지의 여부가 그것이다. 이를 다음의 그림과 같이 시간의 화살표를 이용하여 파악해보자. 시작점이 분명한 경우는 사건의 발생을 화살표 위에 굵은 실선으로 표시하고, 그렇지 못한 경우는 굵은 점선으로 표시한다. 그리고 결과의 지속성이 확보되는 경우는 사건의 발생 이후에 굵은 실선의 화살표로 표시하고 그렇지 못한 경우는 굵은 점선의 화살표로 표시한다.

(29) 가.

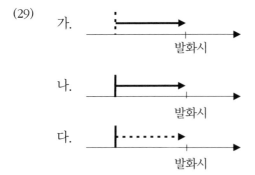

발화시

나.

발화시

다.

발화시

한편, 이와 같은 어휘적 시상의 관점은 앞서 살펴본 시상 부류의 관점과는 분명히 거리가 있다. 범언어적으로 통용되는 시상 부류는 [±변화], [±지속], [±종결]에 의해 포착되지만, 위의 예들에서 작동하는 한국어 동사의 시상적 특성들이 이러한 기준에 의해 적절하게 반영되기는 힘든 것 같다. 한국어 동사의 시상 부류를 적절하게 설정하기 위해서는, 이와 같은 한국어 동사 특유의 어휘적 시상의 특성이 잘 반영되는 새로운 기준들이 고려되어야 할 것이다.

양상

6.1. 양상의 정의

우리는 보고, 듣고, 느끼는 등의 현실적 경험을 언어로 표현한다. 그리고 이런 것들은 보통 현실에서 실현되는 사실들이다. 철수가 오는 것을 보고 "철수가 온다."고 말하고, 본인이 감기가 들었음을 느끼고 "나 감기 들었어." 라고 표현한다. 그런데 이와 같이 현실에서 실현된 것들이 아닌 것들에 대해서도 우리의 의사를 표현하곤 한다. 철수가 아직 오지 않았지만 올 것이라고 예상하여 "철수가 올 거야."라고 한다든지, 철수가 영희와 아직 결혼하지 않은 상황에서 "철수만이 영희를 행복하게 할 수 있어."라고 말하는 경우라든지, 아직 화성에 가보지 못했지만 가상의 화성 생활에 대해 예측하는 경우들이 가능하다. 이 장에서는, 이와 같이 아직 실현되지 않은, 비현실적인 상황을 표현하는 문장에서 나타나는 언어 표현들의 특성에 대해 살펴보고자 한다.

명시적인 현실적 상황을 기술하는 경우와는 달리, 가상적 혹은 비현실적 상황에 대해서는 화자의 주관적인 판단이 많이 개입할 것이라고 예상할 수 있다. 실제로 언어에 따라 이러한 요소들이 관여하는 바가 매우 다르며, 이에 대해 여러 다른 견해들이 제시되어 왔다. 관련되는 현상들을 양상 (modality)이라고 부르는데, 양상에 대한 정의는 다른 범주들에 비해 그 전모를 간단하게 파악하기가 어려운 측면이 있다. 여기에서는 양상을 '현실의 일부일 필요가 없는 상황에 대해 언급하기 위하여 사용하는 범주'라고 정의하고자 한다.[1] '철수가 올 거야'라는 문장은 철수가 오는 상황을 언급하는데, 이 상황이 현실일 필요가 없다. 이것이 현실이 되는 가능성에 대해 언급하는 것이다. 그리고 이러한 가능성을 표시하기 위해 '-ㄹ 거-'라는 표현이 가미되었고, 이것이 양상적 의미를 책임진다. "철수만이 영희를 행복하게 할 수 있어."는 철수만이 영희를 행복하게 하는 상황이 가능하다는 것으로, 반드시 현실화되어야 할 필요가 없다. 이러한 가능성이 양상 표현 '-ㄹ 수 있-'에 의해 포착된다.

6.2. 양상의 종류

양상의 종류에 대한 견해들은 매우 다양한데, 양상의 정의가 다양하다 보니 양상으로 볼 수 있는 현상들의 범위가 달라서 그러할 것이다. 우리는 양상을 '현실일 필요가 없는 상황에 대해 언급하기 위하여 사용하는 범주'라고 정의하고, 다소 간결하게 양상의 종류를 나누어 보고자 한다. 모든 양상 연구에서 공통적으로 등장하는 두 종류의 양상으로 인식 양상(epistemic modality)과 당위 양상(deontic modality)이 있는데, 우선 이 둘을 차례로 살펴보자. 이 두 양상은 일찍이 양상논리(modal logic)에서부터 기본적인 양상의 종류로 다루어졌다.

먼저 인식 양상을 살펴보면, 아래의 예들은 'There is an old man in that house.'가 표현하는 명제에 대해 인식 양상적 의미가 덧붙여지는 여러 가지 방법들을 보여준다. 각각 조동사 'might', 형용사 'possible', 부사 'possibly'

---

[1] 이것은 다음과 같은 Portner(2009: 1)의 정의와 매우 유사하다: 'Modality is the linguistic phenomenon whereby grammar allows one to say things about, or on the basis of, situations which need not be real.'

에 의해 이루어진다.

(1) 가. There <u>might</u> be an old man in that house.
　　나. It is <u>possible</u> that there is an old man in that house.
　　다. There is <u>possibly</u> an old man in that house.

위 문장들이 나타내는 바는, 우리가 현재 알고 있는 지식을 고려해 보면, 'There is an old man in that house.'에 의한 명제가 현실일 가능성이 있다는 것이다. 이것은, 우리의 지식에 비추어 어떤 명제의 참이 가능함을 나타내는 양상이므로, 인식적 가능(epistemic possibility)이라고 부른다. 다음은 인식적 필연(epistemic necessity)의 예이다.

(2) 가. There <u>must</u> be an old man in that house.
　　나. It is <u>necessary</u> that there is an old man in that house.
　　다. There is <u>necessarily</u> an old man in that house.

우리가 현재 알고 있는 지식을 바탕으로 판단해 보면, 'There is an old man in that house.'에 의한 명제가 틀림없이 현실성이 있다는 것이다. 인식적 가능의 경우와 마찬가지로 밑줄 친 조동사, 형용사, 부사에 의해 표현되고 있다. 인식적 가능과 인식적 필연을 통틀어 인식 양상이라고 부른다.
　다음은 당위 양상의 예들이다. 당위 양상은 행위의 규범 혹은 사회적 규칙에 근거하여 어떤 명제에 부여되는 가능과 필연의 양상을 뜻한다.

(3) 가. Visitors <u>may</u> use the toilet before midnight.
　　나. Harry <u>is allowed to</u> drive the tractor.

(4) 가. You <u>must</u> be home by midnight.
　　나. Students <u>are required to</u> keep a chapel.

(3가)는, 주어진 규칙에 따르면 방문객들이 자정 전에 화장실을 사용하는 것이 가능함을 뜻한다. 이것은 규칙이 허용하는 바를 나타내는 당위적 가능의 예이다. (3나)도 마찬가지이다. (4가)는, 주어진 규칙에 따르면 자정까지는 집에 돌아가는 것이 필연임을 나타낸다. 규칙이 강제로 요구하는 의무를 표현하는 당위적 필연의 경우이다. (4나)도 동일하다.

양상의 기본적인 두 종류로 다루어지는 인식 양상과 당위 양상 외에, 상대적으로 주변적인 양상의 종류로 다음과 같은 예들이 동적 양상(dynamic modality)으로 다루어진다.[2]

(5) 가. She <u>can</u> run the marathon in under three hours.
　　나. Water <u>can</u> still get in.

동적 양상은 주어의 내적인 요소와 관련되는 것이라는 점에서 외적인 요소에 의해 구현되는 당위 양상과 구별된다. 위의 예들은 주어의 능력이나 내재적 속성으로 인해 생겨나는 상황적 가능성에 대해 언급하고 있다. 가령 (5가)의 경우, 그녀의 신체적 조건 등에서 유래하는 능력을 고려해 보면 세 시간 마라톤을 완주하는 상황이 가능함을 나타낸다. (5나)는 물의 내재적 속성 등을 고려할 때 물이 계속 들어올 수 있는 상황임을 표현한다. 한편 이러한 동적 가능성에 비해 동적 필연성은 매우 드물게 사용되어서 그 양상적 의미를 파악하기가 상대적으로 힘이 든다. 다음은 그 예이다.

(6) 가. Ed's a guy who <u>must</u> always go poking his nose into other people's business.
　　나. Now that she has lost her job she <u>must</u> live extremely frugally.

(6가)에서는, 주어인 어떤 사람의 속성이나 성향을 고려할 때 남의 일에 항

---

2) 동적 양상의 예들은 Huddleston et al.(2002: 185)에서 가져왔다.

상 간섭하는 상황이 필연적으로 발생함이 조동사 'must'의 사용으로 표현된다. (6나)의 'must'는, 주어의 처지를 고려할 때 극히 절약해서 사는 것이 필연적임을 대변한다. 외적인 요소로 인한 당위 양상과는 달리 주어와 관련되는 내적인 요소에 의해 필연성이 표출되므로 동적 필연성으로 볼 수 있다.

우리는 위에서 인식 양상, 당위 양상, 동적 양상의 세 가지 양상을 살펴보았는데, 이 양상들이 중의적으로 실현되기도 한다.

(7) You can meet her in the church.

(8) 가. It is possible for you to meet her in the church.
    나. You are allowed to meet her in the church.
    다. You have the ability to meet her in the church.

(7)에는 조동사 'can'이 사용되었는데, 적당한 상황이 주어지면 (8가), (8나), (8다)처럼 인식적 가능, 당위적 가능, 동적 가능의 의미로 중의적으로 해석될 수 있다.

이와 같이, 우리는 양상을 인식 양상, 당위 양상, 동적 양상의 세 부류로 파악할 수 있으며, 각각의 양상은 가능과 필연의 양상 강도(modal strength)로 구현될 수 있음을 살펴보았다.

(9)

양상 부류＼양상 강도	가능	필연
인식	인식적 가능	인식적 필연
당위	당위적 가능	당위적 필연
동적	동적 가능	동적 필연

우리는 양상을 현실일 필요가 없는 상황을 표현하는 것으로 이해하므로, 현실일 필요가 없는 상황이 위의 표와 같은 방식으로 구현된다고 본다. 즉,

현실일 필요가 없는 상황이 인식적, 당위적, 동적인 세 가지 근거에 각각 비추어 가능과 필연으로 구현되는 것이다.

6.3. 가능세계의미론적 설명

양상은 다양한 관점에서 논의되어 오고 있는데, 이들을 기능주의적, 인지 의미론적, 가능세계의미론적 연구 등으로 나누어 볼 수 있다. 우리는 특히 이 중에서 가능세계의미론적 관점을 위주로 관련 현상들을 살펴보고 있다. 가능세계의미론적 연구는 20세기 중반에 개발된 양상논리에 그 바탕을 두고 있다. 양상논리의 핵심은 논리 언어에 가능세계(possible world)의 개념을 도입한 것인데, 이것은 자연 언어의 양상 표현을 설명하는 데 매우 효과적이다. Kratzer(1977, 1981, 1991 등)의 일련의 연구에 의해 가능세계의미론의 양상 연구에 표준적 틀이 마련되었다.

위에서 살펴본 인식 양상, 당위 양상, 동적 양상의 실현에 대해, 한국어 예들을 통해 가능세계의미론적 설명을 살펴보자. 다음은 인식 양상의 가능과 필연을 표현하는 한국어 예들이다.

(10) 가. 곧 비가 <u>올 것 같다</u>.
　　 나. <u>틀림없이</u> 곧 비가 와.

이 문장들의 양상적 의미가 드러나도록 바꾸어 보면 다음과 같다.

(11) 가. 내가 아는 바에 따르면, 곧 비가 올 가능성이 있다.
　　 나. 내가 아는 바에 따르면, 곧 비가 올 필연성이 있어.

이러한 양상적 의미를 포착하기 위하여 가능 세계를 도입한다. 우리는 현실

세계를 포함하여 무한한 가능 세계가 있다고 가정한다. 그리고 내가 아는 바가 실현되는 가능 세계들을 골라내어, 그러한 가능 세계들 중에 비가 곧 오는 가능 세계가 존재하면 (10가)가 참이 된다고 본다. 그러한 가능 세계들에서 모두 비가 곧 온다면 (10나)가 참이 된다. 내가 아는 바가 '먹구름이 끼었다.'와 '바람이 분다.'라면, 먹구름이 끼고 바람이 부는 가능 세계들 중 적어도 하나에서 비가 곧 오면 (10가)가 참이고, 그러한 가능 세계들에서 모두 비가 곧 오면 (10나)가 참이 된다.

가능 세계를 이용한 이러한 해석은 다음과 같은 삼부 구조로 파악할 수 있다.

(12) 가. ∃w (내가 아는 바가 실현되는 가능세계(w))
　　　　　(곧 비가 오다(w))
　　　나. ∀w (내가 아는 바가 실현되는 가능세계(w))
　　　　　(곧 비가 오다(w))

(12가)는 연산자(operator: '∃w'), 제약부(restrictor: '내가 아는 바가 실현되는 가능세계(w)'), 작용역(nuclear scope: '곧 비가 오다(w)')으로 삼부 구조가 형성된다. 먼저 제약부에 의해, 내가 아는 바가 실현되는 가능 세계들의 집합이 정해진다. 그리고 존재 연산자(∃)가 이 가능 세계들의 집합에 작용하여, 이 가능세계들 중에 작용역의 내용이 실현되는 가능 세계가 존재함을 나타낸다. 즉, 제약부가 나타내는 가능 세계들의 집합과 작용역이 나타내는 가능 세계들의 집합의 교집합이 공집합이 아니라는 것이다. (12나)에서도 동일하게 제약부에서 내가 아는 바가 실현되는 가능 세계들의 집합이 정해지는데, 여기에서는 보편 연산자(∀)가 작용하여 그러한 모든 가능 세계에서 작용역의 내용이 실현됨을 나타내게 된다. 즉, 제약부가 나타내는 가능 세계들의 집합이 작용역이 나타내는 가능 세계들의 집합의 부분 집합이라는 것이다. 예를 들어

보면, 만약 내가 아는 가능 세계, 즉 먹구름이 끼고 바람이 부는 가능 세계의 집합이 {w1, w3, w7}이고 w1과 w3에서 곧 비가 온다면 (12가)는 참이 된다. 그러나 이러한 경우에 (12나)는 거짓이 된다. w7에서는 곧 비가 오지 않기 때문이다.

이러한 삼부 구조에는 두 가지 요소가 핵심이다. 첫 번째는 제약부에서 정해지는 가능 세계들의 집합이고, 두 번째는 그러한 집합들에 작용하는 연산자의 종류이다. 전자를 대화 배경(conversational background)이라고 하고 후자를 양상적 힘(modal force)이라고 부른다. 이 둘에 의해 양상 표현의 의미를 파악한다. 먼저, 대화 배경은 어떤 종류의 기준에 의해 제약부에서 가능 세계들의 집합이 정해지느냐에 따라 나누어진다. 알고 있는 지식에 의해, 어떤 규범이나 규칙에 의해, 주어의 능력이나 내재적 속성에 의해 가능 세계들의 집합이 정해지는데, 이들이 각각 인식 양상, 당위 양상, 동적 양상에 해당된다. 양상적 힘은 존재적이냐 보편적이냐에 따라 가능성과 필연성을 포착한다. 이러한 대화 배경과 양상적 힘에 따라 인식 양상의 가능과 필연, 당위 양상의 가능과 필연, 동적 양상의 가능과 필연이 각각 포착되는 것이다.

다음으로 당위 양상을 살펴보자.

(13) 가. 지금 떠나도 돼.
     나. 지금 떠나야 해.

(14) 가. 주어진 규칙에 따르면, 지금 떠나는 것이 가능해.
     나. 주어진 규칙에 따르면, 지금 떠나는 것이 필연이야.

(13)의 예들에서 나타나는 당위 양상적 의미를 반영하여 (14)와 같이 바꿔 쓸 수 있다. 그리고 주어진 규칙은 '방문객은 12시까지 여기 머문다.'와 같은

명제가 될 것이다. 가능 세계를 이용하여 이 해석들을 나타내 보면 다음과
같다.

(15) 가. ∃w (주어진 규칙이 구현되는 가능세계(w))
　　　　　(지금 떠나다(w))
　　나. ∀w (주어진 규칙이 구현되는 가능세계(w))
　　　　　(지금 떠나다(w))

주어진 규칙이 구현되는, 즉 방문객이 12시까지 여기 머무는 가능 세계들
중에서 지금 떠나는 가능 세계가 존재하면 (13가)는 참이 된다. (13나)는
방문객이 12시까지 여기 머무는 모든 가능 세계에서 지금 떠나는 일이 발생
하면 참이 된다.
　동적 양상에 대해서도 동일한 처리가 가능하다.

(16) 가. 철수는 이길 수 있어.
　　나. 철수는 이겨야 해.

(17) 가. 철수의 능력에 따르면, 철수가 이기는 것이 가능해.
　　나. 철수의 능력에 따르면, 철수가 이기는 것이 필연이야.

(18) 가. ∃w (철수의 능력이 구현되는 가능세계(w))
　　　　　(철수가 이기다(w))
　　나. ∀w (철수의 능력이 구현되는 가능세계(w))
　　　　　(철수가 이기다(w))

철수가 힘이 세고 순발력이 좋다는 신체적 능력을 갖추고 있다면, (16가)는
이러한 능력이 구현되는 가능 세계들 중에서 철수가 이기는 가능 세계가
있음을 나타낸다. (16나)는 그러한 모든 가능 세계에서 철수가 이김을 나타

낸다.

간략히 요약해 보자. 양상문의 양상적 의미는 가능 세계에 대한 양화 현상으로 파악하여 삼부구조(연산자-제약부-작용역)을 통해 나타낼 수 있다. 인식 양상, 당위 양상, 동적 양상 등의 양상 부류는 제약부가 어떤 대화 배경에 의해 정해지느냐에 따라 결정된다. 가능, 필연 등의 양상 강도는 연산자의 양화적 힘에 의해 나타난다.

6.4. 한국어의 양상 표현

위에서 살펴본 바와 같이 영어에서는 양상 조동사, 양상 부사, 양상 형용사 등에 의해 양상적 의미가 표현되며, 특히 양상 조동사의 역할이 두드러진다. 한국어에서는 다음과 같은 양상적 표현들이 있다.

(19) 가. <u>아마도</u> 곧 비가 와.
　　 나. 곧 비가 올 것임에 <u>틀림없다</u>.
　　 다. 곧 비가 오<u>겠</u>어.
　　 라. 곧 비가 <u>올 것 같</u>아.

각각 부사, 형용사, 선어말어미, 우언적 구성에 의해 양상의 의미가 표현되고 있다. 이 중에서 문법적 범주로서의 양상을 나타내는 선어말어미와 우언적 구성에 대해 살펴보고자 한다.

선어말어미의 양상 표현은 그리 발달되어 있지 않아서 다음과 같은 예들 정도가 있다.

(20) 가. 지금쯤 철수가 집에 도착했<u>겠</u>어,
　　 나. 나는 기어코 이 일을 성공시키<u>겠</u>다.

다. 지금쯤은 집에 도착했<u>으리라</u>.

라. 다시는 울지 않<u>으리라</u>.

(20가, 나)는 '-겠-'이 추측과 의지를 각각 나타냄을 보여준다. (20다, 라)도 각각 추측과 의지를 나타내는데, 일상적으로는 잘 사용되지 않는 예스러운 표현이다. 이 밖에도 한두 개의 예를 더 들 수도 있<u>겠</u>으나 활발하게 사용되는 것들이 없는 실정이다. 또한 선어말어미의 대표적인 양상 표현인 '-겠-'도 그리 확고한 위치를 점하고 있지 못하다. 가령, 인식 양상의 '-겠-'은 가능의 양상 강도를 가지는데, 이와 대응되는 필연의 인식 양상을 나타내는 선어말어미가 존재하지 않는 형편이다.

한편 우언적 구성은 매우 활발하게 사용된다. 위에서 살펴본 인식 양상, 당위 양상, 동적 양상의 예들의 대부분이 우언적 구성으로 되어 있다. 그리고 그 이전에 살펴본 영어 예들을 한국어로 옮긴다면 우언적 구성이 우선적으로 대부분 선정될 것이다. 다음 예들을 통해 우언적 구성이 다양한 양상 표현으로 사용됨을 확인할 수 있다.

(21) 인식 양상의 가능과 필연

    가. 철수가 집에 있을 <u>수 있</u>다.

       철수가 집에 있을 <u>것이</u>다.

       철수가 집에 있을 <u>것 같</u>다.

       철수가 집에 있<u>나 보</u>다.

       철수가 집에 있을 <u>듯하</u>다.

       철수가 집에 있<u>을지 모른</u>다.

    나. (불이 켜져 있는 걸로 봐서) 철수가 집에 있<u>어야 한</u>다.

       (불이 켜져 있는 걸로 봐서) 철수가 집에 있<u>어야 된</u>다.

(22) 당위 양상의 가능과 필연

    가. 지금 떠나<u>도 돼</u>.

지금 떠나도 좋아.

지금 떠나도 괜찮아.

지금 떠날 수 있어.

　나. 지금 떠나야 해.

지금 떠나야 돼.

(23) 동적 양상의 가능과 필연

　가. 철수는 이길 수 있어.

　나. 철수는 이겨야 해.

철수는 이겨야 돼.

(21가)와 (21나)는 인식 양상의 가능과 필연을 나타내고, (22가)와 (22나)는 당위 양상의 가능과 필연을 나타내고, (23가)와 (23나)는 동적 양상의 가능과 필연을 나타낸다. 위 표현들이 양상을 나타내는 우언적 구성을 총망라한 것은 아니지만, 양상의 부류에 따라 가용한 표현들의 수에는 차이가 있는 듯하다. 인식 양상의 표현들이 가장 다양하게 사용되고, 그 다음으로 당위 양상이 다양한 표현들로 나타나고, 동적 양상이 가장 단순하게 표현된다.

　이러한 우언적 구성의 사용과 관련하여 두 가지를 주목할 필요가 있다. 첫째, 세 부류의 양상에 모두 가능과 필연의 우언적 구성이 존재한다. (21)-(23)에서 (가)의 예들이 가능을 나타내고, (나)의 예들이 필연을 나타낸다. 둘째, 세 부류의 양상에서 모두 실현되는 양상 표현들이 있다. '-ㄹ 수 있-'가 세 부류의 양상 모두에서 가능을 나타내고, '-어야 하-'와 '-어야 되-'도 세 부류의 양상 모두에서 필연으로 사용된다.[3]

---

3) van der Auwera & Ammann(2013)은 207개의 언어들을 대상으로 인식 양상과 당위 양상을 모두 나타내는 표지의 유무에 대해 조사하였다. 102개 언어에서만 이 둘을 아우르는 표지가 나타났는데, 이 102개 언어 중에서 36개 언어에서는 필연과 가능 모두에 그러한 표지가 존재하는 반면에 66개 언어에서는 필연과 가능 중 하나에만 그러한 표지가 확인되

이 두 가지 특징에 대해 좀 더 살펴보도록 하자. 먼저, 세 부류의 양상 모두에 가능과 필연의 우언적 구성이 있음에 대해 알아보자. 이를 위해, 양상논리에서 필연(□)과 가능(◇)의 두 운용자에 대해 설정하는 다음과 같은 관계를 고려해 보자.

(24) 가. $\Box p \equiv \sim \Diamond \sim p$
　　 나. $\Diamond p \equiv \sim \Box \sim p$

우리는 필연과 가능의 이러한 관계가 필연과 가능의 우언적 구성을 통해서도 실현되는지를 알아보려고 한다. (21)-(23)의 예들에서 각 양상 부류의 예를 하나씩 가져와 필연과 가능의 이러한 관계를 확인해보자.

(25) 가. 철수가 집에 있어야 한다 ≡ 철수가 집에 없을 수 없다
　　 나. 지금 떠나야 해 ≡ 지금 안 떠날 수 없다
　　 다. 철수가 이겨야 해 ≡ 철수가 안 이길 수 없다

(26) 가. 철수가 집에 있을 수 있다 ≡ 철수가 집에 없어야 하는 건 아니다
　　 나. 지금 떠날 수 있다 ≡ 지금 떠나지 않아야/말아야 하는 건 아니다
　　 다. 철수가 이길 수 있다 ≡ 철수가 이기지 않아야/말아야 하는 건 아니다

(25)에서는 세 부류의 양상에서 모두 (24가)의 관계가 실현됨을 확인할 수 있고, (26)에서는 (24나)의 관계가 세 부류 모두에서 실현됨을 확인할 수 있다. (25)와 (26)의 예들 중 다소 부자연스러운 것들도 있지만, (24)와 같은 필연과 가능의 관계가 한국어의 우언적 구성을 통해 세 부류의 양상 모두에서 실현됨을 확인하는 데는 무리가 없다. 이는, 우언적 구성이 풍부한 양상

었다. 한국어는 이 36개 언어의 경우에 해당할 것인데, 우언적 구성을 통해 다양한 양상 표현이 실현된 결과이다.

표현들을 제공하고 있음을 뜻한다.

다음으로, 세 부류의 양상 모두에서 실현되는 양상 표현들이 존재함을 살펴보자. (21)-(23)의 (가)에서 모두 '-ㄹ 수 있-'가 나타나고, (나)에서 모두 '-어야 하-'/'-어야 되-'가 나타나므로 이를 확인할 수 있다. 그러나 이러한 중의적 사용에 대해 다소 다른 견해들도 존재한다. 예를 들어, '-어야 하-'/'-어야 되-'가 (22나)처럼 당위 양상의 필연으로 사용되는 데에는 이견이 없지만, (21나)나 (23나)와 같이 인식 양상 및 동적 양상의 필연으로는 사용되지 않는다는 견해들이 있다. 그런데 아마도 이러한 차이는 그 출현 빈도의 차이에서 유래하는 것으로 판단되며, 적절한 맥락이 주어지면 모두 가능한 사용들이다. 앞에서 (6)의 예들을 다루면서 필연적 동적 양상의 용례가 영어에서도 잘 출현하지 않음을 살펴보았는데, 필연적 동적 양상의 사용 빈도가 저조하기 때문인 듯하다. 한편, 양상 표현들이 빈번하게 중의적으로 사용된다는 유형론적 관찰을 고려하면, '-어야 하-'/'-어야 되-'가 당위 양상의 필연뿐만 아니라 인식 양상 및 동적 양상의 필연으로도 사용되는 것은 자연스러운 현상일 것이다.

이상에서 우리는 한국어의 우언적 구성이 매우 풍부한 양상 표현들을 제공하고 있음을 살펴보았다. 인식 양상, 당위 양상, 동적 양상 순으로 다양함의 정도가 다르지만, 모든 주요 부류의 양상에 대해 필연과 가능의 표현들이 존재한다. 특히, 모든 부류의 양상에서 (24)와 같은 필연과 가능의 관계가 확인되기도 하고, 모든 부류의 양상을 담당하는 중의적 표현들이 있다는 사실은 한국어의 우언적 구성이 매우 정연한 양상 체계를 형성하고 있음을 보여준다. 이에 반해, (20)의 예들을 통해 살펴본 선어말어미는 상대적으로 매우 빈약한 상황이다. 우언적 구성이 한국어 양상 체계의 주요 부분을 담당하고 있다.

07

문장의 의미 관계: 함의와 전제

7.1. 문장의 의미 관계

단어들 사이에 동의 관계, 반의 관계, 하의 관계 등의 여러 가지 관계가 형성되듯이, 문장들 간에도 이와 유사한 관계들이 나타난다. 아래의 문장 쌍들에서 나타나는 관계들을 살펴보자.

(1) 가. 내 형은 총각이다.
　　나. 내 형은 결혼하지 않았다.

(2) 가. 내 동생은 로마에서 막 돌아왔다.
　　나. 내 동생은 로마에 가본 적이 없다.

(3) 가. 침입자가 총리를 암살했다.
　　나. 총리는 죽었다.

(4) 가. 나는 너에게 동의한 걸 후회한다.
　　나. 나는 너에게 동의했다.

(1)의 두 문장 사이에는 동의 관계가 성립하고, (2)의 두 문장 사이에는 반의 관계, 즉 모순 관계가 나타난다. 한편, (3)과 (4)에서는 두 문장 사이에 어떤 공통점이 있는 듯하다. 우리는 (3가)와 (4가)의 문장으로부터 각각 (3나)와 (4나)의 문장을 얻어낼 수 있다. 즉, (3가)의 발화를 듣고 (3나)의 발화를

한다면, 아무런 문제가 발생하지 않는다. (3가)의 문장 의미에는 (3나)의 문장 의미가 포함되어 있기 때문이다. 이는 (4가)와 (4나) 사이에서도 그대로 성립한다. 우리는 일상적인 언어생활에서 이와 비슷한 경험을 종종 한다. 어떤 발화를 듣고서 그 발화와 동일하지는 않지만 그 발화로부터 자동적으로 도출될 수 있는 발화가 무엇인지를 안다. 만약 이러한 사정을 제대로 이해하지 못한다면 때로는 심각한 의사소통상의 문제에 부딪힐 수도 있다. 가령 (4가)의 발화를 듣고서도 (4나)의 정보를 수용하지 못한다면 (4가)의 발화를 제대로 이해했다고 볼 수 없다. 이 장에서는 어떤 문장이 다른 문장으로부터 자동적으로 안전하게 추론될 수 있는 두 종류의 문장 관계에 대해 살펴보고자 한다.

7.2. 함의

(3가)의 문장으로부터 자동적으로 (3나)의 문장이 도출된다는 사실을 문장의 진리치의 관점에서 파악한다면, (3가)가 참이면 (3나)가 항상 참이라고 표현할 수 있다. 즉, 침입자가 총리를 암살한 것이 사실이라면 총리는 죽었음이 틀림없다. 침입자가 총리를 암살한 것이 사실인데도 총리가 죽지 않았다고 주장할 수 있는 어떠한 상황도 허용되지 않는다. 이러한 문장 관계는 다음의 예에서도 나타난다.

(5) 가. 민수는 그때 경찰을 보았어.
　　나. 민수는 그때 사람을 보았어.

여기에서도 (5가)가 참이면 (5나)는 반드시 참이어야 한다. (5가)에서 (5나)가 자동적으로 도출되는 까닭에 (5가)를 듣고서 '민수가 그때 사람을 보았대.'라고 전달하는 것은 아주 자연스럽다.

이와 같이 (3가)와 (3나), (5가)와 (5나)의 짝은 앞의 문장(p)가 참일 때 뒤의 문장(q)가 참이 된다고, 진리치의 관점에서 이들의 관계를 포착할 수 있다. 이러한 관계에 있는, 두 문장 p와 q를 진리치의 관점에서 좀 더 자세히 살펴보자. 먼저 p가 거짓인 경우는 어떠한가? 즉, (3)의 예에서 침입자가 총리를 암살하지 않은 경우이다. 만약 침입자가 총리를 암살하지 않았다면, 총리는 죽지 않았을 수도 있고, 또한 다른 누군가에 의해 죽을 수도 있다. 이 경우에는 총리가 죽을 수도 죽지 않을 수도 있으므로 정보적인 가치가 있는 q가 도출되지는 않는다. p가 거짓인 경우에는 q가 참이거나 거짓이 된다.

다음으로 q가 참인 경우에 p가 어떤 진리치를 가지는지 살펴보자. (3)의 예에서 총리가 죽은 경우이다. 만약 총리가 죽었다면, 침입자가 총리를 암살했을 수도 있지만, 다른 이유로 총리가 죽었을 수도 있다. 다른 이유로 총리가 죽었다는 것은 침입자가 총리를 암살하지 않았음을 뜻한다. 다시 말해, 만약 총리가 죽었다면, 침입자가 총리를 암살했을 수도 있고 침입자가 총리를 암살하지 않았을 수도 있다. q가 참이면 p는 참이거나 거짓이 된다. 두 번째 경우와 마찬가지로 정보적인 가치가 없는 후건이 도출된다.

마지막은 q가 거짓인 경우이다. 총리가 죽지 않은 경우인데, 이 경우에는 침입자가 총리를 암살했을 가능성이 허용되지 않는다. 이 경우는 거짓의 후건이 나타나므로 정보적이다. q가 거짓이면 p도 거짓이 된다.

이상으로 (3가)와 (3나)의 두 문장 간에 관계를 진리치의 관점에서 살펴보았는데, 이들 사이에 확인되는 진리치의 관계를 정리하면 다음과 같다.

(6) 함의 관계 진리표

p		q
참	→	참

거짓	→	참 또는 거짓
참 또는 거짓	←	참
거짓	←	거짓

이러한 관계를 가지는 두 문장 사이에는 함의(entailment) 관계가 형성된다고 본다. 이와 동일한 진리 조건적 관계가 (5가)와 (5나) 사이에도 성립한다. p가 거짓인 경우와 q가 참인 경우에는 후건이 참 또는 거짓이어서 정보적인 가치가 없기 때문에 p가 참인 경우와 q가 거짓인 경우만을 이용하여 함의 관계를 다음과 같이 정의할 수 있다.

(7) 함의의 정의
두 문장 p와 q에 대하여 다음과 같은 경우에 p는 q를 함의한다:
p가 참이면 q는 참이고, q가 거짓이면 p는 거짓이다.

다음으로, 이러한 함의 관계가 나타나는 이유에 대해 생각해보자. (3가)와 (3나) 혹은 (5가)와 (5나) 사이에 나타나는 함의 관계는 사용되는 어휘들 간의 의미 관계에서 찾을 수 있다. 우선 (3가)와 (3나)에서 '암살하다'의 의미와 '죽다'의 의미는 긴밀하게 연관되어 있다. 'x가 y를 암살하다'는 'x가 y를 죽게 만들다'를 뜻하므로, 이것은 'y가 죽다'를 의미의 일부로 포함하고 있다. (3가)가 참이면 (3나)도 반드시 참이 된다. 그리고 (3나)가 거짓이어서 왕이 죽지 않았다면 (3가)도 거짓이 된다.

(5가)와 (5나)에서도 이와 비슷한 어휘적 근거가 나타난다. '경찰'의 의미는 '사람'의 의미를 포함하고 있다. '경찰'과 '사람'은 하의 관계(hyponymy)를 형성하여, '경찰'은 하의어이고 '사람'은 상의어이다. 하의어는 상의어가 가지는 모든 의미 자질을 가지며, 이에 더하여 부가적인 의미 자질도 가진다. 즉, 하의어가 상의어보다 더 특수하므로 하의어가 성립하면 상의어도 당연

히 성립하게 된다. 하의어 '경찰'이 사용된 (5가)가 상의어 '사람'이 사용된 (5나)보다 더 많은 정보를 가지고 있으므로 (5가)가 참이면 (5나)도 반드시 참이 되는 것이다. 한편, (5나)가 거짓이어서 민수가 사람을 보지 못했다면 경찰도 보지 못한 것이므로 (5가)도 거짓이 된다. 이와 같이 문장 간의 함의 관계는 하의 관계 등의 어휘 관계에서 비롯될 수 있다.

다음의 두 문장 간에도 함의 관계가 성립한다.

(8) 가. 김 반장이 그 범인을 잡았다.
　　나. 그 범인이 김 반장에게 잡혔다.

(8가)가 참이면 (8나)가 참이 되고, 또한 역으로 (8나)가 참이면 (8가)가 참이 되므로 이것은 상호 함의라고 할 수 있다. 그런데 이 상호 함의의 근거는 능동문과 피동문이라는 통사적인 이유에 있다. 함의 관계가 통사적 이유에서도 나타난다.

한편, 상호 함의 관계는 문장들 간의 동의 관계와 다름 아니다. 위와 같이 상호 함의 관계가 통사적인 이유에서 비롯하기도 하지만 아래와 같이 어휘적인 이유에서도 나타난다.

(9) 가. 영희는 참 예쁘다.
　　나. 영희는 참 미인이다.

상호 함의 관계, 즉 동의 관계는 다음과 같은 진리표로 파악할 수 있다.

(10) 동의 관계 진리표
　　p　　　　　q
　　참　 →　참
　　거짓　→　거짓

참　←　참
거짓　←　거짓

　동의 관계와 반대되는 모순 관계도 동일한 방식으로 다음과 같이 파악할 수 있다.

(11) 가. 민수는 영이를 사랑한다.
　　　나. 민수는 영이를 사랑하지 않는다.

(12) 모순 관계 진리표
　　　p　　　　q
　　　참　→　거짓
　　　거짓　→　참
　　　거짓　←　참
　　　참　←　거짓

　동의 관계는 두 문장 간의 진리치가 항상 동일한 반면에 모순 관계는 두 문장 간의 진리치가 항상 다르게 실현된다.
　이상에서 두 문장 사이에 성립하는 함의 관계, 동의 관계(상호함의 관계), 모순 관계를 살펴보았다. 이들은 모두 진리표에 의해 명시적으로 포착될 수 있다는 점에서 의미론적 관계에 해당한다. 가장 기본적인 문장 관계로서 함의 관계가 정의되고, 이를 바탕으로 동의 관계 및 모순 관계가 포착된다. 그런데 이 관계들은 4장에서 살펴본 어휘의 의미 관계들과 대응시켜 볼 수 있다. 특히 함의 관계는 어휘의 의미 관계 중 하의 관계에 대응될 것인데, 함의 관계의 논의에 어휘 간의 하의 관계가 등장하고 있고, 4장에서 하의 관계를 논의할 때도 함의가 중요한 역할을 수행한 바가 있다.

7.3. 전제

7.3.1. 전제의 기본적 특성

어떤 문장을 다른 문장으로부터 자동적으로 얻어낼 수 있는 문장 관계의 하나인 함의에 대해 7.2에서 살펴보았다. 여기에서는 이러한 관계를 보여주는 또 다른 종류의 예를 살펴보고자 한다. 앞의 예 (4가)와 (4나) 간에 나타나는 관계가 바로 이러한 예이다.

> (4) 가. 나는 너에게 동의한 걸 후회한다.
> 나. 나는 너에게 동의했다.

(4가)의 문장을 접한다면 이로부터 자동적으로 (4나)의 정보를 얻을 수 있다. 여기까지는 함의와 동일하다. 그러나 (4가)와 (4나) 사이에는 (3가)와 (3나) 사이에서 감지되지 않는 직관이 관여를 한다. (4가)를 발화한다면 (4나)는 이미 주어진 정보 혹은 당연한 정보로 여겨진다. (4나)는 (4가)를 발화하기 위한 배경적인 지식으로 화자와 청자가 이미 알고 있는 정보이다. (4가)는 내가 너에게 동의했는지 하지 않았는지를 문제 삼는 것이 아니라, 내가 너에게 동의한 것은 이미 알려진 사실인데 이 사실을 후회하는지 하지 않는지에 대한 정보를 전달한다. 이에 반해, (3가)와 (3나) 사이에는 이러한 직관이 발생하지 않는다. (3나)는 (3가)를 발화하기 위한 배경적인 지식으로 받아들여지는 것이 아니라 (3가)를 발화함으로써 생겨나는 새로운 정보이다. 즉, (3가)를 발화하기 이전에는 청자가 (3나)를 알지 못하다가 (3가)가 발화됨으로써 비로소 이 사실을 알게 되는 상황이다.

아래의 예에서도 (13나)가 (13가)의 배경적인 지식에 해당함을 볼 수 있다.

> (13) 가. 민호의 아이는 두 살이야.

나. 민호는 아이가 있다.

(13나)는 (13가)로부터 자동적으로 얻을 수 있는 정보이지만 (13가)가 실현되어야만 비로소 얻을 수 있는 것이 아니다. (13나)는 (13가)가 제대로 발화되기 위하여 화자와 청자가 사전에 공유해야 하는 정보이다. 만약에 청자가 (13나)를 모르는 상태에서 (13가)를 듣게 되면, 청자는 화자에게 민호가 아이가 있다는 정보를 재확인하는 '뭐, 민호가 아이가 있다고? 내가 왜 몰랐을까?' 정도의 반응을 보일 수도 있다. 이에 반해 함의의 예인 (3가)와 (3나) 사이에는 이러한 상황이 발생하지 않는다. (3가)를 듣는 청자는 이것을 들음으로써 처음으로 (3나)의 정보에 접하게 된다.

이러한 차이를 근거로 (4가)와 (4나), (13가)와 (13나) 사이에 나타나는 문장 관계를 (3가)와 (3나) 사이의 문장 관계인 함의 관계와 구별하여 전제(presupposition) 관계라고 한다. (4가)와 (13가)는 (4나)와 (13나)를 각각 전제한다. 이러한 특성을 바탕으로 우리는 전제를 '화자가 주어진 맥락에서 자신의 발화를 유의미하게 만들기 위해 가정하는 정보의 일부'라고 잠정적으로 정의할 수 있다.

7.3.2. 전제의 의미론적 성격

함의 관계를 설명하기 위하여 사용한 문장 간의 진리치 관계를 써서 이 새로운 문장 관계의 특성을 파악해 보자. 먼저 문장 p가 문장 q를 전제할 때, p가 참인 경우는 q도 참이 될 것이다. p가 발화되면 q를 자동적으로 얻을 수 있기 때문이며, 이 점은 함의와 마찬가지이다. 그러나 p가 거짓인 경우에는 함의와 차이가 난다. (4가)가 거짓인 경우, 즉 내가 너에게 동의한 걸 후회하지 않는 경우에도 여전히 내가 너에게 동의했다는 사실은 참으로 남는다. (13가)가 거짓인 경우도 마찬가지다. 민호의 아이가 두 살이 아닌 경우에도 민호가 아이가 있다는 사실은 여전히 참이다. 이것은, 함의의 경우에 p가 거짓이면 q는 참이나 거짓이 된다는 것과 분명하게 구별되는 특성이다. 전제되는 q는 어떤 발화가 실현되기 위한 배경이 되는 지식이므로 이미 사실로 존재하는 명제라고 할 수 있다. 따라서 q는 p의 참, 거짓에 상관없이 항상 참으로 존재하는 것이다.

이러한 차이는 전제를 함의와 구별하는 분명한 특성으로 주목받아 왔다. 이 차이를 반영하는 전제 관계의 진리표를 우선 작성하면 다음과 같다.

(14) 전제 관계 진리표
p_____q
참 → 참
거짓 → 참

이상과 같이, 전제 관계의 진리표가 (6)의 함의 관계의 진리표와 명시적으로 구별되므로, 전제와 함의를 의미론적 관점에서 구별할 수 있다고 하겠다. 전제의 이러한 특성은 의미론적 특성에 해당하며, 아래에서 살펴볼 화용론적인 특성과 대비할 수 있다.

이와 같이 진리조건적인, 즉 의미론적인 접근에 의해 전제의 특성을 효과적으로 파악할 수 있는 측면이 분명히 존재한다. 그러나 다른 한편으로는 의미론적인 접근으로는 설명하기 어려운 전제의 특성도 존재한다. 이러한 특성은 우선 q가 거짓인 경우에 발생한다. 즉, 내가 너에게 동의하지 않았다면 내가 너에게 동의한 걸 후회하는지의 여부가 잘 가려지지 않는다. 이에 대해서는 보통 두 가지 해석이 대립하는데, 하나는 내가 너에게 동의하지 않았다면 내가 너에게 동의한 걸 후회한다는 것은 거짓이라는 해석이고, 또 하나는 내가 너에게 동의하지 않았다면 내가 너에게 동의한 걸 후회하는지 아닌지를 판단할 수 없다는 해석이다.

이 문제는 다음의 예를 통해 잘 알려져 있다. (15가)는 (15나)를 배경 지식으로 가지고 발화되므로, 위에서 살펴본 바에 따르면 (15가)는 (15나)를 전제한다. 그래서 (15가)가 거짓이어도, 즉 프랑스 왕이 대머리가 아니어도 (15나)는 여전히 참으로 남는다.

(15) 가. 프랑스 왕은 대머리다.
　　　나. 프랑스 왕은 존재한다.

여기에서 '프랑스 왕(the king of France)'은 정관사 'the'가 대변하듯이 한정 기술(definite description)로서 프랑스 왕의 존재를 요구한다. 그러나 실제로는 프랑스 왕이 존재하지 않으므로, 즉 q가 거짓이므로 프랑스 왕이 대머리라는 명제, 즉 p에 대한 참·거짓의 판단에 문제가 발생한다. 이에 대해 Russell(1905)는 p가 거짓이라는 주장을 하였으며, Strawson(1950)은 p가 참도 거짓도 아니라고 주장하였다.

먼저 Russell은 (15가)를 '프랑스 왕이 존재하고, 그는 대머리다'와 같은 단순 명제들의 연접(conjunction)으로 파악하였다. 그리고 실제로는 프랑스 왕이 존재하지 않으므로, 즉 첫 번째 연접항(conjunct)이 거짓이므로, 전체 명제도 거짓이 된다고 하였다. 이것은 (15가)와 (15나)의 사이에 (6)의 함의 관계 진리표가 작용한다고 보는 것이다. (15나)가 거짓이면 (15가)가 거짓이 되는 관계가 성립한다는 취지이다. 이와 같이 Russell은 이러한 문장 관계를 함의 관계로 처리하였기에 그의 입장을 함의 이론이라고 부른다.

반면에 Strawson은 (15가)가 (15나)를 전제한다고 보았으며, 전제되는 명제가 거짓이면 전제하는 명제는 참과 거짓의 판단의 대상에서 제외된다고 하였다. 즉, 프랑스 왕이 존재하지 않는 현실에서 프랑스 왕이 대머리라는 명제가 참인지 거짓인지는 판단할 수 없는 사안이라고 보았다. 그는 이와 같이 참도 거짓도 아닌 경우를 진리치 공백(truth value gap)이라고 하여,

참이나 거짓이 아닌 제3의 진리치를 도입하였다. 그의 입장을 전제 이론이라고 부른다.

Russell의 함의 이론과 Strawson의 전제 이론은 하나의 현상과 관련하여 등장하는 두 종류의 직관을 반영하고 있어서 각기 나름의 의의를 가지고 있다. 그런데 둘 중 어떤 입장을 취하더라도 의미론적인 접근의 측면에서는 q가 거짓이 되는 경우가 문제로 남는다고 볼 수 있다. 함의 이론은 전제를 함의의 일종으로 처리하므로 전제와 함의가 구별되지 않는 어려움이 있으며, 전제 이론은 전제와 함의를 구별할 수 있지만 제3의 진리치를 도입해야 하는 부담이 수반된다.

한편, 마지막 경우인 q가 참인 경우에는 특기 사항이 발생하지 않는다. p는 참이 될 수도 있고 거짓이 될 수도 있어서 가치 있는 정보가 실현되지 않는다. (4)의 예에서 내가 너에게 동의했다면, 내가 그것을 후회할 수도 있고 후회하지 않을 수도 있다. (13)에서 민호가 아이가 있다면 그 아이가 두 살일 수도 있고 그렇지 않을 수도 있다.

이상의 네 경우를 다 반영하여 전제 관계의 진리표를 작성하면 다음과 같다.

(16) 전제 관계 진리표

p		q
참	→	참
거짓	→	참
참 또는 거짓	←	참
?	←	거짓

마지막 줄은 q가 거짓인 경우에 직관에 따라 진리치가 달라질 수 있음을 보여준다.

7.3.3. 전제 유발자

우리는 어떤 문장이 다른 문장으로부터 자동적으로 추론되는 두 가지 경우인 함의와 전제를 살펴보았고 이들 간의 차이점도 논의하였다. 그런데 이 둘 중에서 전제는 특정한 언어 표현들에 의해 유발되는 특징이 있다. 위에서 살펴본 전제의 예들에서는 '후회하다'와 '프랑스(의) 왕'이라는 표현들에 의해 해당 전제들이 유발된 것으로 본다. 후회의 대상이 되는 바는 이미 벌어진 사실이라는 것이며, 소유격의 '의'로 인해 '프랑스(의) 왕'은 프랑스가 왕을 보유한다는 사실을 동반한다는 것이다. 이와 같이 전제를 유발하는 표현들을 가리켜 전제 유발자(presupposition trigger)라고 한다.

(14)의 진리표를 통해 전제의 의미론적 성격을 엿보았는데, 전제 유발자도 전제가 가지는 의미론적 성격의 일면을 보여준다. 특정 어휘나 특정 구성이 상례적으로 어떤 전제를 동반한다는 것은 해당 전제가 그 어휘나 구성의 고정적인 의미의 일부임을 뜻하기 때문이다. 즉, 전제 유발자에 의해 표현되는 전제는 맥락이 관여하는 화용론적 의미가 실현된 것이 아니라 해당 표현 고유의 의미론적 의미의 실현이라는 것이다.

잘 알려진 몇 가지 유형의 전제 유발자들을 살펴보면 다음과 같다. 다음의 가-문장은 나-문장을 전제한다.

(17) 사실 동사(factive verb): 후회하다, 알다, 모르다, 깨닫다,
　　발견하다, 잊다, 기억하다, 유감이다 등
　　가. 민호는 영이가 미국으로 떠난 것을 알고 있다.
　　나. 영이가 미국으로 떠났다.

(18) 한정 표현(definite expression)
　　가. 그 사람이 타던 차는 아주 비싸다.
　　나. 그 사람이 타던 차가 존재한다.

(19) 상태 변화 동사(change of state verb): 그만두다, 시작하다, 계속하다,
멈추다 등
가. 민호는 담배를 끊었다.
나. 민호는 담배를 피웠다.

(20) 반복 표현: 다시, 또 등
가. 민호가 다시 한국을 방문할 것이다.
나. 민호가 한국을 방문한 적이 있다.

(21) 시간 부사절: 전, 후, 이래 등
가. 그는 대학교를 졸업한 후에 그 회사에 취직했다.
나. 그는 대학교를 졸업했다.

(22) 분열문
가. 그가 그 회사에 취직한 것은 대학 졸업 후이다.
나. 그가 그 회사에 취직했다.

(23) 비교 표현
가. 영호는 민호보다 더 멍청하다.
나. 민호는 멍청하다.

7.3.4. 전제의 화용론적 성격

우리는 전제의 의미론적 성격에 대해 살펴보았지만 전제는 그 이상의 특
성들을 가짐을 엿볼 수 있었다. 맥락에 대한 고려가 필요한 전제의 성격이
존재하는 것인데, 그러한 전제의 화용론적 성격을 배경 지식, 취소가능성,
투사의 문제라는 관점에서 논의해 보자.

배경 지식으로서의 전제

(4)와 (13)의 예에서 전제를 함의와 구별되는 추론으로 다루면서 함의와는 달리 전제가 배경적인 지식으로 사용됨을 언급하였다. 그리고 이로부터 부정 하에서 전제가 살아남는 특성(survival under negation)이 유래한다고 하였다.

(4) 가. 나는 너에게 동의한 걸 후회한다.
　　가′. 나는 너에게 동의한 걸 후회하지 않는다.
　　나. 나는 너에게 동의했다.

(4가)의 부정인 (4가′)도 (4나)를 전제하는데, (4가′)의 부정의 대상이 주절 동사일 뿐이어서 내가 너에게 동의한 사실은 손상을 입지 않는다. 이 사실 은 배경적 지식이어서 부정의 대상이 되지 않는 것이다.[1]

배경 지식으로서의 전제의 특성은 전제가 거짓인 경우에서도 나타난다. '프랑스 왕은 대머리다.'가 참도 거짓도 아닌 것으로 인식되는 이유는 프랑 스 왕이 존재한다는 전제가 거짓이기 때문이다. 전제가 배경 지식이라면 이에 대한 설명이 무난해진다. 배경 지식이란 화자와 청자가 공유하는 사실 인데 이것이 거짓이라면 이를 근거로 하는 대화는 무의미하게 된다.

배경 지식은 화자와 청자가 공유하는 지식이기에 배경 지식으로서의 전 제도 화자와 청자가 공유하는 정보이어야 할 것이다. 그런데 화자의 발화에 동반되는 전제가 청자에 의해 공유되는지가 분명하지 않은 경우가 있을 수 있다.

---

1) 다음과 같은 예는 이러한 주장과 어긋나는 듯하다.

　(i) 나는 너에게 동의한 걸 후회하지 않아. 사실은 내가 너에게 동의한 적이 없으니까.

　(i)이 적절하게 사용되는 것은 부정이 주절 동사 '후회하다'뿐만 아니라 목적절에도 작용한 다고 보기 때문이다. 이러한 부정을 외적 부정(external negation)이라고 한다. (4가′)에서 논의되는 부정은 내적 부정(internal negation)이라고 구분한다.

(24) 제 남편이 마중 나올 거예요.
　　전제: 저는 결혼했어요.

위의 발화는 상대방이 나의 결혼 여부를 알지 못하는 경우에도 가능하다. 가령 화자는 상대방이 자기의 결혼 여부를 모르는 줄 알지만 상대방이 자기의 결혼 사실을 알게 만들려는 의도로 이렇게 발화할 수 있다. 이러한 경우에 상대방은 나의 결혼 사실을 무조건 받아들이게 되는데, 이와 같은 현상을 가리켜 전제 수용(presupposition accommodation)이라고 부른다. 이러한 수용이 자동적으로 일어나는 이유는 전제가 화청자가 공유하는 배경 지식이라는 데 있다. 만약 상대방이 이 전제에 대해 의문을 가진다면 '아, 그렇군요. 결혼하셨군요.' 정도의 발화를 통해 전제를 재확인할 수도 있을 것이다.

취소가능성

우리는 전제를 유발하는 여러 가지 표현들에 대해 알아보았는데, 경우에 따라서는 이러한 표현들에 의해 도입되는 전제가 취소되기도 한다.

(25) 가. 민호는 박사 학위를 받기 전에 교수가 되었다.
　　나. 민호는 박사 학위를 받았다.
　　다. 민호는 박사 학위를 받기 전에 죽었다.

(25가)는 시간 부사절로 인해 (25나)를 전제로 가진다. 그러나 동일한 시간 부사절을 가진 (25다)는 그렇지 않다. 우리의 세상 지식이 (25다)가 (25나)를 전제로 가지는 것을 허용하지 않는다. 죽은 다음에 박사 학위를 받는 행위는 이 세상에서 일반적으로 가능하지가 않다. 그런데 이와 같은 전제의 취소는 의미적 관점에서는 설명하기가 어렵다. 세상에 대한 지식이라는 화용적 요소에 의해서만 설명이 가능하다.

다음과 같이 사실 동사에 의해 유발되는 전제가 취소되는 경우도 있다 (Gazdar 1979: 142).

(26) 가. 너는 영수가 범인인지 모른다.
　　 나. 민호는 영수가 범인인지 모른다.
　　 다. 영수가 범인이다.
　　 라. 나는 영수가 범인인지 모른다.

사실 동사 '모르다'에 의해 (26가)와 (26나)는 (26다)를 전제한다. 그러나 (26라)는 그렇지 못하다. 이것은 주어의 인칭이 다르기 때문으로, 1인칭이 주어인 (26라)는 이 전제를 가지지 못한다. 2인칭과 3인칭이 사실 동사 '모르다'의 주어인 경우에는 보문의 내용이 전제되는 데 문제가 없다. 2인칭과 3인칭의 주어가 모르는 사실이 전제로 표현될 수도 있기 때문이다. 그러나 1인칭 주어의 경우에는 사정이 다르다. 1인칭, 즉 화자가 어떤 사실을 모르면서 그것을 전제로 삼는다는 것은 우리의 화용적 지식에 부합하지 않는다.

　(25)와 (26)의 예는 전제가 취소될 수 있는 경우들을 보여주고 있는데, 이는 전제가 화용론적 성격을 가지고 있음을 뜻한다. 의미론적 요소는 취소될 수 없기 때문이다. 위의 예들에서는 각각의 상황에 적합한 화용론적 고려를 통해 전제가 취소되는 이유를 설명할 수 있다.

투사 문제

　어떤 전제를 가지는 문장이 복합문에 내포되는 경우에 복합문 전체에서도 그 전제가 유지되는지와 관련되는 논의가 있다. 합성성의 원리에 따르면 어떤 복합 표현의 의미는 부분 표현들의 의미들을 반영하므로 그러한 전제가 유지되어야 하지만 실제로는 그렇지 않은 경우들이 있다. 이를 전제의 투사 문제(projection problem)라고 부르는데, 부분 표현의 전제가 복합문 전체로 투사되기도 하고, 투사되지 않기도 하고, 조건적으로 투사되기도 하는 세 가지 경우가 있다.

다음은 부분 표현의 전제가 전체 표현의 전제로 투사되는 예들이다.

(27) 가. 네가 담배를 끊는다면 건강해질 거야.
　　나. 네가 담배를 끊는다.
　　　　전제: 네가 담배를 피운다.

(28) 가. 영이는 민호가 다시 한국을 방문할 것을 알고 있다.
　　나. 민호가 다시 한국을 방문한다.
　　　　전제: 민호가 한국을 방문한 적이 있다.

(27나)는 '네가 담배를 피운다.'는 전제를 가지는데, (27가)처럼 이것이 조건문의 전건으로 쓰여도 그 전제가 전체 조건문에서 유지된다. (28가)는 주절 동사가 사실 동사인 경우에 보문의 전제가 전체 문장으로 투사됨을 보여준다. '후회하다, 알다, 모르다, 깨닫다, 발견하다, 잊다, 기억하다, 유감이다' 등의 사실 동사의 특성에서 비롯된다.

다음의 예에서는 부분 표현의 전제가 전체로 투사되지 않는다.

(29) 가. 영이는 영호가 민호보다 더 멍청하다고 말했다.
　　나. 영호가 민호보다 더 멍청하다.
　　　　전제: 민호는 멍청하다.

(30) 가. 영이는 그 사람이 한국의 왕이라고 믿는다.
　　나. 그 사람이 한국의 왕이다.
　　　　전제: 한국에는 왕이 있다.

(29가)에서는 내포문의 전제가 전체 문장의 전제로 실현되지 못한다. 이것

은 (29가)의 주절의 동사인 '말하다'에서 비롯된 것으로, '언급하다, 발표하다, 약속하다, 묻다' 등의 말하기 동사(saying verb)가 이러한 특성을 보여준다. (30가)에서도 내포문의 한정 표현에서 유래하는 전제가 전체 문장의 전제로 나타나지 못한다. '믿다, 의심하다, 생각하다, 상상하다, 원하다' 등의 명제 태도 동사(propositional attitude verb)의 특성으로부터 이러한 전제 차단의 효과가 발생한다.

세 번째 경우로, 부분 표현의 전제가 전체로 투사되기도 하고 차단되기도 하는 예들을 살펴보자.

(31) 가. 철수가 현명하다면 담배를 끊을 거야.
　　　나. 철수가 담배를 피웠다면 곧 담배를 끊을 거야.
　　　다. (철수가) 담배를 끊다.
　　　　　전제: 철수가 담배를 피웠다.

'철수가 담배를 피웠다.'를 전제하는 (31다)가 (31가, 나)에서 조건문의 후건으로 사용되고 있다. 그런데 (31가)에서는 이 전제가 유지되지만 (31나)에서는 그렇지 않다. (31나)에서 '철수가 담배를 피웠다.'가 전건에 나타나고 있어서 화자가 가정하고자 하는 상황을 나타내므로 이것이 (31나) 전체의 전제가 될 수 없다. 전제란 화자가 이미 사실이라고 믿는 것이기 때문에 가정의 대상일 수 없기 때문이다. 이와 같이, 조건문의 전건이 후건의 전제를 함의하는 경우에는 그 전제가 조건문 전체의 전제가 될 수 없다. 이와 같이 조건문의 후건에서 발생하는 전제는 맥락에 따라 투사되기도 하고 차단되기도 한다.[2]

---

2) 비슷한 예로 다음을 들 수 있다.
　(i) 철수가 등산을 시작하든지 혹은 담배를 끊든지 할 거다.
　(ii) 철수가 담배를 피운 적이 없든지 담배를 끊든지 할 거다.

단문의 전제가 어떤 복합문에 내포되느냐에 따라, 즉 어떤 언어적 맥락에 놓이느냐에 따라 그 전제가 투사되기도 하고, 차단되기도 하고, 조건적으로 투사되는 세 가지 경우를 알아 보았다. 이들을 각각 전제의 구멍(hole), 마개(plug), 거르개(filter)라고 부른다(Karttunen 1973). 이렇게 맥락에 따라 달라지는 전제의 투사 방식은 맥락에 의해 좌우되는 전제의 화용론적 특성의 한 단면을 보여준다.

7.4. 의미론 혹은 화용론?

이상에서, 두 문장 사이에 나타나는 두 가지의 대표적인 관계로 함의 관계와 전제 관계를 살펴보았다. 이 두 관계는 공통점과 차이점을 가지고 있음을 알 수 있었다. 이들의 공통점은, 어떤 문장(p)가 주어지면 그 문장으로부터 다른 문장(q)가 자동적으로 주어진다는 사실이다. 이러한 공통점은 앞에서 살펴본 (6)의 함의 관계 진리표와 (16)의 전제 관계 진리표의 첫 줄에서 '참 → 참'을 통해 포착된다. 한편, 이 두 관계 간의 차이점은 두 가지로 정리할 수 있다. 첫 번째 차이점은 p가 부정되었을 때 드러난다. p가 부정되면, 함의 관계에서는 q가 자동적으로 주어질 수 없는 반면에 전제 관계에서는 여전히 동일한 q가 자동적으로 주어진다. 함의 관계 진리표와 전제 관계 진리표의 두 번째 줄이 각각 '거짓 → 참 또는 거짓', '거짓 → 참'으로 채워지는 이유이다. 두 번째 차이점은 q가 거짓인 경우에 p에서 나타나는 차이에서 포착된다. q가 거짓이면, 함의 관계에서는 p가 거짓이 되지만, 전제 관계에서는 참/거짓을 논하기 어려운 문제가 발생한다. 위에서 살펴보았듯이,

---

이것들은 이접의 복합문인데 한 이접항인 '담배를 끊든지'가 '담배를 피웠다'를 전제한다. 그런데 (i)은 이 전제를 투사시키는 반면에 (ii)는 이를 차단한다. (ii)에서는 나머지 이접항에 이 전제의 부정인 '담배를 피운 적이 없든지'가 나타나기 때문이다. 맥락에 따라 부분의 전제가 투사되기도 하고 차단되기도 하는 또 다른 예이다.

이 문제는 전제가 가지는 화용론적 특성들과 연관이 있다.

함의 관계와 전제 관계는 두 문장 사이의 관계이어서 한 문장의 범위를 넘어서는 문제이므로, 원칙적으로는 맥락이 관여하는 화용론의 영역으로 볼 수 있을 것이다. 그렇지만 함의 관계는 함의 관계 진리표가 보여주듯이 참/거짓의 진리값에 의해 완전하게 포착된다는 점에서 의미론적 영역에 속하는 것으로 처리된다. 그러나 전제 관계는 일부는 진리표에 의해 그 속성을 파악할 수 있지만 또 다른 부분은 참/거짓의 문제가 아니라 맥락이 관여하는 화용론적 특성들을 보여준다. 따라서 전제 관계는 의미론적 영역과 화용론적 영역에 걸쳐 있는 현상으로 보는 것이 일반적이다.

Ⅳ. 맥락의 의미

앞에서 우리는 언어 표현의 자의성으로부터 나타나는 고정적 의미, 즉 문자적 의미에 대해 주로 살펴보았다. Ⅱ부와 Ⅲ부에서 각각 단어와 문장의 차원에서 문자적 의미를 다루었다. 단, 7장에서 전제를 논하면서 전제의 비문자적 혹은 맥락적 의미에 대해 살펴본 바 있다. Ⅳ부에서는 맥락적 의미를 집중적으로 알아보려고 한다. 보통 화용론이라고 불리는 분야이다.

먼저 8장과 9장에서는 언어 행위와 함축에 대해 각각 공부한다. 이 두 분야는 화용론 연구의 기틀이 마련되는 초기 단계의 중요한 연구 흐름을 형성하였다. 언어 행위의 연구는 진리조건적 의미가 아닌 의미, 즉 언어 행위로서의 의미가 인간 언어의 의미적 본질임을 주장하였고, 함축의 연구는 문자적 의미 외에도 문자적 의미로부터 추론되는 비문자적 의미의 중요성을 명백히 하였다. 이 두 분야는 화용론적 의미 연구의 장을 열고 구축한 핵심 분야이다.

이어서 다음 세 장에서는 직시, 지시성, 정보구조를 차례대로 살펴보면서 화용론적 의미 정보의 가치를 알아보고자 한다. 직시는 발화 현장의 맥락적 정보가 가장 적극적으로 언어 표현에 반영된 현상이다. 지시성은 언어 표현과 지시물의 대응 관계에 대한 의미 정보를 말하는데, 특히 한국어 명사구에서 특징적으로 실현되는 한정성, 총칭성, 복수성 등에 대해 알아본다. 정보구조는 화자가 한 문장의 의미를 구정보와 신정보라는 맥락적 판단에 따라 분할하는 방식을 말하는데, 한국어는 정보구조를 매우 적극적으로 반영하고 있어서 한국어의 의미 체계를 이해하는 데 큰 도움이 된다.

08
언어 행위

8.1. 행위로서의 발화

문장은 명제를 표현하며 명제란 참과 거짓을 따질 수 있다는 견해에 따르면 모든 문장은 참과 거짓 중 하나에 해당한다. 그러나 실제 발화에 쓰이는 문장들 중에는 참과 거짓을 가리기 힘든 것들이 있다.

(1) 가. 저 남녀는 부부다.
　　 나. 아저씨는 내게 내일 음악회에 데리고 갈 것을 약속하셨다.

(2) 가. 본인은 이 두 사람이 이 순간부터 부부가 됨을 선언합니다.
　　 나. 나는 이번 제주도 여행에 너를 꼭 데려갈 것을 약속한다.
　　 다. 자네 이 편지 좀 부쳐주기를 바라네.

(1가)-(1나)는 참과 거짓을 가릴 수 있는 반면에 (2가)-(2다)는 참과 거짓을 따지는 것이 곤란하다. 이것은 참과 거짓의 문제라기보다는 선언, 약속, 요청의 행위를 하고 있다고 볼 수 있다. (2가)를 발화하면 성혼이 성립하였음을 선언하는 행위를 하는 것으로, 우리는 이 행위가 적절한지 혹은 부적절한지를 따질 수 있을 것이다. 주례자가 결혼식장에서 이 발화를 했다면 적절한 발화가 되겠지만, 아이들끼리의 장난이라면 그렇지 못할 것이다. (2)의 예들은 참·거짓의 문제가 아니라 적절·부적절의 문제를 따져야 할 일종의 행위라고 볼 수 있다.

이와 같이 언어의 사용을 통해 어떤 행위를 하게 되는 언어의 기능을 언어행위(speech act), 줄여서 화행(話行)이라고 한다. 아래에서는 화행을 언어 연구의 한 영역으로 끌어들인 J. Austin과 그 뒤를 이어 중요한 공헌을 한 J. Searle의 연구를 살펴보고자 한다. 그다음, 화행의 연구가 진행되면서 화행의 이해에 핵심적인 부분으로 부각된 간접화행(indirect speech act)에 대해 알아보고자 한다.

8.2. Austin의 화행이론

참·거짓보다는 적절·부적절의 대상이 되는 (2)와 같은 예들이 일상적인 언어생활에서 빈번하게 나타난다는 것은 쉽게 관찰할 수 있어서 큰 이목을 끌만하지 못하다고 생각할 수도 있다. 그러나 1930년대를 풍미한 논리적 실증주의(logical positivism)의 영향력을 고려한다면 상황은 크게 달라진다. 그 당시 논리적 실증주의의 영향으로 명제의 참·거짓을 따지는 철학적 전통이 확산되어 문장의 참·거짓은 검증되어야 하며 그렇지 못한 문장들은 무의미하다는 주장이 팽배하였다. 그러한 상황이던 1930년대 말부터 Austin은 이러한 생각에 근본적인 의문을 품었고, 1952-3년 옥스포드대학과 1955년 하버드대학의 강의를 통해 논리적 실증주의의 관점을 비판하고 일상적인 언어생활에서 나타나는 행위로서의 언어 사용을 역설하였다.[1] 후기 Wittgenstein으로 대표되는 일상언어학파의 일환으로 화용론 연구의 시작을 알리는 주요 연구 중 하나가 되었다.

오스틴은 다음의 두 가지 예를 통해 참·거짓을 따질 수 없는 문장이 존재함을 주장하였다.

---

[1] 하버드대학의 강의록이 1962년에 사후 저서로 *How to Do Things with Words*라는 제목으로 출간되었다.

(3) 가. Excuse me!

　　나. Are you serving?

　　다. Give me the roasted ones.

(4) 가. I bet you five pounds that he doesn't make the semi-final.

　　나. We request that passengers avoid jumping out of the aircraft.

　　다. I invite you to come up and see me sometime.

일반적으로 평서문(declaratives)은 참·거짓을 따질 수 있는 진술(statement)에 해당하는데, (3)의 예들은 평서문이 아닌 문장 유형들이 진술에 해당하지 않음을 보여주고 있다. 그리고 (4)의 예들은 모든 평서문이 진술이지는 않음을 보여준다. 이와 같이 참·거짓을 따질 수 있는 진술이 아닌 문장들이 존재함을 보이고, 이들은 일종의 행위를 행하는 수행적(performative) 발화라고 하였다.

　(4)와 같은 수행적 발화가 행하는 행위는 문장의 첫 번째 동사에 의해 표시되며, 'hereby'라는 부사를 첨가함으로써 해당 행위를 강조할 수 있다고 하였다('I hereby bet you five pounds that he doesn't make the semi-final.'). 이에 반해 다음과 같은 비수행적 발화는 행위를 행한다고 볼 수 없고, 나아가 'hereby'의 첨가도 어색하다고 지적한다.

(5) 가. I cook this cake.

　　나. *I hereby cook this cake.

(5가)를 발화했다고 요리하는 행위가 수행된다고 할 수는 없다.

　이러한 수행적 발화는 참·거짓의 문제가 아니라 적절·부적절의 문제라고 Austin은 설명한다. 그리고 적절·부적절을 판별하는 적절 조건(felicity condition)을 다음과 같이 제시한다.2)

(6) A1 관습적 효과를 가지는 관습적 절차가 존재해야 한다.

    A2 관련된 사람이나 상황이 해당 절차를 위해 적합해야 한다.

    B 그 절차는 모든 수행자에 의해 정확하고 완전하게 행해져야 한다.

    C1 수행자는 절차를 위해 요구되는 사고, 감정, 의도를 가져야 한다.

    C2 후속 행동이 요구된다면 관련자들은 그 행동을 이행해야 한다.

A와 B의 조건을 위배하여 부적절하게 되는 경우를 오발(misfire)이라 하고, C의 성실성(sincerity) 조건을 위배하여 불성실하게 되어 부적절해지는 경우를 남용(abuse)라고 하여 구별한다. 법률적 판결을 할 자격이 없는 일반인이 판결을 하는 경우는 오발에 해당하고, 약속을 이행할 의도가 없으면서 약속을 하는 것은 남용이다.

  Austin은 (4)와 같은 수행적 발화를 명시적 수행문(explicit performatives)이라고 한다. 명시적 수행문은, 첫째 일인칭 주어와 단순 현재형 동사로 시작하고, 둘째 동사들이 '약속, 경고, 판결' 등의 행위를 기술하고, 셋째 'I hereby sentence you to …'와 같이 부사 'hereby'에 의해 강조될 수 있다. 그런데 Austin은 수행문이 이렇게 명시적으로 표현되지 않고 다음과 같이 암시적으로 실현될 수 있음도 지적한다.

(7) 가. Five pounds says that he doesn't make the semi-final.

    나. Passengers are requested to avoid jumping out of the aircraft.

    다. Come up and see me sometime.

(7)의 예들은 (4)의 명시적 수행문에 대응하는 암시적 수행문(implicit performatives)이다. 수행문임을 나타내는 명시적인 장치가 없다고 하더라도 암시적 수행문은 명시적 수행문과 동일한 기능을 수행하며, 실제의 언어생활에서는

---

2) (6)에서 사용된 'A1, A2, B, C1, C2'의 순서 매김은 Austin(1962: 14-5)을 반영하여 설정하였다.

명시적 수행문보다 암시적 수행문이 더 빈번하게 사용된다.

한편 Austin은 동일한 강의 뒷부분에 가서 전반부에 가졌던 견해에 변화를 가져온다. 전반부에서는 참·거짓을 가릴 수 있는 진위문(constatives)과 그렇지 못한 수행문을 대립시켰으나, 후반부에는 모든 문장을 수행문으로 볼 수 있다고 입장을 수정한다. 그 이유로는, 진위문을 수행문과 구별할 수 있는 분명한 근거가 실제로는 존재하지 않는다고 보았다. 가령 수행문이 적절 조건을 위배하면 부적절하게 되듯이, 진위문도 마찬가지라고 보았다.

(8) All of John's children are bald.

존이 아이가 없다면 이 문장은 적절하지 못하다는 것이다. 이와 같이 전제 실패에 해당하는 경우에는 진위문에도 적절·부적절의 문제가 대두된다고 본다. 또한 다음과 같은 문장들은 참·거짓을 따지기가 쉽지 않음도 지적한다.

(9) 가. France is hexagonal.
    나. Oxford is forty miles from London.

결국 Austin은 진위문과 이행문의 이분법이 가능하지 않다고 보고, 진술도 일종의 언어행위로 처리하였다.

이제 모든 발화는 언어 행위로 볼 수 있게 되었는데, 언어행위는 다음과 같은 세 가지 하위 행위가 동시에 이행되는 것으로 보았다.

(10) 가. 발화 행위(locutionary act): 문장의 의의(sense)와 지시(reference)를 결정하는 발화행위
    나. 발화수반 행위(illocutionary act): 발화 행위에 같이 따르는 진술, 명령, 질문, 약속 등의 행위
    다. 발화효과 행위(perlocutionary act): 발화로 인해 결과적으로 청자

를 설득하고, 놀라게 하고, 기쁘게 하는 등의 행위

Austin은 이 세 가지 행위 중에서 발화수반 행위가 관심의 주 대상이었다. 발화수반 행위는 화자가 발화를 통해 수행하려는 기능이며, 일정한 절차에 의해 일정한 발화를 함으로써 이에 연관된 관습적 힘에 의해 행해진다. Austin은 다음의 예를 들어 발화수반 행위와 발화효과 행위를 구별한다.

  (11) Shoot her!

적절한 상황에서 이 발화는 명령, 재촉, 권고 등의 발화수반 힘(illocutionary force)를 가질 수 있다. 다른 한편으로는 발화의 결과로 상대방을 설득하고, 강요하고, 놀라게 하는 등의 효과가 나타날 수도 있는데 이는 발화효과 힘 (perlocutionary force)이라고 한다. 이 두 가지 행위는 서로 구별된다. 이 두 행위의 가장 큰 차이는, 발화수반 행위는 화자에 의해 의도적으로 행해지는 반면에 발화효과 행위는 그렇지 않을 수도 있다는 것이다. 전자는 화자에 의해 통제될 수 있지만, 후자는 그렇지 않다. (11)의 발화를 듣고 상대방이 설득되어 총을 쏠지 말지를 화자가 예단할 수는 없다. 그렇지만 Austin은 이 둘의 구별이 불분명한 경우가 많음을 지적하였으며, 발화효과 힘은 덜 관습적인 측면이 커서 연구의 직접적인 대상이 되지 않는다고 보았다.

8.3. Austin 이후: Searle의 화행이론

  많은 연구자들이 Austin의 화행 연구의 뒤를 이었는데, 그 중에서도 그의 제자인 Searle이 매우 중요한 역할을 하였다. 여기에서는 Searle이 Austin의 화행 연구를 발전시킨 두 가지 면에 대해 살펴보고자 한다. 하나는 Austin의

적절 조건 논의를 보다 체계적으로 계승한 것이고, 다른 하나는 Austin이 제시한 화행의 유형을 비판적으로 발전시킨 것이다. 이 두 가지를 차례대로 알아보고자 한다.

앞의 (6)에서 살펴본 것처럼 Austin은 화행을 적절과 부적절의 문제로 보고 이를 판별하는 적절 조건에 대하여 논한 바 있다. 우리는 (6)에서 Austin이 적절 조건에 대해 논한 것을 생생하게 보여주기 위하여 그의 분류 방식을 그대로 옮겨놓기도 하였다. Searle은 그러한 적절 조건을 보다 체계화시켜 화행에 대한 이해를 심화시키는 데 공헌하였다. 그는 적절 조건이 어떤 화행을 적절하거나 부적절하다고 판별하는 방법일 뿐만 아니라, 화행을 생성해내는 구성 규칙의 역할도 할 수 있다고 보았다. 즉, 어떤 화행을 행하는 것은 그 유형의 행위를 구성하는 관례화된 규칙을 준수하는 것이라고 주장하였다. 그는 그와 같은 적절 조건으로 명제내용조건(propositional content condition), 예비조건(preparatory condition), 성실조건(sincerity condition), 핵심조건(essential condition)의 네 가지를 제시하였다.

먼저 Searle(1969)이 제시한 여러 예들 중 요청과 질문 화행의 두 가지를 들어 이 적절 조건들에 대해 구체적으로 살펴보자(S: 화자, H: 청자, A: 행위).

(12) 요청의 조건
　　　명제내용조건　H의 미래행위 A
　　　예비조건 1　　H는 A를 할 수 있다. S는 H가 A를 할 수 있다고 믿는다.
　　　예비조건 2　　H가 자발적으로 A를 할지가 S와 H에게 분명하지 않다.
　　　성실조건　　　S는 H가 A를 하기를 원한다.
　　　핵심조건　　　H가 A를 하도록 하는 S의 시도로 간주된다.

(13) 질문의 조건
　　　명제내용조건　어떤 명제
　　　예비조건 1　　S는 질문의 답을 모른다.

예비조건 2   질문하지 않아도 H가 정보를 제공할지가 S와 H에게
             분명하지 않다.
성실조건   S는 이 정보를 원한다.
핵심조건   H로부터 이 정보를 끌어내려는 시도로 간주된다.

먼저 명제내용조건은 해당 화행이 무엇에 대한 것인지를 말해준다. 주어진
발화에서 발화수반행위의 부분을 뺀 나머지 내용에 관한 부분이다. 요청의
명제내용조건은 청자가 미래에 행할 행위이고, 질문의 명제내용조건은 답이
요구되는 질문의 내용이 된다. 예비조건은 해당 화행이 성립되기 위한 실세
계의 선결 요건이다. 요청을 위한 두 가지 예비조건이 있는데, 첫째 요청되
는 행위를 청자가 할 수 있고 또 화자는 청자가 그럴 수 있음을 믿어야 하며,
둘째 요청하지 않으면 청자가 그 행위를 할지가 화자와 청자에게 분명하지
않은 상태여야 한다. 질문의 예비조건은 화자가 그 질문의 답을 모른다는
것과 질문하지 않으면 청자가 해당 정보를 제공할지가 화자와 청자에게 분
명하지 않다는 것이다. 성실성조건은 해당 행위가 진지하게 행해질 때 동반
되는 조건이다. 요청의 행위가 진지하게 행해진다는 것은 청자가 요청받는
행위를 수행하는 것을 화자가 원함을 뜻한다. 원하지도 않는 행위를 요청하
는 것은 남용의 경우이다. 질문의 성실성조건은 화자가 해당 정보를 원한다
는 것이다. 핵심조건은, 화자가 자신의 발화를 특정한 행위로 간주하려고
의도하고 있으며, 청자가 화자의 이러한 의도를 파악함을 요구한다. 요청의
핵심조건은 화자의 발화가 청자로 하여금 그 행위를 하게 하려는 화자의
시도로 이해되는 것이며, 질문의 핵심조건은 화자의 발화가 청자에게서 필
요한 정보를 얻으려는 화자의 시도로 이해되는 것이다.

　다음으로 화행의 유형에 대한 Searle의 논의를 살펴보자. Austin은 화행
을 판정 행위(verdictives), 행사 행위(exercitives), 언약 행위(commissives), 행태
행위(behabitives), 평서 행위(expositives)의 5가지 유형으로 분류하였다.[3] 그

리고 그 이후에 많은 학자들에 의해 다양한 유형들이 제시된 바 있다. Searle(1975a)에서 화행의 유형에 대해 논하는데, 그는 Austin의 분류를 비판적으로 논의하면서 그 분류의 기준이 더욱 엄밀해야 함을 강조하였다. 발화수반행위들이 12가지 차원에서 서로 구별될 수 있음을 제시하였는데, 실제로는 4가지 기준에 의해 5가지 유형의 화행으로 분류하였다. 그 4가지 기준은 발화수반적 목적, 언어와 세계 간의 부합(fit)의 방향, 표현된 심리적 상태, 명제 내용이었다.

그의 화행 분류를 구체적으로 알아보자.

(14) 가. 단언 행위(assertives): 자랑, 불평, 예측, 기술, 진술 …
     나. 지시 행위(directives): 충고, 명령, 요청, 간청, 진정 …
     다. 언약 행위(commissives): 걸기(bet), 찬동, 약속, 맹세, 보장 …
     라. 정표 행위(expressives): 사과, 축하, 감사, 환영, 조문 …
     마. 선언 행위(declaratives): 임명, 선언, 해고, 파문, 사임 …

이와 같이 5가지 유형으로 분류하기 위하여 바로 위에서 제시된 4가지 기준이 적용되었는데, 그 결과를 기호화하여 명시적으로 나타내었다. 여기에서는 그 가운데 단언 행위와 지시 행위의 기호화를 대표적으로 살펴보고 그 취지를 알아보고자 한다.

(15) 가. 단언 행위: ⊢ ↓ B (p)
     나. 지시 행위: ! ↑ W (H does A)

(15가)는 단언 행위에 대한 기호화이다. '⊢'은 단언의 발화수반적 목적을 나타내는데, 화자가 해당 명제가 사실임을 밝힘을 뜻한다. '↓'은 해당 명제

---

3) '판정 행위' 등의 Austin의 분류 및 아래의 Searle의 분류에 사용된 '단언 행위' 등의 용어는 장석진(1987)을 따랐다.

가 세상에 부합됨을 나타내는데, 단언의 대상인 명제가 세상에 부합되는 사실임을 뜻한다. '*B*'는 해당 명제에 대해 표현되는 심리적 상태가 믿음 (belief)임을 나타낸다. 마지막으로 '*p*'는 해당 명제를 가리킨다. (15나)는 지시 행위의 기호화이다. '!'는 화자가 청자로 하여금 무엇인가를 하게끔 하는 시도의 발화수반적 목적을 나타낸다. '↑'는 세상이 언어에 부합됨을 나타내어 단언 행위의 부합의 방향과는 반대인데, 화자의 발화에 부합되도록 세상이 변화됨을 뜻한다. '*W*'는 원함(want)의 심리적 상태가 관여함을 나타낸다. '*H* does *A*'는 명제 내용이 청자가 미래 행위를 하는 것임을 나타낸다. 이와 같은 방식으로 나머지 유형인 언약 행위, 정표 행위, 선언 행위도 기호화하여 4가지 기준이 각 유형에 적용되는 방식을 체계적으로 포착한다.[4] Austin의 분류에 비해 한층 체계화되었으며, 지금까지 제안된 많은 분류들 중에서 대표적인 것으로 알려져 있다.

8.4. 간접화행

위에서 우리는 발화수반 행위에 관습성이 있음을 논의하였는데, 이는 특정 화행이 특정한 언어 형식들에 의해 행해짐을 포함한다. 이와 관련하여 대표적으로 언급되는 언어 형식은 문장 형식이다. 기본적인 문장 형식인 평서문, 의문문, 명령문 등은 다음과 같은 전형적인 언어행위에 대응된다. 각 문장형에 대응되는 전형적인 언어행위를 직접 화행(direct speech act)이라고 한다.

(16) 기본 문형의 직접화행
      평서문(declarative sentences)   진술(statement)

---

4) 나머지 유형들의 기호화는 Searle(1975a)를 참조할 수 있다.

의문문(interrogative sentences)　　질문(question)
명령문(imperative sentences)　　명령(order)

아래와 같은 평서문, 의문문, 명령문의 예들은 전형적으로는 각각 진술, 질문, 명령의 화행을 수행한다. 이것들은 직접 화행의 예이다.

  (17) 가. 내일은 1시간 일찍 시작합니다.
      나. 문 닫아 줄 수 있어요?
      다. 지금 당장 나가.

직접 화행의 또 다른 예는 명시적 수행문이다.

  (18) 다음에는 꼭 철수와 함께 올 것을 약속한다.

이 명시적 수행문은 보통 약속 화행으로 쓰일 것인데, 이는 수행 동사 '약속하다'로부터 기인하므로 직접 화행에 해당한다.

  그런데 경우에 따라 위와 같은 화행과 언어 형식 사이의 관습적 대응 관계가 나타나지 않을 수 있다. 가령, (17)의 예들이 각각 진술, 질문, 명령의 전형적인 화행이 아니라 요청, 요청, 위협 등의 힘을 가질 수도 있다. 그리고 (18)도 약속이 아니라 경고나 위협 등으로 달리 사용될 수 있다. 이와 같이 어떤 언어 형식의 직접 화행이 아닌 다른 화행이 실현될 때, 이를 간접 화행(indirect speech act)이라고 한다.

  이와 같이 직접 화행은 문형 등의 언어 형식과 긴밀한 관습성을 가진다. 그래서 직접 화행을 언어 행위의 문자적 사용(literal use)이라고 하는 반면에 간접화행을 언어 행위의 비문자적 사용(non-literal use)이라고 하여 구별하기도 한다(Searle 1975b). 그렇지만 간접화행에도 어느 정도 관습적인 성격이 있음을 부인할 수는 없다. 가령 (19가=17나)의 예가 실제의 언어생활에서 간접화행인 요청 화행으로 사용되는 반면에 이와 비슷한 문자적 의미를 가진 (19나)는 그렇지 못하다.

> (19) 가. 문 닫아 줄 수 있어요?
> 　　나. 문 닫을 능력이 있나요?

비슷한 문자적 의미를 가지는 두 문장 사이에 나타나는 이러한 차이는 간접화행의 관습성을 대변한다. 또한 (20가)에서처럼 요청 행위와 잘 어울리는 표현인 '좀'이 (20나-다)에서 허용되는 정도가 크게 다른 것도 마찬가지로 이해할 수 있다.

> (20) 가. 문 좀 닫아 주세요.
> 　　나. 문 좀 닫아 줄 수 있어요?
> 　　나. *문 좀 닫을 능력이 있나요?

이상과 같이 간접화행은 관습성과 관련하여 흥미로운 특성을 가지고 있는데, 이를 설명하려는 주요 이론으로 추론이론(inference theory)와 관용이론(idiom theory)을 대표적으로 거론할 수 있다. 아래에서 이 두 이론에 대해 간략히 살펴보자.

추론이론의 예로는 Searle(1975b)를 들 수 있다. 우선 Searle은 간접화행이 직접화행의 적절 조건과 관련이 있다고 본다. 다음 세 발화는 요청의 간접화행의 예이다.

> (21) 가. 냅킨 (좀) 주실 수 있어요?
> 　　나. 냅킨 (좀) 주시면 좋겠어요.
> 　　다. 냅킨 (좀) 주시겠어요?

이들은 모두 (12)에서 살펴본 요청의 적절 조건과 관련이 있다. (21가)는

요청의 예비 조건을 질문하고, (21나)는 요청의 성실조건을 진술하고, (21
다)는 요청의 명제내용조건을 진술한다. 그리고 Searle은 이러한 간접화행
이 직접화행과 동반된다고 본다. 즉, (21가)가 요청의 간접화행으로 사용될
때 질문의 직접화행도 함께 발생한다고 본다. 그런데 간접화행이 주요 화행
이고 직접화행은 배경 화행이어서, 실제로는 간접화행이 실행된다. 그리고
간접화행은 직접화행으로부터 추론 과정을 거치며, 그 추론 과정은 발화의
맥락, 직접화행의 적절조건, 그라이스식의 대화의 협동원리 및 격률이라는
세 가지 요소에 의해 이루어진다고 설명한다. (21가)를 예로 들어 보자. 식
사 중에 청자가 냅킨통 가까이 있는 경우에 (21가)가 발화된다고 가정해
보자. 우선 화자는 질문이라는 직접화행의 예비조건을 어기고 있다. 즉, 화
자는 청자가 그럴 능력이 있다는 것을 이미 알고 있는데 이를 묻고 있다.
따라서 (21가)는 적절한 질문이 아니며, 필요 이상의 정보를 요구하므로 양
의 격률을 어기는 것이다. 이에 청자는 대화의 협동원리에 따라 다른 화행
의 가능성을 타진하게 된다. 그리고 이어지는 추론의 결과로 청자는 (21가)
가 요청임을 알고 냅킨을 건네어 적절히 응하게 된다.

　Searle은 간접화행이 어느 정도의 관습성이나 관용성을 가지지만, 위에서
살펴본 바와 같이 추론의 과정도 또한 포함하고 있다고 본다. 이와 비슷한
입장이지만 직접화행에서 간접화행으로의 추론 과정에 대해 좀 다른 생각
을 가진 경우가 있다. Gordon & Lakoff(1975)는 그 추론 과정이 다음과 같이
즉각적이라고 보았다.

(22) 대화 공준(conversational postulate)
　　　ASK (a, b, CAN (b, Q)) → REQUEST (a, b, Q)

주어진 발화가 직접화행의 적절 조건을 위배하여 직접화행이 불가능해지면
청자는 (22)과 같은 대화 공준을 사용함으로써 추론의 과정을 단축시켜 간

접화행에 이른다는 것이다. Searle과 Gordon & Lakoff는 추론의 과정에 대해 다른 생각을 가지지만 직접화행에서 추론을 거쳐 간접화행에 이른다는 기본적인 생각은 공유된다.

이러한 추론이론과는 반대로, 간접화행은 직접화행에서 간접화행으로의 추론을 포함하지 않는다는 관용이론이 있다(Sadock 1974). 가령 'Can you ...?'의 표현은 질문과 요청의 중의적 의미를 가지지만, 이것이 요청의 간접화행으로 사용될 때 질문의 직접화행과는 무관하다는 것이다. 즉, 질문으로는 전혀 인식되지 못하고 단지 요청으로만 관용적으로 처리되어 질문과 요청 사이에 어떤 추론도 끼어들지 않는다고 보았다. 간접화행은 직접화행과는 무관하게 완전히 관용적으로 행해진다고 본다.

그러나 전형적인 간접화행의 발화에 대해서 직접화행으로 처리하는 경우를 종종 볼 수 있는데, 관용이론은 이러한 경우를 설명하기 어렵다. 가령, (17나)에 대한 대답으로 '그럼요, 닫을 수 있어요.'라고 하면서 문을 닫을 수 있는데, 이때의 대답은 분명히 (17나)를 질문으로 보고 이에 대해 반응한 것이다. 또한 언어 간에 상당한 유사한 표현의 간접화행들이 사용된다는 것도 관용이론에 부담이 된다. 다음과 같이 다양하게 비슷한 표현들이 요청으로 사용되는 것이 한국어와 영어에서 모두 관찰된다.

(23) 가. 문 닫아 주시겠어요?
　　　 Will you close the door?
　　 나. 문 닫아 주면 좋겠어요.
　　　 I want you to close the door.
　　 다. (당신이) 문 닫아야 해요.
　　　 You ought to close the door.
　　 라. (당신에게) 문 닫아 달라고 부탁해도 될까요?
　　　 May I ask you to close the door?

마. 문 닫아도 괜찮을까요?
　　Would you mind closing the door?

이러한 사실은 간접화행에도 합성성 원리가 관련이 있음을 암시하기 때문에 간접화행을 직접화행과 무관하게 순전히 관용적으로 설명하기가 쉽지 않다.

　한편 왜 간접화행을 사용하는지에 대한 설명도 추구되었다. 그 중에서 대표적인 설명은 공손성(politeness)에서 그 이유를 찾는 것이다. Searle (1975b)는 지시 행위가 간접적인 발화수반력을 관찰하는 데 아주 유용하다고 하면서, 그 이유로 공손성을 들고 있다. 공손성이라는 일상적인 담화적 요구에 따라, 지시 행위를 위하여 명령문을 바로 사용한다든지 명시적 수행문을 사용한다든지 하는 대신에 어떤 간접적인 방식을 찾게 된다는 것이다. 따라서 지시 행위에서는 공손성이 간접화행을 사용하게 되는 주요 동기라고 보았다.

　Brown & Levinson(1987)의 체면(face)의 개념은 간접화행에서 나타나는 공손성의 원리를 이해하는 데 유용하다. 체면을 사회 구성원들이 자신에 대해서 가지기를 원하는 공식적인 자기 이미지라고 규정하고, 체면에는 인정을 받으려는 욕구인 적극적 체면(positive face)과 독립적이 되려는 욕구인 소극적 체면(negative face)이 있다고 하였다. 이러한 체면들에는 위협이 존재하는데, 적극적 체면에 대한 위협으로는 불인정(disapproval), 비동의(disagreement), 방해(interruption) 등이 있고, 소극적 체면에 대한 위협으로는 명령, 요청, 충고 등이 있다고 한다. 그리고 공손성이라는 책략이 잠재적 위협을 감소시키는 역할을 하는데, 그 책략 중의 하나가 간접성이라고 본다. 적극적 체면에 대한 위협을 감소시키는 것을 적극적 간접성(positive indirectness)이라고 하는데, 에둘러서 불인정하거나 비동의하는 등의 행위를 행하는 것이 이에 해당한다. 예를 들어, '네 말에 동의 안 해.' 대신에 '네 말에 동의하기 어려워.' 혹은 '네 말에 문제가 좀 있는 것 같아.'라고 말한다. 소극적 체면에 대한 위협을 감소시키는 소극적 간접성(negative indirectness)으로는 직접적인 명령이나 요청의 행위를 피하는 것을 들 수 있다. '내일 일찍 와.' 대신에 '내일 일찍 올 수 있니?'나 '내일 일찍 오면 좋겠어.' 등이 그 예이다.

함축

9.1. 넌지시 말하기

일상적인 언어생활에서 전달되는 정보를 직접적인 정보와 간접적인 정보로 나누어 볼 수 있다. 가령 내가 창수와 영화를 같이 보러 가고 싶을 때, 여러 가지 방식의 표현이 가능하다.

(1) 가. 창수야 영화 보러 가자.
　　나. 오늘 영화가 보고 싶어.
　　다. 창수야 영화 좋아하니?

(1가)는 창수에게 영화를 보러 가자는 직접적인 표현인 반면에 (1나)와 (1다)는 직접적이라기보다는 넌지시 간접적으로 영화를 보러 가자는 제안으로 해석할 수 있다. 우리는 적당한 상황이 주어진다면 예외 없이 (1나)나 (1다)로부터 (1가)의 의미를 추론해 낼 수 있다. 그런데 이러한 추론은 의미론적인 혹은 논리적인 추론이라기보다는 우리의 화용적 지식에 의존한 추론이라고 할 수 있다. 진리 조건에 기대어 (1나)나 (1다)에서 (1가)를 추론해 낸다기보다는 우리의 경험이나 세상 지식에 의해 이런 추론이 이루어지는 것으로 보인다. 즉, 경험이나 세상 지식에 의해 우리가 공유하는 어떤 추론 방식을 통해 (1나)나 (1다)로부터 (1가)의 해석을 얻어 낸다. '영화 보고 싶다는 말은 영화 보러 가자는 말이야. 쟤는 늘 그렇게 말해.' 혹은 '배고

프다는 건 밥 먹자는 말이야.' 등이 이러한 추론 방식을 보여준다. 이와 같이 어떤 발화를 통해 직접적으로 전달되는 정보가 아니라 간접적으로 혹은 넌지시 전달되는 정보를 가리켜 함축(implicature)이라고 한다.

이러한 함축에 대한 체계적인 설명은 보통 Grice(1975)에서 처음 행해진 것으로 알려져 있다.[1] 그는 의미(meaning)를 자연적 의미(natural meaning)와 비자연적 의미(non-natural meaning)로 구분하고, 후자를 다시 말해진 것(what is said)과 함축된 것(what is implicated)로 구분한다. 인간 언어의 의미는 비자연적 의미에 해당하며, 말해지는 의미로부터 맥락을 바탕으로 적절한 추론 과정을 거쳐 함축되는 의미가 도출되는 것으로 보았다. 즉, 함축은 말해진 것으로부터 화용적 추론에 의해 실현될 수 있는 정보이다.

Grice는 Austin과 유사점이 많다. 이 두 사람은 옥스퍼드대학이라는 같은 장소에서 비슷한 시기에 일상언어학파의 일원으로 화용론의 시작을 도모하였다. 그렇지만 그들은 서로의 연구들을 특별하게 언급한 적도 거의 없고, 연구의 관점에서도 차이가 난다. 앞 장에서 살펴본 바와 같이, Austin은 참/거짓과 관련되는 문자적 의미가 언어의 주된 기능, 즉 화행을 다룰 수 없음을 보이고, 화행을 설명하는 방법을 모색하였다. 반면에, Grice는 문자적 의미와 화자가 실제로 전달하려는 의미가 다를 수 있음을 보이면서, 그 두 의미의 차이가 언어 사용의 일반 원리에 의해 어떻게 설명될 수 있는지를 추구하였다. 문자적 의미와 화자가 실제로 전달하려는 의미가 다를 수 있다는 사실은 일상의 발화를 통해 직관적으로 쉽게 알 수 있는 일이지만, 이러한 직관을 기술하고 설명하는 것은 전혀 달라서 매우 어려운 일임에 틀림없다. Grice는 이러한 직관을 다소 상식적이고 단순한 원리들로 설명해 내었다. 어떤 발화의 암시적 의미인 함축이 표현되는 방법을 두 가지로 나누어

---

1) 실제로는 1967년에 초청된 하버드대학의 William James 강의에서 Grice(1975)와 동일한 제목인 'Logic and conversation'으로 처음 행해졌다. Austin이 1955년에 초청되어 화행이론을 설파했던 것과 동일한 초청 강의이었다.

볼 수 있다.

  (2) 가. 영이도 예뻐요.
      나. 오늘 꽤 쌀쌀한 날씨야.

이 두 발화는 직접적인 의미 외에 간접적인 의미도 가진다. (2가)는 '영이는 예쁘다.'는 직접적인 의미를 가질 뿐만 아니라 '영이 외에 예쁜 사람이 더 있다.'는 간접적인 의미도 가진다. (2가)의 진리조건은 '영이는 예쁘다.'의 진리조건과 같다. (2가)는 이러한 진리조건적 의미 외에 함축적 의미도 함께 가지고 있다. (2나)도 문자 그대로의 직접적 의미 외에 간접적 의미를 더 가질 수 있다. 예를 들어 사장이 방에 들어와서 비서에게 (2나)를 발화했다면 사장은 단지 오늘의 날씨를 알려주기 위해서라기보다는 '추우니 난방을 좀 하라.'는 뜻을 간접적으로 전달하는 경우일 수 있다. 이와 같이 (2가)와 (2나)에서 모두 함축이 발생하는데, 그 원인에는 차이가 있다. 전자는 보조사 '-도'의 고정적인 힘에 의해 함축이 발생하며, '-도'가 사라지면 이 함축도 사라진다. 반면에 후자는 특정한 표현에 의존하지 않고 대화의 맥락에 의해 함축이 발생한다. 이 둘을 구분하여 각각 고정 함축(conventional implicature)과 대화 함축(conversational implicature)이라고 한다.

  우리는 먼저 Grice의 대화 함축과 고정 함축을 차례대로 살펴보고, 이어서 Grice 이후에 이루어진 주요한 관련 연구들을 몇 가지 알아보고자 한다.

9.2. 대화 함축

9.2.1. 협조의 원리와 대화의 격률

두 종류의 함축 중에서 일반적인 논의의 대상이 되는 것은 대화 함축이다. 대화 함축은 특정한 표현이 사용되지 않았는데도 어떤 상황에서는 꼭 발생하는 이면적 의미이며, 화자와 청자에 의해 대부분 오차 없이 공유되기 때문에 매우 흥미로운 현상이다. Grice(1975)는 대화 함축을 대화의 보편적인 원리에 의해 발생하는 것으로 보고, 이를 설명하기 위해 협조의 원리(cooperative principle) 및 대화의 격률(maxims)을 제시하였다.

(3) 협조의 원리
자신의 대화상의 발화가 주고받는 이야기의 목적과 방향에
의해 요구되는 대로 제때에 대화에 이바지하게끔 하라.

(4) 대화의 격률
질의 격률: 대화에서 당신이 기여하는 몫이 진실된 것이 되도록 하라.
1. 거짓이라고 믿는 것을 말하지 말라.
2. 당신이 충분한 증거가 없는 것을 말하지 말라.

양의 격률:
1. 당신이 기여하는 몫을 필요한 만큼 충분히 제보적이 되도록 하라.
2. 당신이 기여하는 몫을 필요 이상으로 제보적이 되지 않도록 하라.

관계의 격률: 적합한 발화를 하라.

방식의 격률: 명료하게 하라.
1. 애매성(ambiguity)을 피하라.
2. 모호성(obscurity)을 피하라.
3. 간결하게 하라.
4. 순서대로 하라.

협조의 원리라는 대화의 대원칙 하에 네 종류의 격률이 작동하여 대화가 형성된다는 설명이다. 그런데 이러한 격률은 통사 규칙이나 음운 규칙 같은 일반적인 규칙과 달라서 반드시 지켜져야 한다기보다는 지키도록 권고된다

고 보아야 한다.

협조의 원리와 대화의 격률에 입각하여 대화 함축이 추론되는 예들을 살펴보자.

(5) 그는 박사 학위를 영국에서 받았어.
함축: 나는 그렇다고 믿고 증거도 가지고 있다.

(6) 아니 이게 누구신가? 백만 년 만이네!
함축: 상대방을 만난 지 너무 오래되었다고 느낀다.

(5)와 (6)은 위와 같은 함축을 가진다고 볼 수 있는데, 대화의 격률의 관점에서 볼 때 이러한 함축을 가지게 되는 과정이 동일하지 않다. (5)의 함축은 (5)가 질의 격률을 준수함에 따라 동반되는 반면에 (6)의 함축은 (6)이 질의 격률을 명백하게 위배함으로써 나타나는 차이가 있다. 즉 함축은, 어떤 발화가 격률을 준수함으로써 실현되기도 하고 격률을 위배함으로써 실현되기도 한다. 당연하게 지켜야 할 것으로 여겨지는 격률이 명백하게 위배됨으로써 무엇인가 다른 의미가 숨겨져 있음을 암시한다고 볼 수 있다.

위의 두 예는 질의 격률을 준수하거나 위배하여 발생한 함축의 예들이다. 다음은 다른 격률들을 준수하거나 위배함으로써 생기는 함축의 예들이다.

(7) 양의 격률 준수
철수는 아이가 넷이야.
함축: 철수의 아이는 꼭 네 명이다.

(8) 양의 격률 위배
A: 점심 뭐 먹었어? 맛있었어?
B: 그냥, 밥 먹었지 뭐.
함축: 말해주기 싫다.

(9) 관계의 격률 준수
      A: 선배 밥 좀 사줘?
      B: 오늘 지갑 안 가져왔어.
         함축: 밥 못 사줘.

(10) 관계의 격률 위배
      A: 이번 방학에는 동남아 여행이라도 가 볼까?
      B: 잠 잘 시간이에요.
         함축: 그럴 생각이 없다.

(11) 방식의 격률 준수
      계란은 거품이 나지 않게 잘 저어서 밀가루와 반죽한 뒤 20분 동안
      냉장고에 넣어두세요.
         함축: 모든 단계를 세심하게 지켜라.

(12) 방식의 격률 위배
      A: 둘 중 어느 제품으로 하시겠어요?
      B: 이건 디자인이 좋지만 가격이 비싸고, 저건 적당히 다 괜찮은 거
         같기도 하네요.
         함축: 아직 마음을 정하지 못했다.

이상의 예들은 항상 위와 같은 함축을 동반하는 것이 아니라 적당한 상황이
주어졌을 때 그러한 함축이 나타난다.

9.2.2. 일반 대화 함축과 특수 대화 함축

위에서 살펴본 대화 함축의 예들은 모두 적절한 상황과 함께 실현되는
것들이다. 즉 어떤 발화가 특수한 맥락에서 행해질 때 그 발화의 핵심 의미
로부터 맥락을 고려한 추론의 절차를 거쳐 특수한 함축이 발생한다. 그런데

아래의 함축은 이와는 다른 모습을 보여준다.

(13) 철수는 오는 저녁 한 여자를 만나요.
　　　함축: 만나는 사람은 철수의 엄마, 아내, 여동생과 같이 철수와 가까운
　　　　　　사람이 아니다.

이 함축은 특별한 맥락을 고려하지 않아도 나타난다. 그리고 이 함축은 문
장의 한 부분인 '한 여자'로부터 유래된 것임을 쉽게 알 수 있는데, 철수와
가까운 사람을 언급하려면 보통 그 관계가 드러나는 '엄마', '아내' 등을 사용
하기 때문이다. 일반적으로 '한 N'와 같은 표현들은 같은 유형의 함축을 동
반한다. '나는 내일 한 대학을 방문한다.', '지난 여행길에 한 가정집에서 머
물렀다.' 등에서도 그러한 유형의 함축을 쉽게 얻을 수 있다. 자기가 졸업한
대학이나 청자가 재학 중인 대학 등을 언급하기 위하여 '한 대학'이라는 표
현을 사용하지는 않는다. 이러한 함축은 발화의 핵심 의미에 특수한 맥락적
정보가 작용하여 나타나는 것이 아니라, 해당 발화가 어떤 맥락에 놓이더라
도 실현되는 특성을 가지고 있다. 이 함축들은 대략 '언급되는 대상이 특별
하게 다루어져야 하는 존재가 아니다.' 정도로 유형화할 수 있겠다. '한 N'의
표현을 포함하는 발화가 어떤 맥락에서 사용되더라도 동일한 유형의 함축
이 동반되는 경향이 뚜렷하다.

　한편, '한 N'의 표현이 가지는 이러한 함축도 추론의 과정을 포함하고 있
다. '엄마'라는 표현 대신에 '한 여자'를 사용한 것은 엄마와 같이 가까운
사람이라면 '엄마'라고 말했을텐데 그렇지 않아서 '한 여자'를 선택했다는
추론의 과정이 화자와 청자에 의해 공유된다. 말해진 핵심 의미로부터 추론
에 의해 도출되는 의미이므로 이것도 대화 함축에 해당한다. 그렇지만 맥락
과는 무관하다는 점에서 앞서 살펴본 예들과 차이가 난다. 맥락의존적 추론
의 관점에서 나타나는 이러한 차이를 근거로 대화 함축을 일반 대화 함축

(generalized conversational implicature)과 특수 대화 함축(particularized conversational implicature)으로 나눌 수 있다. 바로 위의 예가 전자에 속하고 그 이전의 예들이 후자에 속한다.

일반 대화 함축의 예로 많이 언급되는 것으로 척도 함축(scalar implicature)이 있다. 이는 양의 격률에 바탕을 둔 것인데, 척도 표현에 의해 일반적으로 발생하는 함축을 말한다.

(14) 가. 〈모든, 대부분, 많은, 약간의〉
     나. 〈항상, 종종, 가끔〉

(15) 가. 많은 학생들이 대회에 참여했다.
         함축: 모든 학생이 혹은 대부분의 학생이 대회에 참여하지는 않았다.
     나. 나는 종종 지각을 했다.
         함축: 내가 항상 지각하지는 않았다.

이 함축들은 관련 등급 중에서 낮은 것을 발화하면 양의 격률에 의해 더 높은 등급에 대한 부정의 의미가 전달됨을 보여준다. 이 함축들이 실현되기 위해서 어떤 특수한 맥락이 요구되지 않는다. 이들은 단지 척도를 나타내는 특정 언어 표현들을 통하여 발생하므로 일반 대화 함축에 속한다.

9.2.3. 대화 함축의 특성

고정 함축은 특정한 표현에 의해 실현되는 반면에 대화 함축은 그러한 표현에 의하지 않고 맥락에 따라 실현된다고 하였다. 이러한 차이가 있는 두 종류의 함축은 여러 가지 다른 특성을 지닌다. 대화 함축은 취소가능성(cancellability), 비분리성(nondetachability), 계산가능성(calculability), 비확정성(indeterminacy), 강화가능성(reinforceability) 등의 특성을 가지며, 고정함축은 이와는 반대로 취소 가능하지 않고, 분리 가능하고, 계산에 의거하지 않고, 확정적이고, 강화되지 않는 특성이 있다. 아래에서 대화 함축의 이러한 특징들을 간략히 살펴보자.

대화 함축은 대화의 일반적인 원리에 기대어 적정성의 관점에서 실현되는 추론이지 언제나 반드시 실현되어야 하는 논리적 추론이 아니다. 따라서 대화 함축은 대화의 흐름의 변화에 따라서 취소될 수도 있는 특성을 가진다.

(16) A: 점심 뭐 먹었어? 맛있었어?
　　B: 그냥, 밥 먹었지 뭐. 그런데 그 집 잡채밥 참 맛있더라.

(16B)의 처음 부분은 양의 격률을 위배함으로써 '말해주기 싫다.'는 함축을 동반하지만, 이어지는 발화를 통해 이러한 함축을 취소하고 A가 원하는 대답을 제공한다.

대화 함축은 특정한 표현에 의해서 고정적으로 실현되는 정보가 아니라 '말해진 것'으로부터 화용적 추론에 의해 실현되는 정보이다. 즉 대화 함축은 '말해진 것'의 언어 형식이 아니라 '말해진 것'의 의미 내용으로부터 화용적으로 추론되는 정보이다. 따라서 어떤 표현을 그와 유사한 의미를 가진 언어 표현으로 바꾼다고 해서 대화 함축이 사라지지는 않는다.

(17) A: 이번 방학에는 동남아 여행이라도 가 볼까?
　　B: 잠 잘 시간이에요.
　　B': 벌써 열두 시야.

(17B) 대신에 이와 비슷한 의미를 가진 (17B')을 발화해도 '나는 그럴 생각 없어.'라는 함축이 가능하다. 발화의 의미가 같다면 다른 언어 표현을 대신 사용한다고 하더라도 그 발화에 가능한 대화 함축을 분리해 낼 수가 없다.

대화 함축은 '말해진 것'으로부터 화용적 추론에 의해 실현되는 정보이다.

즉 '말해진 것'으로부터 단계적인 계산을 통해 얻어지는 것이지, 고정 함축처럼 특정 표현으로부터 즉각적으로 얻어지는 정보가 아니다.

> (18) A: 선배 밥 좀 사줘?
> B: 오늘 지갑 안 가져왔어.

(18B)가 '밥 못 사줘.'라는 함축을 가지는 것은 협조의 원리와 대화의 격률에 입각한 계산에 의해서이다. 그 계산 과정을 간략히 기술해보자. 첫째, 화자는 협조의 원리와 대화의 격률을 지키지 않을 아무런 이유가 없다. 둘째, 화자는 질문의 대답으로 가장 적합한 정보를 제공할 것이다. 셋째, 대답에는 질문에 대한 직접적인 정보가 없다. 넷째, 대답은 문자적 의미가 아닌 다른 정보를 가질 것이다. 다섯째, 지갑과 돈의 관계로 볼 때 대답은 돈이 없음을 의미한다. 여섯째, 따라서 이는 밥을 못 사줌을 함축한다. 이러한 계산은 논리적인 추론이 아니라 화용적 추론이지만, 일정한 단계들을 거쳐 결론에 도달한다.

대화 함축은 비확정적이다. 대화 함축은 주어진 맥락에 적절한 추론에 의해 나타나므로 맥락에 따라 달라질 가능성이 있다.

> (19) A: 철수는 어떤 형의 인간이야?
> B: 걔는 마치 로봇 같아.

(19B)는 어떤 상황에서는 '로봇같이 정확하여 빈틈이 없다.'는 좋은 의미의 함축을 가질 수 있을 것이지만, 다른 상황에서는 '로봇같이 정서가 메말라 버린 사람이다.'는 정반대의 함축을 동반할 수도 있다. 반면에 고정 함축은 고정된 표현으로부터 나오므로 반드시 정해진 함축만이 실현될 뿐이다.

대화 함축은 암시적으로 표현되지만, 경우에 따라서는 명시적으로 표현되어 강화될 수도 있다.

(20) 나는 종종 지각을 했지만, 항상은 아니었어.

(20)의 앞 절인 '나는 종종 지각을 했어.'는 '내가 항상 지각하지는 않았다.'를 함축한다. 그런데 이 함축이 덧붙여지게 되면, 함축적 의미가 강화되는 효과가 발생한다. 이것은 아래와 같은 예와 대비된다.

(21) 침입자가 총리를 암살했는데, 총리가 죽었어.

'침입자가 총리를 암살했어.'는 '총리가 죽었어.'를 함의하는데, 이 함의되는 내용이 덧붙여지면 잉여성이 발생하여 문장이 어색해진다. 대화 함축이나 함의는 다 추론이어서 추론되는 내용이 덧붙여지면 잉여성이 예측되는데, 대화 함축의 경우에는 그렇지 않다. 오히려 (20)과 같이 추론되는 함축적 정보가 강화되는데, 이는 대화 함축이 논리적 추론이 아니라 화용적 추론이기 때문이다.

9.3. 고정 함축

앞 절에서 살펴본 함축들은 대화의 원리에 의해 발생 이유를 설명할 수 있는 암시적 혹은 간접적 의미이었다. 그러나 예문 (2가)에서 이미 살펴본 바와 같이 어떤 함축적 의미는 대화상의 원리에 의해서가 아니라 특정한 표현의 고유 의미로부터 나타나는 것으로 보인다.

(22) 가. 철수는 키가 작<u>지만</u> 농구를 잘 한다.
　　　함축: 키가 작으면 농구를 잘 하지 못한다.

나. 철수는 시골 출신이어서 순박하다.
　　　　함축: 시골 출신은 보통 순박하다.

(22가)의 핵심 의미는 '철수는 키가 작고 농구를 잘 한다.'일 것인데 여기에 위와 같은 함축적 의미가 가미되어 함께 전달된다. (22나)의 핵심 의미는 '철수는 시골 출신이고 순박하다.'인데 이에 덧붙여 위의 함축이 동반된다. 그런데 이러한 함축들은 위에서 살펴본 대화상의 원리에 의해 발생하는 것으로 설명하기가 어렵다. 이들은 단지 '-지만', '-어서'가 가지는 어휘적 의미에 의해 고정적으로 전달되는 의미이다. 그렇지만 이러한 어휘적 의미는 발화의 핵심적 의미에 해당하지는 않아서, 발화의 진리조건적 의미에 영향을 미치지는 못한다. 이러한 함축적 의미와 무관하게, 철수가 키가 작고 철수가 농구를 잘 하기만 하면 (22가)는 참이 된다.

　　이와 같이 대화상의 원리에 의해서가 아니라 특정한 표현의 고유 의미로부터 유래하는 함축을 고정 함축이라고 하여 대화 함축과 구별할 수 있다. 대화 함축과는 달리 고정 함축은 어휘적 의미의 일환으로 나타나는 것이어서 화용론적이라기보다는 의미론적 특성을 지닌다고 볼 수 있다. 그렇지만 대화 함축과 마찬가지로 발화의 진리조건에 영향을 미치는 핵심 의미가 아니라 간접적이고 암시적인 의미라는 점에서 고정 함축도 함축의 일종으로 파악할 수 있다.

　　고정 함축이 특정한 표현과 연관되어 있다는 사실은 일반 대화 함축의 특성과 겹치는 부분이 있다. '한 N', 척도를 나타내는 표현 등과 같이 특정한 표현으로부터 일반 대화 함축이 나타난다. 한편 우리는 위에서 특수 대화 함축과는 달리 일반 대화 함축은 특수한 맥락의 도움이 없이도 특정한 표현과 더불어 발생함을 살펴보았다. 그렇지만 일반 대화 함축도 대화 함축의 일종이어서 맥락의존적인 속성을 보인다. 고정함축과는 달리, 일반 대화 함축은 취소가능한 속성을 지닌다.

(23) 가. 철수는 오는 저녁 한 여자를 만나요. 그런데 사실은 자기 아내를 만나요.

　　　나. 많은 학생들이 대회에 참여했다. 그런데 사실은 모든 학생들이 참여했다.

(24) 가. 영이도 예뻐요. *그런데 사실은 영이 외는 별로군요.

　　　나. 철수는 시골 출신이어서 순박하다. *그런데 사실은 시골 출신은 순박하지 않다.

(23)은 일반 대화 함축이 취소가능함을 보여주고, (24)는 고정 함축이 취소되기 어려움을 보여준다. 둘 다 특정 표현의 어휘적 의미와 연관되어 실현되는 점을 공유하고는 있지만, 맥락 의존도에서 차이가 나서 취소가능성이 달라짐을 볼 수 있다. 일반 대화 함축이 고정 함축에 비해 맥락적인 요소를 더 가지고 있다. 고정 함축은 핵심 의미와 보다 밀착되어 있어서 맥락에 따라 취소되기 어려운 특성이 있다.[2]

　고정함축이 특정 표현의 어휘적 의미와 연관된다는 점은 전제와도 연관된다. 전제는 전제 유발자로 알려진 특정 어휘에 의해 표현되는 것으로 알려져 있다. 고정 함축의 이러한 특징은 한편으로는 일반 대화 함축과 맞닿아 있고 다른 한편으로는 전제에 맞닿아 있는 셈이다. 이와 관련하여 많은 연구들이 고정 함축을 전제와 견주어 설명하고자 노력해왔다. 여기에서는 고정 함축이 전제와 구별되는 속성들을 가짐을 살펴보고자 한다.

　첫째, 고정 함축은 특정 표현의 어휘적 의미이지만 그 표현의 핵심 의미와는 논리적으로 독립되어 있는 반면에 전제는 핵심 의미에 관여한다. 가령 (22나)의 함축인 '시골 출신은 보통 순박하다.'가 '-어서'의 어휘적 의미의

---

2) 일반 대화 함축과 고정 함축의 차이에 대해서는 많은 논란이 있다. Grice(1975)에서는 일반 대화 함축의 예로 'a wife', 'a house'와 같은 'a F' 형식 하나만 제시되며, 둘 사이의 구별이 어려움이 언급되기도 한다.

일환이지만 (22나)의 핵심 의미에는 영향을 미치지 않는다. 이 함축이 거짓이더라도 (22나)의 진리값은 변화가 없다. 그러나 전제는 그렇지 않다. '철수는 영이가 미국으로 떠난 것을 알고 있다.'가 '알다'의 의미로부터 '영이가 미국으로 떠났다.'를 전제하는데, 영이가 미국으로 떠난 것이 사실이 아니라면 이 발화의 핵심 의미는 영향을 받는다. 그 영향으로 발화가 거짓이 된다고 할 수도 있고, 참이나 거짓을 따질 수 없는 발화가 된다고 할 수도 있다.

둘째, 고정 함축은 전제와 마찬가지로 특정 표현의 의미의 일부와 연관되지만, 전제와는 달리 이 표현의 발화와 더불어 새롭게 실현되는 정보이다. (22나)의 함축인 '시골 출신은 보통 순박하다.'는 (22나)의 발화와 더불어 비로소 드러난다. 이 발화 이전에 이 함축적 의미가 화청자의 공통적 지식으로 존재하였다고 보기 어렵다. 반면에 '철수는 영이가 미국으로 떠난 것을 알고 있다.'의 전제인 '영이가 미국으로 떠났다.'는 발화 이전에 화청자가 이미 알고 있던 구정보이다.

9.4. Grice 이후 이론들

우리는 주로 Grice의 함축 이론에 대해 살펴보았다. 그의 견해는 화용론의 지평을 열고 확대시키는 데 지대한 공헌을 하였다. 그렇지만 그의 이론에 대한 반론들도 있었다. 특히 문화적인 다양성으로 인하여 Grice의 격률들이 잘 적용되지 않는 언어들이 존재한다는 반론도 있었고, 그 격률들이 너무 이상적으로 구성되어 있어서 영어를 사용하는 사회에서조차 격률들이 제대로 작동하기 어렵다는 지적들도 있었다. 그럼에도 불구하고 Grice의 함축 이론은 언어 사용에 대한 설명의 새로운 지평을 연 것으로 평가되어 왔고 후속 연구들의 논의의 출발점이 되어 왔다. 중요한 후속 연구들에 대해 간략히 알아보고자 한다.

언어의 사용을 중시하는 일상언어철학의 흐름 속에서 Grice는 자연 언어의 의미를 말해진 것(what is said)과 함축된 것(what is implicated)의 두 가지 층위로 구별하고, 전자로부터 화용적 원리들이 적용되어 후자가 도출된다고 생각하였다. 그런데 Grice는 이 둘에 대해 명시적인 정의를 내리지 않은 상태에서 후속 논의들을 이어갔다.[3] Grice 이후에 이 두 층위의 성격에 대해서는 다양한 견해들이 제시되어 발전적 논의들이 계속되어 왔다. 이러한 견해들을 몇 가지 알아보고자 한다.

9.4.1. 신그라이스주의

첫 번째는 Grice의 견해를 기본적으로 유지하는 연구들인데, 신그라이스 (Neo-Gricean) 화용론이라고 부르며, 대표적으로 Horn과 Levinson의 두 연구가 주로 언급된다. 신그라이스 화용론의 주요 특징은 Grice가 행한 화용론적 연구를 그의 체계보다 덜 복잡하게 수행하는 이론을 추구하는 것이다. 그리하여 격률들의 수를 줄여서 보다 간결하게 하고, 보다 효과적인 화용론적 원리를 운용한다는 것이다. 이러한 연구들을 대표하여 Horn의 제안을 살펴보자.

Horn(1984)는 Grice의 복잡한 격률들의 집합이 중복되기도 하고 잉여적이기도 하다고 지적하면서, Q-원리와 R-원리라는 두 가지 원리로 대체하고

---

3) Grice는 명백한 정의를 내리지 않았지만, 말해진 것을 얻기 위해서는 지시적 표현이 무엇을 지시하는지(reference assignment)를 알아야 하고 애매한 표현의 애매성이 해소되어야 한다(disambiguation)는 지적을 하였다. 예를 들면 다음과 같다.

(i) Refuse to admit them.

이 문장의 '말해진 것'을 얻기 위해서는 'them'이 무엇을 지시하는지를 알아야 하고, 'admit'의 '인정하다', '입장을 허락하다' 등의 여러 의미들 중 어느 것이 선택되는지가 정해져야 한다는 것이다. 맥락에 따라 '그 사실들을 인정하지 말라.' 혹은 '그들을 입장시키지 말라.' 등으로 달라질 수가 있다. Grice의 말해진 것에는 이러한 화용적 정보가 이미 가미되어 있었다.

자 하였다. 이 'Q'와 'R'은 각각 'Quantity'와 'Relation'에서 왔는데, Grice의 격률에서 쓰인 기능에 그대로 대응되지는 않는다.

(25) Horn의 Q-원리와 R-원리
　　가. Q-원리
　　　　충분한 기여를 하라; 가능한 한 많이 말하라
　　　　(R-원리와 함께).
　　나. R-원리
　　　　필요한 기여를 하라; 필요 이상으로 많이 말하지 말라
　　　　(Q-원리와 함께).

Q-원리는 Grice의 양의 격률 둘 중 첫 번째 격률('당신이 기여하는 몫을 필요한 만큼 충분히 제보적이 되도록 하라.')과 방식의 격률들 중 처음 둘('애매성을 피하라.'와 '모호성을 피하라.')에 해당된다. Q-원리는 청자 지향적인 것으로, 청자를 고려하여 화자가 지켜야 할 최소한의 기준을 언급한다. 청자가 이해할 수 있도록 충분한 양의 정보를 제공하면서 애매하지 않고 모호하지 않게 말하라고 화자에게 요구한다. R-원리는 Grice의 관계의 격률('적합한 발화를 하라.')을 비롯하여, 양의 두 번째 격률('당신이 기여하는 몫을 필요 이상으로 제보적이 되지 않도록 하라.')과 방식의 격률들 중 나머지 둘('간결하게 하라.'와 '순서대로 하라.')를 포함한다. R-원리는 화자 지향적인 것으로, 화자로 하여금 청자에게 관련되고 꼭 필요한 정보만을 간결하고 순서대로 말하라는 원리이다. 한편, Horn의 제안에는 Grice의 질의 격률이 빠져있는데, 그는 이 격률을 가장 기본적인 원리로 당연히 지켜지는 것으로 보고, 효과적인 체계를 위해 포함시키지 않았다.

9.4.2. 관련성이론

Grice와 신그라이스주의는 의사소통에서의 언어의 사용에 주목하여 의미와 맥락의 관계를 연구하는 화용적(pragmatic) 이론이다. 그런데 이에 더하여, 의사소통에서의 화청자의 인지적 과정에 주목하여 언어와 마음의 관계를 연구하는 인지적(cognitive) 이론의 관점이 추가되는 관련성 이론(Relevance Theory)이 Sperber와 Wilson의 주도로 1980년대 전개되기 시작하여 계속 이어지고 있다.

Sperber & Wilson(1995)는 다음과 같은 관련성 원리(the principle of relevance) 하나로 Grice의 여러 가지 격률들을 간결하게 대체할 수 있다고 주장한다.

(26) 관련성 원리
　　가. 인지적 관련성 원리
　　　　인간의 인지는 관련성을 최대화한다.
　　나. 의사소통적 관련성 원리
　　　　모든 명시적 의사소통 행위는 최적의 관련성을 추구한다.

인간의 인지 능력은 관련된 것을 인식하며, 인간이 말을 할 때는 관련된 것을 말한다는 원리이다. 그리고 관련성을 결정하는 두 가지 요소로 인지적 효과(cognitive effect)와 인지적 노력(cognitive effort)을 든다. 어떤 발화로 인해 이전의 믿음이 수정되는 인지적 효과가 클수록 그 발화의 관련성은 커지고, 어떤 발화를 이해하기 위한 인지적 노력이 클수록 그 발화의 관련성은 작아진다.

관련성이론은 Grice의 '말해진 것'에 대해 Grice와 다른 견해를 가진다. Grice의 '말해진 것'은 문자적 의미에 지시 할당(reference assignment)과 애매성 해소(disambiguation)가 행해진 결과로 얻는 명제적 의미이고, 여기에 화용적 원리들이 적용되어 함축이 도출된다. 그런데 관련성이론은 이러한 '말해진 것'에 행해지는 지시 할당과 애매성 해소도 화용적 원리들이어서 '말해진 것' 자체가 순수한 의미론적 명제가 아니라고 주장하였다. 나아가 '말해진 것'에 해당하는 명제를 얻기 위해서 또 다른 화용적 요소들도 필요함을 주장하여 이 '말해진 것'이 의미론과 화용론의 요소들로 함께 이루어진다고 하였다. 그리고 이 '말해진 것'을 명시적으로 전달되는 것을 뜻하는 명축(explicature)이라고 명명하여 암시적으로 전달되는 것을 뜻하는 함축(implicature)과 구별하였다.

그런데 관련성이론에서 명축과 함축의 관계는 Grice의 '말해진 것'과 '함축된 것'의 관계와 두 가지 면에서 차이가 있다. 우선, 명축과 함축에는 하나의 동일한 화용적 원리, 즉 관련성 원리가 작용하는 반면에, Grice의 격률들은 '함축된 것'에만 적용될 뿐이어서 '말해진 것'과 '함축된 것'에 작용하는 화용적 원리들이 서로 다르다. 그리고 Grice의 경우에는 '말해진 것'이 먼저 정해지고 여기에 격률들이 적용되어 '함축된 것'이 도출되는 순서가 있는 반면에, 관련성이론의 명축과 함축 사이에는 그러한 순서가 없다. 명축으로부터 함축이 도출되는 것이 아니라, 발화의 해석 과정에서 맥락에 따라 그 의미가 순서 없이 도출되는 것으로 보고 있다.

9.4.3 맥락주의

Grice가 구별하는 '말해진 것'과 '함축된 것'은 대략적으로 보아 의미론과 화용론의 구별이라고 볼 수 있다. 그러나 Grice는 이 둘에 대해 명시적인 정의를 내리지 않았으며, '말해진 것'을 얻기 위해서는 지시 할당과 애매성 해소라는 화용적 요소들도 개입한다고 보았기 때문에 의미론과 화용론의 구별에 대해 모호한 측면이 있다. 또한 관련성이론의 명축에도 문자적 의미에 더해 관련성 원리라는 화용적 요소가 작용하므로 의미론과 화용론의 역할 분담은 여전히 논란의 대상이었다. 이와 관련하여, 문자적 혹은 의미론적 의미를 포함하는 모든 의미가 항상 맥락에 의존한다는 견해를 더 강하게 주장하는 연구의 한 흐름이 생겨났는데, 이를 통틀어 맥락주의(contextualism)라고 부른다.

대표적인 맥락주의자로 Recanati를 들 수 있는데 그는 1980년대 후반부터 지속적인 기여를 하고 있다. 그는 온전한 명제적 의미, 즉 말해진 것을 얻기 위해서는 언어적 의미뿐만 아니라 수많은 맥락적 요소들이 필요하다고 주장한다. 말해진 것을 얻기 위해 필요한 화용적 과정들을 일차적 화용 원리(primary pragmatic principles)라고 하고 포화(saturation), 강화(enrichment), 완화(loosening), 의미적 전이(semantic transfer)의 네가지를 제시한다. 이 중에서 포화는 지시 관계를 규정하는 필수적인 과정이다. 가령 대명사와 같은 표현이 사용된다면, 명제적 의미를 얻기 전에 포화의 과정을 반드시 거쳐야 한다. 이에 반해 나머지 세 가지 화용적 과정은 수의적으로 관여한다. 일단 일차적 화용 원리가 작용되어 말해진 것을 얻게 되면, 여기에 또 다른 화용적 과정들이 작용하여 '전달되는 것(what is communicated)'이 도출된다. 이러한 화용적 과정들을 이차적 화용 원리(secondary pragmatic principles)라고 부르며, 이를 통해 Grice의 대화 함축에 해당하는 추론을 낳는 것으로 보았다.

이와 같은 맥락주의의 의미 분석 체계는 Grice나 관련성이론과 공통점 및 차이점을 보인다. 먼저, 맥락주의는 말해진 것을 먼저 얻고 여기에 화용적 원리가 작동하여 궁극적인 의미를 얻는 순서를 취한다는 점에서 Grice와 같은 의견이지만, 말해진 것을 얻기 위해서 Grice보다 훨씬 많은 별도의 화용적 원리들을 설정한다는 점에서 차이를 보인다. 한편, 관련성이론은 명축과 함축의 획득에 일정한 순서를 부여하지 않는다는 점에서 맥락주의와 차이가 있으나, 명축(즉, 말해진 것)을 얻기 위해 풍부한 화용적 절차가 관여한다는 점에서는 유사하다. 그러나 맥락주의에서는 말해진 것과 전달되는 것을 위해 작동하는 화용적 과정들이 서로 다른 반면에 관련성이론에서는 하나의 동일한 원리가 명축 및 함축을 얻기 위해 모두 작동한다는 점에서 차이를 보인다.

10

직시

10.1. 직시란 무엇인가?

언어 표현에 따라 맥락에 의존하는 정도가 다를 수 있다. 어떤 언어 표현은 특정한 맥락 정보가 주어지지 않아도 해석에 아무런 문제가 생기지 않는 반면에 어떤 언어 표현은 특정한 맥락 정보가 주어질 때에만 비로소 해석이 가능해진다.

(1) 가. 곰은 덩치가 커.
　　나. 너는 내일부터 그 아이와 거기에 가도록 해.

(1가)는 어떤 맥락에서 발화되더라도 의미 해석에 어려움이 없는 반면에 (1나)는 그렇지 않다. (1나)를 제대로 이해하기 위해서는 '너'와 '그 아이'가 누구를 지시하는지, '내일'이 언제를 가리키는지, '거기'는 어떤 공간을 말하는지 정확하게 알아야만 한다. 그런데 이 정보들은 이 표현들의 어휘적인 의미에서 얻을 수 있는 것이 아니다. 특정적으로 어떤 맥락이 주어져야만 그 맥락 속에서 이 표현들이 지시하는 사람, 시간, 공간을 알 수 있다. 이와 같이 어떤 언어 표현의 의미 해석을 위해서 맥락 정보가 필요한 경우에 이러한 표현들을 직시(deixis) 표현이라고 부른다. (1나)에서 살펴본 사람, 시간, 공간에 대한 정보가 직시 표현이 맥락으로부터 얻을 수 있는 대표적인 것이지만 그 외에도 몇 가지가 더 거론될 수 있다. 이들을 차례로 살펴보고자

한다.

직시 표현은 일반적으로 자기중심적으로 체계화되는 것으로 알려져 있다. 맥락을 이루는 기본 요소들인 사람, 공간, 시간의 관점에서 볼 때, 직시 표현은 어떤 사람, 어떤 공간, 어떤 시간을 가리키는지를 알려주는 기능을 한다. 그런데 이러한 기능을 하는 기준점이 되는 것이 바로 말하는 이, 즉 화자와 관련되어 형성된다는 것이다. 사람을 가리키는 기준점은 화자 자신이고, 공간을 가리키는 기준점은 화자가 발화를 행하는 바로 그 공간이고, 시간을 가리키는 기준점은 화자가 발화를 행하는 시점, 즉 지금이라는 것이다. 그래서 직시 표현의 기준점을 '나-여기-지금(I-here-now)'라고 부르기도 한다.

10.2. 직시의 종류

10.2.1. 공간 직시

공간 직시의 기준점이 화자의 위치라는 사실은 언어 보편적으로 확인이 된다. 그런데 공간 직시 표현을 설정하는 데에는 화자의 위치 외에 몇 가지 요소들이 더 고려된다. 어떠한 요소들이 고려되고 또 그 요소들이 어떠한 방식으로 실현되는지는 언어에 따라 차이를 보인다. 공간 직시 표현의 체계가 가장 뚜렷하게 드러나는 언어 표현으로 지시어(demonstratives)를 들 수 있으므로 몇 가지 언어의 지시어 체계를 관찰하여 공간 직시 표현의 특성에 대해 살펴보도록 하자.

우선 가장 간단한 공간 직시 표현의 체계는 이원 체계일 것이다. 화자로부터 가까운지 그렇지 않은지에 따라 두 종류의 지시어가 선택되는 경우이다. 영어가 이에 해당하는데, 전자를 위해서는 'this'를 사용하고 후자를 위해서는 'that'를 사용한다.

　다음은 세 가지 종류의 지시어를 갖춘 언어이다. 한국어를 비롯하여 일본어, 스페인어 등이 여기에 해당한다. 대략 다음과 같이 이 언어들의 삼원 체계를 파악할 수 있다.

(2) 한국어　일본어　스페인어
　　이　　kono　　esto　　　'화자에 가깝다'
　　그　　sono　　eso　　　'청자에 가깝다'
　　저　　ano　　aquello　'화자와 청자에게서 모두 멀다'

이 언어들의 삼원 체계를 화자 및 청자와의 인접성에 근거하여 '화자에 가깝다', '청자에 가깝다', '화자와 청자에게서 모두 멀다'로 간략하게 설명할 수 있다. 다음의 '이', '그', '저'의 예에서 이러한 삼원 체계가 확인된다.

(3) 가. 이 책이 재미있어요.
　　나. 그 가방 어디에서 샀어요?
　　다. 저 학생은 어디 살아요?

　지시어의 삼원 체계에 대해 대략 위와 같이 '화자에 가깝다', '청자에 가깝다', '화자와 청자에게서 모두 멀다'로 설명할 수 있지만, 이러한 설명을 넘어 언어마다 특유의 요소들이 가미되기도 한다. 먼저 스페인어를 살펴보자. 스페인어에는 공간을 나타내는 부사로 'aquí', 'ahí', 'allí'의 세 종류가 있는데, 이들은 각각 영어의 'here', '(just) there', '(over) there'에 해당한다. 그리고 (2)의 스페인어 지시어 'esto', 'eso', 'aquello'가 이 공간 부사들에 대응되는 기능을 가지기도 한다(Saeed 2009: 192). 즉 이 지시어들이 (2)와 같은 기능을 하기도 하지만, 단지 화자와의 거리만을 기준으로 사용되어 '화자에 가까움', '화자로부터 꽤 떨어짐', '화자로부터 멀리 떨어짐'의 기준에 의거하여 사용되기도 한다.

다음으로 한국어의 삼원 체계인 '이', '그', '저'의 특징을 살펴보자. 먼저, '이, 그, 저'의 사용에는 주관적 판단이 관여한다. (2)와 같이 '이, 그, 저'의 선택 기준이 되는 화자 및 청자와의 인접성이 대화 참여자들에 의해 주관적으로 판단되기도 한다. 김일웅(1982)의 다음의 예를 들어보자.

(4) 가. A: 이것 가져 가도 돼?
      B: 아니, 이건 안 돼. 저걸 가져 가.
    나. A: 여긴 산만하군.
      B: 그래 여긴 산만해. 저기로 갈까?

위의 예들에서, 대화 참여자들이 같은 지시물에 대해 자신에게 가깝다고 판단하여 두 사람 모두 '이'를 선택하고 있다. 가령, (4가B)에서 '이건' 대신에 '그건'도 가능할 것인데, '이건'과 '그건'의 선택 사이에는 화자의 주관적 판단의 차이가 관여한다.

다음은 발화 현장성에 대한 특징이다. (2)와 같은 기준에 의하면 '저'는 화청자로부터 모두 먼 경우에 사용되는데, '저'가 가리키는 지시 대상이 화청자로부터 멀더라도 화청자가 모두 볼 수 있어야만 한다. 예를 들어, "저기 저 사람 뭐 하죠?"라는 질문이 유효하기 위해서는 '저 사람'의 지시 대상이 청자의 가시권 안에 있어야만 한다. 만약 그 지시 대상이 청자에게 보이지 않는다면, 청자는 그 지시 대상을 눈으로 확인한 후 질문에 답하게 된다.

이와 관련되는 현상으로, 다음과 같은 예도 살펴보자.

(5) 우리가 어제 마주친 {그, *이, *저} 사람은 누구예요?

위의 예는 대화 참여자들이 어제 만났지만 발화 현장에는 없는 사람에 대해 질문하고 있다. 발화 현장에 없는 지시 대상이기 때문에 '이, 그, 저'가 사용될 수 없을 듯한데, '그'의 사용은 허용된다. 이와 같이 지시 대상이 발화의 현장에 존재하지 않지만, 화청자가 그 존재를 이미 알고 있는 상황에서는 '그'가 사용 가능하다. 이러한 '그'의 사용은 영어의 정관사 'the'의 기능과 통한다. 발화 현장에서의 직시 기능이 아니라 화청자가 이미 알고 있는지의 여부가 관여한다.

이상에서 한국어의 '이/그/저' 삼원적 지시어 체계를 살펴보았는데, 단순히 물리적 거리에 의해 삼원 체계가 구축된 것이 아니라 화·청자의 심리적인 거리 등도 반영되어 있어서 상당히 복잡한 모습임을 관찰하였다.

삼원 체계보다 복잡한 지시어 체계를 가진 언어들에 대한 보고도 상당히 많다. 가령 말라가시어는 다음과 같은 지시어 체계를 보여준다(Anderson & Keenan 1985: 294).

(6) 화자 가까이   화자로부터 점점 멀어짐
    `-------------------------▶`
    ity   io   itsy   iny   iroa   iry

이동동사 '오다'와 '가다'도 공간적 직시와 관련된다. 일반적으로 '오다'는 화자 쪽으로의 이동을 나타내며, '가다'는 화자로부터 벗어나는 이동을 나타낸다. 다음의 예가 이러한 사실을 잘 보여준다.

(7) 가. 영이가 이리로 온다
    나. 영이가 그리로/저리로 간다.

한편 다음의 예도 흥미롭다.

(8) 가. 영이가 그리로/저리로 온다.
    나. #영이가 이리로 간다.

(8가)에서는 화자의 물리적 위치는 바뀌지 않은 채 자신을 심리적으로 이동시켜 직시의 중심을 화자의 실제 위치와 다르게 설정함으로써 '그리'와 '저리'가 '오다'와 함께 사용되고 있다. 이와는 달리 (8나)처럼 '이리'와 '가다'의 연쇄는 허용되지 않는다.

10.2.2. 시간 직시

시간 직시 표현은 시간상의 위치를 나타내는 표현을 일컫는다. 시간적 위치를 나타내는 언어 표현들은 무척 다양하게 실현된다. '지금, 아까, 요즈음, 오늘, 어제' 등과 같이 어휘적으로 표현되기도 하고, '하루 전, 이틀 후, 지난 주, 다음 달' 등과 같이 구로 실현되기도 한다. 그리고 시제가 시간 직시와 관계가 있다. 시제란 어떤 상황이 기준시를 중심으로 시간의 축에서 어디에 위치하는가의 문제이므로 일종의 시간 직시 표현이라고 할 수 있겠다.

시간 직시 표현 중에는 지시어 '이, 그, 저'가 관여하는 표현들이 상당히 많이 있다. '이때, 그때, 접때', '이번, 저번', '이다음, 그다음' 등이다. 그런데 지시어란 기본적으로 공간 직시 표현이므로, 이러한 시간 직시 표현은 공간적 직시가 시간적 직시로 전환되었다고 볼 수 있다. 이러한 전환 혹은 확대는 일종의 은유적 표현이다. 물리적 공간이라는 좀 더 구체적인 영역으로부터 좀 더 추상적인 영역인 시간으로 은유적 추이(metaphorical shift)가 나타났다고 할 수 있겠다. 공간적 인식은 아주 기본적인 것이어서, 다른 종류의 인식을 위하여 공간적 인식을 이용하는 것은 상당히 일반화되어 있는 방식이다. 이를 처소주의(localism)이라고 하는데, '이, 그, 저'가 포함된 시간 직시 표현도 이러한 처소주의가 반영된 한 경우라고 볼 수 있다.

10.2.3. 인칭 직시

인칭 직시는 대화 참여자들의 역할을 화자, 청자 그리고 그 외의 제3자로 나누어, 이들을 각각 1인칭, 2인칭, 3인칭으로 표현한다. 이는 인칭 대명사에 가장 잘 반영되어 있다. 인칭 직시 표현의 기준이 되는 것은 화자와 청자이므로 [화자]와 [청자]라는 의미 자질을 설정하면 다음과 같이 구분할 수 있다.

(9)

[+화자]	[−화자]	
	[+청자]	[−청자]
1인칭	2인칭	3인칭

한국어 인칭 대명사의 예는 다음과 같다.

(10) 가. 1인칭 대명사: 나, 저, 우리, 저희
　　 나. 2인칭 대명사: 너, 당신, 자네, 댁, 자기, 자기네들, 여러분 ...
　　 다. 3인칭 대명사: 이이, 그이, 저이, 이분, 그분, 저분, 얘, 걔, 쟤, 그 ...

이들은 다음과 같이 인칭 직시 표현으로 사용된다.

(11) 가. 저는 내일 출발합니다.
　　 나. 자네는 더 있다 와도 돼.
　　 다. 걔는 늘 말썽이에요.

이상과 같은 한국어의 인칭 대명사의 사용은 다른 언어들과 크게 다르지 않다. 그런데 한국어에는 인칭 대명사 외에도 인칭을 표현하는 여러 다른 방식들이 있음이 주목된다. 다음은 카릴 샐리(2023)에서 제시된 여러 가지 인칭 표현들의 예들이다.

(12) 가. I will give you a watch.

　　　나. 이 시계 줄게.

　　　다. 난 이 시계 줄게.

　　　라. 이 시계 너에게 줄게.

　　　마. 난 너한테 이 시계 줄게.

　　　바. 난 자네에게 이 시계 줄게.

　　　사. 난 그쪽에게 이 시계 줄게.

　　　아. 전 아저씨께 이 시계 드릴게요.

　　　자. 저희는 고객님께 이 시계 드릴게요.

(12가)와 같이 영어에서는 인칭 대명사가 전형적인 인칭 표현으로 실현이 되는데, 이에 대응되는 (12나-자)의 한국어 예들은 매우 다양한 모습을 보인다. (나)처럼 아예 인칭 표현이 전혀 실현되지 않기도 하고, (다)와 (라)처럼 일부가 실현되지 않기도 한다. 나머지 예들에서는 해당 인칭 표현들이 다 실현되기는 하지만 인칭 대명사가 아닌 표현들-'그쪽, 아저씨, 고객님'-이 아주 다양하게 나타난다. 그러한 예를 몇 개 더 들어보면, '할아버지, 언니, 선생님, 사모님, 선배님, 총각, 아가씨, 대표, 상급자, 손님, 늙은이' 등등 매우 많다. 인칭 직시를 위해 정연하게 인칭 대명사가 사용되는 언어들과 비교하여, 한국어는 인칭 대명사 이외의 인칭 표현들이 매우 다양할 뿐만 아니라 맥락에 따라 상당히 자유롭게 생략되는 특징이 있다. 이러한 특징으로 말미암아 한국어의 인칭 직시 표현은 상당히 복잡한 체계를 구성하고 있다.

10.2.4. 담화 직시

어떤 언어 표현들은 한 담화 내의 다른 언어 표현을 가리키기 위해 사용되는데, 이를 담화 직시 표현이라고 한다. 일반적으로 공간 직시 표현이나 시간 직시 표현으로 사용되는 표현들이 이러한 목적으로 사용된다.

(13) 가. 위에서 언급한 바를 기억하시기 바랍니다.

　　　나. 다음으로는 국제 정세에 대해 말씀드리겠습니다.

'위'와 '다음'은 각각 이어지는 담화에서 공간적이나 시간적으로 다른 언어 표현을 거론하기 위하여 사용된다.

　다음 예문에서는 담화상의 어떤 언어 표현을 가리키기 위하여 '이, 그, 저'로 구성된 표현들이 사용되고 있다.

(14) 가. 너는 이걸 명심해야 해. 늘 최선을 다 하는 거 말이야.

　　　나. 그 얘기는 사실이 아닐 거야.

　　　다. 저런 조언은 어디에서도 들을 수 없는 귀중한 거야.

담화상의 위치와 관련되어 있으므로 공간 가리킴말의 자연스러운 활용이라고 하겠다.

　화제 표지가 담화 가리킴말의 일종으로 거론되기도 한다.

(15) 가. 투숙객은 어제 아침 일찍 호텔을 나섰습니다.

　　　나. 맥주는 영이가 다 마셔 버렸어요.

이 예문에서 '투숙객'과 '맥주'가 '은/는'에 의해 표시되어 화제로 사용되면 화·청자가 이것들이 무엇을 지시하는지 알고 있음을 함의한다. 이러한 화제 표지의 사용은 앞선 담화에서 이것들이 언급된 적이 있다는 것 등을 반영하므로, 화제 표지가 담화상의 위치를 나타내는 기능을 한다고 볼 수 있다.

10.2.5. 사회적 직시

어떤 언어 표현들은 담화 참여자들 간의 사회적 관계를 가리키는 역할을 한다. 불어의 'tu, vous'나 독일어의 'du, Sie'가 이러한 예이다. 이 표현들 간에는 친숙함과 공손함이라는 사회적 관계가 반영되어 있다. 이러한 언어 표현들을 사회적 직시(social deixis) 표현이라고 한다.

한국어에 나타나는 경어법도 이러한 맥락에서 사회적 직시 표현이라고 할 수 있다. 상대 경어법은 화자와 청자 간의 사회적 관계를 나타내는 체계이다. 주체 경어법은 화자와 서술의 주체 간의 사회적 관계를 나타내며, 객체 경어법은 화자와 목적어 등으로 실현되는 인물 간의 사회적 관계를 표시한다. 아래 예들에서 이 세 가지 경어법을 확인할 수 있다.

(16) 가. 선생님께서 오셨어.
　　나. 선생님께서 오셨습니다.
　　다. 어제 시내에서 선생님을 뵈었어요.

인칭 대명사가 사회적 직시 표현으로 사용되는 것은 잘 알려진 사실이다. 그리고 한국어에서도 인칭 대명사가 사회적 직시의 역할을 한다. 1인칭 대명사인 '나'와 '저' 사이와 '우리'와 '저희' 사이에는 화·청자 간의 사회적 관계가 반영된다. 그렇지만 불어의 'tu, vous'나 독일어의 'du, Sie'와 같은 2인칭 대명사의 구별은 한국어에 존재하지 않는다.

그런데 한국어에는 이와 관련하여 매우 흥미로운 특징이 나타난다. 앞에서 인칭 직시를 논할 때 한국어에는 인칭 대명사 외에도 인칭을 나타내는 다양한 표현들이 있음을 살펴보았는데, 이 다양한 인칭 표현들이 사회적 직시의 기능을 수행하는 것이다. 카릴 샐리(2023)은 한국어의 다양한 인칭 표현들을 설명하면서 그 표현들이 인칭 직시와 함께 경어법 혹은 공손성과 연관되는 기능을 수행한다고 하였다. 이 연구는 이러한 기능을 포착하기 위하여 대인관계 관리(rapport management)의 차원에서 인칭 표현들의 사용을 논한다. 대인관계 관리를 '상승', '유지', '무시', '도전'의 네 가지 지향점으로 구분하여, 화자가 어떤 지향점을 추구하느냐에 따라 여러 인칭 표현들 중 적당한 것을 골라 사용한다는 것이다. 이 중에서 상승의 예를 들어보자.

(17) 가. {고객님, 사모님}은 어느 시간이 좋으세요?
    나. 이거 혹시 {댁, 선생님}의 것 아닙니까?

위의 예에서 '고객님'이나 '댁'을 선택하는 것보다 '사모님'이나 '선생님'을 선택함으로써 화자는 대인관계의 상승을 도모하려는 의지를 보이게 된다. 그리고 '유지', '무시', '도전'의 나머지 지향점들에 대해서도 다양한 인칭 표현들이 각각의 사회적 직시 기능을 수행함이 논의되었다.

인칭 직시가 사회적 직시와 연관된다는 사실은 범언어적으로 확인된다. 한국어는 이러한 연관성이 보다 강하게 실현되는 언어라고 판단된다. 인칭 대명사 외에 매우 다양한 인칭 표현들이 사용되는데, 이들은 인칭 직시뿐만 아니라 사회적 직시의 기능을 아주 적극적으로 수행하여, 어떤 인칭 표현을 선택하느냐가 화자와 청자 간의 사회적 관계를 크게 좌우하는 경우들이 많이 발생한다.

10.3. 직시 표현의 조응적 용법

지금까지 살펴본 바와 같이, 담화 맥락에서 어떤 특정한 지시 대상을 직접 지시하는 기능을 하는 언어 표현을 직시 표현이라고 한다. 그런데 직시 표현이 그러한 기능과는 다르게 사용되는 경우들이 있다. (18가)는 화자가 어제 산 시계를 보이며 할 수 있는 발화인데, '이걸'은 그 시계를 직접 가리키므로 직시의 예가 된다. 이에 반해, (18나)의 '이걸'은 실제의 시계를 직접 지시하기보다는 이전 발화에 나타난 표현인 '시계'를 가리키는 기능을 하고 있다.

(18) 가. 나는 어제 이걸 백화점에서 샀어.

　　　나. 나는 어제 백화점에서 시계ᵢ를 샀어. 그런데 마음에 들지 않아 이걸ᵢ
　　　　　바꾸려고 해.

그런데 (18나)에서 '시계'는 화자가 어제 산 시계를 지시한다. 그렇다면, '이걸'이 '시계'를 지시하고, '시계'가 화자가 어제 산 시계를 지시하므로, 결국은 '이걸'도 문제의 그 시계를 지시하는 것이다. 즉, (18나)의 '이걸'도 결국은 실제의 시계를 지시하므로, (18가)의 직시 표현인 '이걸'과 동일한 기능을 하는 듯하다. 그런데 이 두 '이걸'이 실제의 시계를 지시하는 방식에 차이가 있다. (18가)의 '이걸'은 직접 실제 시계를 지시하지만, (18나)의 '이걸'은 '시계'의 중계를 거쳐 실제의 시계를 지시한다. 즉, (18나)의 '이걸'은 실제의 시계를 간접적으로 지시하면서, 이 시계를 지시하는 '시계'와 공지시적 관계를 맺는다. '이걸'의 이러한 기능을 표시하기 위해 '시계'와 함께 하첨자 'i'를 부착하여, 이 두 표현이 공지시적임을 나타낸다. (18나)의 직시 표현 '이걸'과 같이, 담화상의 다른 표현과 공지시적 관계를 맺는 현상을 조응(anaphora)이라고 정의한다. 우리는 이러한 '이걸'의 조응적 용법을 '이걸'의 직시적 용법과 구별한다.

　한편, 조응 표현은 담화 직시 표현과 겹치는 부분이 있어서 주의를 요한다. 담화 직시 표현은 담화 내의 다른 언어 표현을 가리키기 위하여 사용되는데, 조응 표현도 그와 공지시적인 다른 언어 표현을 가리키기 때문에 이 두 표현은 비슷한 기능을 가진다. 아래 예들은 담화 직시 표현에 해당한다.

(19) 가. 너는 이걸 명심해야 해. 늘 최선을 다 하는 거 말이야. (=(14가))

　　　나. A: 이 동네는 개가 많은가 봐요. 이집 저집에 '개조심'이에요.

　　　　　B: 나도 그거 많이 봤어.

(19가)는 앞에서 살펴본 예인데, '이걸'은 다음에 나타나는 담화의 한 부분인

'늘 최선을 다 하는 거'를 지시하고, (19나B)의 '그거'는 상대방 발화의 일부인 '개조심'을 지시한다. 이 두 담화 직시 표현의 이러한 기능은 (18나)의 '이걸'이 다른 언어 표현인 '시계'를 지시하는 것과 다를 바 없어 보인다. 그런데 이 두 지시 기능은 한 가지 중요한 지시적 성격을 달리한다. 먼저 조응적 용법인 (18나)의 '이걸'은 '시계'를 지시하고, '시계'는 실제의 어떤 시계를 지시하므로, '이걸'도 궁극적으로는 이 실제의 시계를 지시한다. 이러한 '이걸'과 '시계'를 공지시적이라고 한다. 이에 비해, (19)의 담화 직시 표현들은 담화 내의 다른 언어 표현을 지시할 뿐이지, 실제 지시물의 지시로 이어지지 않는다.

담화 직시 표현은 선행하는 담화의 일부를 가리킬 수도 있고 후행하는 담화의 일부를 가리킬 수도 있다. (19나B)의 '그거'가 전자의 예이고 (19가)의 '이걸'이 후자의 예이다. 그런데 이와 같은 양방향성이 조응 표현에도 나타난다.

(20) 가. 나는 어제 백화점에서 시계$_i$를 샀어. 그런데 마음에 들지 않아 {이걸$_i$, 그걸$_i$} 바꾸려고 해.
　　　나. 아차 이 사람$_i$을 내가 까맣게 잊어버리고 있었어. 이 일에는 영이$_i$가 적격이야.

(20가)의 '이걸'과 '그걸'은 선행하는 표현인 '시계'와 조응하는데, (20나)의 '이 사람'은 후행하는 '영이'와 조응한다. 양방향의 조응이 가능하다. (20가)처럼 선행하는 표현과 공지시적인 것을 선행 조응(anaphora)이라고 하고, (20나)처럼 후행하는 표현과 공지시적인 것을 후행 조응(cataphora)이라고 한다.[1]

'이, 그, 저'의 조응적 용법과 관련하여 좀 더 언급해야 할 것들이 있다.

---

1) 'anaphora'는 '선행 조응'뿐만 아니라 더 일반적인 용어인 '조응'으로도 사용된다.

우선, '이'와 '그'는 조응적으로 사용되지만 '저'는 조응적으로 거의 사용되지 않는다. 그리고 '이'와 '그'의 조응적 용법에도 차이가 존재한다. 장석진(1985: 96)은 아래와 같은 예들을 가지고 이에 대해 설명한다.

(21) 가. 김철수ᵢ를 그날 처음 만났습니다. {이 사람ᵢ은, 그 사람ᵢ은} 내가 누군지 처음부터 알고 있었습니다.
　　 나. 용남이ᵢ를 만나려는데 {이 친구ᵢ, 그 친구ᵢ} 소식을 아무도 몰라.

두 예에서 '이'와 '그'가 모두 조응 표현으로 사용되지만 이들 사이에 화자의 다른 의도가 표출된다. '이'를 사용할 때는 현재의 사건과 관련되는 것처럼 가깝게 조응하고, '그'를 사용할 때에는 현재가 아니라 과거나 미래의 만남의 사건과 관련시켜 멀리 조응하려는 의도가 반영된다는 것이다. 이 차이는 지시어 '이'와 '그'의 직시적 기능에서 나타나는 차이와 상통한다. '이'는 화자와 가까움을 구현하고, '그'는 청자와 가까워서 화자와는 어느 정도 거리가 있음을 표현한다.

　'저'는 '이, 그와 달리 조응적으로는 사용되지 않고 있다. 보통 '저'는 영어의 'that'와 비슷하게 사용되는데, 이 점에서는 그렇지 않다. 'that'은 'this'와 함께 조응적으로 잘 사용된다. 위에서 살펴본 조응 표현의 예들을 '저'로 대치해보면 아래와 같이 부자연스러운 표현이 된다.

(22) 가. 나는 어제 백화점에서 시계ᵢ를 샀어. *그런데 마음에 들지 않아 저걸ᵢ 바꾸려고 해.
　　 나. *용남이ᵢ를 만나려는데 저 친구ᵢ 소식을 아무도 몰라.

11

지시성

11.1. 지시성이란 무엇인가?

우리는 1장에서 '의미의 의미'를 논하면서 언어 표현의 의미를 실체/지시물과의 대응, 즉 지시(reference)로 보는 의미관에 대해 논한 바 있다. 다음과 같이 의미 삼각형의 밑변으로 실현되는 관계이다.

(1)

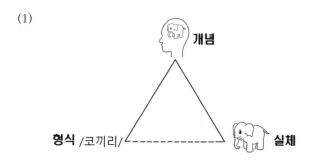

지시성(referentiality)은 이러한 지시로부터 생겨나는 의미적 특성을 말한다. 그런데 의미관에 따라 언어 표현과 지시물 사이에 직접적인 관계가 성립하는지에 대해 상이한 입장을 가진다. 인지의미론과 같이 개념을 중시하는 의미 이론은 언어 표현이 지시물에 직접 연결된다고 보지 않기 때문에 이들 사이에 지시 관계를 설정하지 않는다. 물론 이 경우에도 언어 표현이 지시물을 반영하지만, 그것이 직접적이지 않고 지시물로부터 형성된 개념을 통해서 이루어진다고 본다. 반면에 형식의미론과 같이 언어 표현이 실제 세계에 대응한다고 보는 의미 이론에서는 언어 표현과 지시물 사이에 직접적인 지시 관계가 설정된다.

이와 같이 지시성은 인지의미론보다는 형식의미론과 같은 지시의미론에서 보다 중요시되는 개념이다. 그러나 언어가 이 세상을 반영한다는 것은 자명한 사실이기에, 형식의미론뿐만 아니라 인지의미론에서도 이 사실이 부정될 수는 없을 것이다. 단지 언어와 세상이 직접 연결된다고 이해하기보다는 개념을 매개로 연결된다고 본다. 여기에서는, 보다 넓은 의미에서 지시성을 파악하여 이 세상이 언어에 대응되는 속성이라고 보고, 직접적인 대응뿐만 아니라 간접적인 대응도 두루 포함시켜 살펴보고자 한다.

언어가 세상을 반영한다면, 원칙적으로는 모든 형식의 언어 표현이 지시성을 가진다고 볼 수 있을 것이다. 그러나 지시성을 논하기 힘든 언어 표현들도 있다. 가령 접속사, 조사, 어미 등의 언어 형식들의 지시성을 논하기란 쉽지 않다. 지시성을 논하기에 가장 용이한 것들은 명사류들일 것이다. 명사류는 기본적으로 세상의 사물을 대변하기 때문이다. 여기에서는 지시성 관찰이 용이한 명사구, 그 중에서도 맨명사구(bare noun phrase)의 지시성에 대해 논하고자 한다. 한국어에서 맨명사구의 역할이 매우 다양하여 지시성의 여러 가지 측면을 관찰하기에 적절할 뿐만 아니라, 맨명사구가 보여주는 지시적 속성들이 한국어의 의미 현상을 이해하는 데 매우 중요하기 때문이다.

맨명사구의 지시적 속성들로 다루어 온 것으로 한정성/특정성, 총칭성, 복수성 등이 있다. 한정성/특정성은 해당 지시물에 대해 화자와 청자가 이미 알고 있는지의 여부에 대한 속성이고, 총칭성은 지시물이 종류를 대변하는지의 여부와 관계가 있고, 복수성은 지시물이 하나인 경우와 그보다 많은 경우에 대해 어떤 구별이 행해지느냐의 문제에 관한 것이다. 얼핏 보기에는 이 속성들이 제각기 다른 것들인 듯하지만, 이들은 서로 상호 관계를 맺고 있으며 이러한 관계들에 대한 논의들이 있어 왔다. 이들이 모두 지시성이라는 상위 속성을 공유하기 때문이다. 한정성, 총칭성, 복수성 순으로 살펴보도록 하자.

11.2. 한정성

언어 표현과 지시물의 대응인 지시를 의사소통의 관점에서 관찰해보자. 화·청자의 의사소통을 고려할 때 가장 기본적인 사항은 이러한 대응에 대해 화자와 청자가 이미 잘 알고 있는지의 여부가 될 것이다. 어떤 언어 표현을 주고받는 대화 참여자들이 그 언어 표현과 연결되어 있는 지시물이 무엇인지를 파악하고 있는지의 여부는 성공적인 의사소통을 위한 필수적인 요소이다. 만약 이러한 연결에 대해 대화 참여자가 의견을 공유하지 못한다면 성공적인 대화를 나눌 수가 없다. 이와 같이 어떤 언어 표현에 대응하는 지시물에 대하여 대화 참여자가 이미 인지하고 있는지 혹은 새롭게 인지하는지를 나타내는 지시적 정보를 한정성(definiteness) 혹은 특정성(specificity)이라고 한다.

11.2.1. 한정성과 특정성

한정성과 특정성은 비슷한 개념으로 사용되어 오면서 불분명하게 사용되기도 하지만, 좀 더 세분화하는 견해를 좇아 이 둘을 구별할 수 있다. 한정성은 화자와 청자 모두가 언어 표현에 대응하는 해당 지시물을 이미 알고 있는지의 여부에 따라 결정되는 반면에 특정성은 화자가 그것을 이미 알고 있는지를 따지는 차이가 있다. 이에 따르면 한정성은 특정성을 함의하게 되어 [+한정적]이면 [+특정적]이지만 그 역은 성립하지 않고, [−한정적]이면서

[+특정적]인 경우가 허용된다.

한정성과 특정성은 관사 체계가 발달한 인구어를 중심으로 주로 연구가 이루어져 왔는데, 한정성은 정관사의 사용과 관련되는 반면에 특정성은 주로 부정관사의 사용과 관련되어 논의되어 왔다. 가령, 영어에서 'the dog'를 사용하기 위해서는 대응하는 개를 화자와 청자가 모두 이미 알고 있어야 한다는 것인데, 이를 위해 한정성과 비한정성(indefiniteness)의 구별이 논의된다. 한편, 'a dog'의 적절한 해석을 위해서는 또 다른 조건이 요구된다. 즉, 'a dog'는 화자만 그 개를 알고 있는 경우와 화자와 청자가 모두 그 개를 알지 못하는 경우에 모두 사용되므로 이 두 해석을 구별하기 위하여 또 다른 기준이 필요하다. 특정성과 불특정성(nonspecificity)의 구별이 도입되어, 전자는 화자만 해당 개를 아는 경우를 담당하고, 후자는 화자도 그 개를 알지 못하는 경우를 담당한다.

이와 같이, 한정성이나 특정성은 이분법적이어서 한정적 표현과 비한정적 표현 혹은 특정적 표현과 불특정적 표현으로 양분된다. 그러나 이러한 지시적 의미의 특성이 이분법적이 아니라 정도의 문제로 파악되기도 한다. 잘 알려진 예로 다음과 같은 Gundel 외(1993)의 주어짐성 위계(givenness hierarchy)를 들 수 있다.

(2) 주어짐성 위계

인지적 상태	예
초점(in focus)[1]	*it*
활성(activated)	*that, this, this* N
친근(familiar)	*that* N
정체확인(uniquely identifiable)	*the* N
지시(referential)	indefinite *this* N
유형확인(type identifiable)	*a* N

'초점'이 가장 높은 인지적 단계로서 화자와 청자가 해당 지시물에 대해 관심이 집중된 상태를 나타내고, '유형확인'이 가장 낮은 단계로서 화자와 청자가 해당 지시물이 무엇을 가리키는지를 모르는 상태를 나타낸다. 한정성의 관점에서 본다면, 전자는 가장 한정적인 상태이며 후자는 가장 비한정적인 상태를 나타낸다. 그리고 '지시'는 화자가 해당 지시물에 대해 알고 있으나 청자는 모르는 상태를 나타내는데, 이것은 위에서 논한 특정성과 연결될 수 있다. 한편, 이 위계는 함의적이어서 각 단계는 아래쪽의 단계들을 함의한다. 예를 들어, 어떤 지시체가 활성의 단계에 있다면 그 지시체는 또한 친근, 정체확인, 지시, 유형확인의 단계이기도 하다.

이전의 이분법적 방식들과는 달리, 이러한 방식은 한정성 및 특정성을 여러 단계로 나누어 파악하고 있다. 또한 각 단계와 밀접하게 연관되어 있는 언어 표현들도 제시하고 있어서 실제 언어 사용에서 여러 가지 정도의 한정성 및 특정성이 구별됨을 포착하고 있다. 우리는 위와 같은 주어짐성 위계를 한정성 위계로 보아 한정성을 정도의 문제로 보고자 한다. 여기에는 한정성뿐만 아니라 특정성의 개념도 함께 들어있게 되므로, 한정성과 특정성의 구분에 얽매이지 않고 관련 현상들을 논할 수 있을 것이다. 우리는 이러한 취지에서 한정성과 특정성을 통틀어 '한정성'이라는 용어를 사용하고자 한다.

다음으로는 한국어에서 한정성이 실현되는 방식에 대해 살펴볼 차례이다. 한정성의 실현에는 관사가 가장 중요한 역할을 하는데, 한국어에는 관사 체계가 존재하지 않으므로 다른 방식의 논의가 필요하다. 이와 관련하여 한국어에 나타나는 가장 두드러진 특징은 맨명사구가 광범위하게 사용된다는 것이다. 가령 '개'가 'a dog'이나 'the dog'의 역할을 모두 한다. 그러나

---

1) 이 '초점'은 소위 심리적 초점(psychological focus)이라고 불리는 것이며, 화자와 청자의 관심이 집중됨을 나타낸다. 이것은 정보구조에서 사용되는 '초점'과 구별된다. 정보구조의 '초점'은 '화제(topic)'와 대립되며, 다음 장에서 살펴볼 것이다.

이러한 맨명사구의 사용이 중의성을 초래하여 의사소통에 혼동을 일으키는 등의 문제가 발생하지는 않는다. 그 이유로는 먼저 맥락의 도움을 들 수 있다. 문장은 일정한 맥락에서 발화되기 마련이어서, 어떤 명사구의 한정성에 대한 정보를 이전 발화 등의 맥락으로부터 얻을 수 있을 가능성이 높다.

그리고 어떤 명사구가 나타나는 문장 내에도 그 명사구의 한정성에 대해 모종의 정보를 주는 표현들이 종종 존재한다. 이 표현들은 크게 두 가지로 나누어 볼 수 있다. 첫째, 명사구가 나타나는 문장 내의 다른 표현들이 해당 명사구의 한정성을 대변하는 경우가 있다. 영어에서 존재문인 'there is' 구문에 나타나는 명사구는 반드시 비한정적이어야 하는 것과 같은 특징을 말한다. 둘째, 명사구 내에 한정성을 나타내는 표지가 존재하기도 한다. 명사 앞이나 뒤에 붙어서 명사와 더불어 명사구를 형성하는 표현들이 한정성에 대해 어떤 단서를 제공하는 경우이다. '이, 그, 저' 같은 지시사가 그러하며, 조사 '는'도 이와 관련하여 아주 큰 역할을 한다. 우리는 이 두 가지 경우를 '한정성 맥락'과 '한정성 표지'라고 칭하고, 아래에서 이들을 차례대로 살펴보고자 한다.

11.2.2. 한정성 맥락

먼저, 어떤 표현이 한 문장에서 공기하는 명사구에 대해 한정적 해석을 요구하는 경우에 대해 살펴보자. 다음의 예들에 나타나는 맨명사구 '아이'는 모두 한정적으로 사용된다.

(3) 가. 아이가 기침을 계속해요.
　　나. 아이가 다시 자고 있어요.
　　다. 어젯밤에 아이가 울었지.
　　라. 아이가 울지 않고 있어요.

이것들은 모두 대화의 장면에 처음 등장한 아이를 가리킬 수 없으며 이전에 화자 및 청자에게 알려져 있던 아이를 가리킬 수 있을 뿐이다. 이를 다음의 예들과 비교해 보자.

(4) 가. 아이가 기침을 해요.
　　나. 아이가 자고 있어요.
　　다. 어젯밤에 아이가 울었어.
　　라. 아이가 울고 있어요.

이 예들의 '아이'는 (3)과는 달리 한정적으로나 비한정적으로 모두 사용될 수 있다. 상황에 따라 한정성이 결정되므로 한정성의 관점에서 중립적이다. 우리는 (3)과 (4)를 비교함으로써 (3)에서만 이러한 한정성이 실현되는 이유를 찾을 수 있을 것이다. 가-예에서는 서술어에서 차이가 난다. '계속해요'와 '해요'의 차이이다. '계속하다'는 어떤 사건이 이전에도 발생하였음을 전제하므로, 그 사건의 필수 요소인 아이도 발화 이전에 존재했음을 전제하는 효과가 나타난다. 나-예에서는 '다시'의 유무에서 차이가 난다. 가-예와는 달리 부사어가 관여하지만, 가-예와 동일한 전제의 효과가 나타나서 (3나)의 '아이'는 한정적이다. 다-예에서는 어미에서 차이가 나타난다. (4다)의 '아이'는 한정성에 대해 중립적인 반면에, (3다)에서는 한정적 해석이 강하다. (3다)는 해당 사건이 발생하였음을 재차 확인하는 의미를 동반하므로 그러한 해석이 나타난다. 어미 '-지'가 이러한 효과를 담당한다. 라-예는 부정과 긍정의 차이를 보인다. 부정문은 새로운 명제를 도입하기보다는 맥락적으로 주어진 명제를 부정하는 데 보통 사용되는 특성이 있으므로, 부정문 (3라)의 '아이'는 한정적 해석을 가지게 된다.

　(4)와는 달리 (3)에서 '아이'가 한정적 해석을 가지는 이유는 모두 해당 아이가 발화 이전에 담화 영역(discourse domain) 내에 존재한다는 전제에서

찾을 수 있다. 이러한 존재 전제가 유발되는 경로는 각각 달라서 서술어, 부사어, 어미, 부정소 등에서 유래하지만, 특정 아이에 대한 존재적 전제로 인하여 맨명사구 '아이'가 한정적으로 사용된다. 이와 같이 존재 전제를 요구하는 표현들에 의해 한정성 맥락이 형성된다.

다음으로, 비한정적 표현이 요구되는 예들을 살펴보자.[2]

> (5) 가. {사건/한 사건/*그 사건}이 발생했다.
> 나. {노조/한 노조/*그 노조}가 결성되었다.
> 다. *{사건/한 사건/그 사건}은 발생했다.
> 라. *{노조/한 노조/그 노조}는 결성되었다.

먼저 (5가)와 (5나)에 나타나는 세 가지 유형의 명사구들의 행태를 살펴보자. 맨명사구 '사건'과 '노조'는 비한정적으로 사용되고, 비한정적 표현 '한 사건'과 '한 노조'는 허용되는 반면에 한정적 표현 '그 사건'과 '그 노조'는 부자연스럽다. 그런데 이러한 행태가 나타나는 이유는 서술어 '발생하다'와 '결성되다'에서 유래하는 듯하다. 이 서술어들은 이전에 존재하지 않던 사건이나 노조가 새로이 생겨났음을 단언하기 때문에 해당 사건이나 노조가 담화의 영역으로 새롭게 도입됨을 나타낸다. 따라서 비한정적 표현만이 이 동사들과 자연스럽게 어울릴 수 있다. 한편, (5다)와 (5라)에서는 화제 표지 '은/는'이 사용되는데, 화제는 화자와 청자가 이미 알고 있는 대상을 지시하는 한정적 표현이다. 따라서 주어의 존재를 새로이 단언하는 '발생하다'와

---

2) 조사 '이/가'와 '은/는'의 기능은 각각 몇 가지 유형으로 나뉘는데, 유형에 따라 동반 명사구의 한정성에 상당한 영향을 미친다. 그래서 필요에 따라 기능별로 달리 표기하고자 한다. 먼저, 정보구조적 초점 표지인 '이/가'는 정보초점(information focus)과 확인초점(identificational focus)의 기능으로 구분될 수 있다. 둘 다 청자의 지식저장소를 갱신하는 신정보이지만, 후자가 총망라성(exhaustive listing)을 동반하는 차이를 보인다. 필요에 따라 이 둘을 '이/가'와 '이/가'로 구별하고자 한다. 한편, 화제 표지인 '은/는'은 대조의 기능을 동반하기도 하고 하지 않기도 한다. 이것도 필요에 따라, 대조 기능이 동반되지 않는 것을 '은/는'으로, 동반하는 것을 '은/는'으로 구별한다.

'결성되다'와 같은 서술어들과는 어울리기 어렵기 때문에 어떤 형태의 명사구가 사용되어도 부자연스럽게 된다. 이와 같이, '발생하다'와 '결성되다'와 같은 서술어는 관련 지시물의 존재를 단언하여 담화 영역 내로 새로이 도입하는 역할을 하므로 비한정적 명사구를 요구한다.

다음의 예도 (5)와 동일한 현상을 보여준다.

(6) 가. 책상 위에 책이 있어.
　　나. *책상 위에 책은 있어.
　　다. 책상 위에 책 있어.

(6가)는 전형적인 존재문으로 '[처소구 [명사구-'가'] 존재동사'의 구성을 가진다(전영철 2000). 여기에서는 새로운 책이 담화 영역으로 도입된다. (6나)에서는 화제 표지가 붙은 '책'이 한정적이므로 존재문의 기능과 충돌을 일으키게 되어 부자연스럽다. (6다)는 자연스러운 문장이지만, 존재문으로 쓰이지는 않는다. 이전에 존재하던 책을 대상으로 그것이 책상 위에 있음을 기술하는 문장이다. 우리는 비슷한 구성을 가진 이 예들을 통해 한국어의 전형적인 존재문 구성인 '[처소구 [명사구-'가'] 존재동사'의 환경에서만 맨명사구가 비한정적으로 사용됨을 알 수 있다. 존재문이란 어떤 개체가 새로이 담화 영역으로 도입됨을 단언하는 문장이기 때문이다.

이상과 같이, (5)와 (6)은 맨명사구가 특정한 언어적 환경에서 비한정적으로 사용되어짐을 보여주고, (3)은 맨명사구가 한정적으로 사용되는 환경을 보여준다. 전자에서는 해당 개체의 존재를 단언하는 존재 단언 표현들이 사용되고, 후자에서는 그러한 개체의 존재를 전제하는 존재 전제 표현들이 나타난다. 맨명사구의 한정성 여부가 이러한 표현들과 관련되어 있음을 알 수 있다.

11.2.3. 한정성 표지

한국어에는 관사가 없어서 한정성을 나타내는 주요 표지가 명사구에 결여되어 있지만, 다른 종류의 표지가 그 역할을 어느 정도 담당하고 있다. 가령, 지시사 '이, 그, 저'는 그 속성상 한정적인 표현을 함의한다. 그리고 화제 표지 '은/는'도 역시 그러하다.[3] 특히 화제 표지는 한국어 특유의 언어 표현으로 그 쓰임이 매우 활발하다는 사실에 주목할 필요가 있다. 화제 표지의 주 기능이 한정성을 나타내는 것이 아니라고 하더라도 한정성을 나타내는 기능을 동반한다면, 그 쓰임의 규모를 생각할 때 한정성 표지로서의 역할도 매우 클 것이기 때문이다.

한편, 지시사나 화제 표지 외에도 '어떤', 부분 구조, 복수표지 '들', 목적격 조사 '을/를', 수량사구 등이 한정성 표지로 사용된다고 언급된 바가 있다. 그러나 이들을 한정성 표지라고 보기에는 어려움이 있다고 판단하여 이들을 한정성 표지에 포함시키지 않으려고 한다.[4] 그리고 '어떤'의 예를 들어 그러한 어려움의 한 단면을 살펴보고자 한다.

영어의 'certain'은 화자가 특정한 개체를 마음 속에 두고 있음을 나타내는 표현으로 잘 알려져 있다. 그리고 '어떤'이 'certain'에 대응되는 한국어 표현이라는 이유로 '어떤'이 한정성 표지로 종종 언급되곤 하였다. 그러나 다음의 예들이 보여주듯이, '어떤'이 그러한 역할을 하지 않을 수도 있다.

(7) 가. 백화점에 가면 어떤 물건들을 충동구매 하기도 해요.
　　나. 나는 철수가 어떤 여자와 사귀고 있는 것을 알고 있다.

---

3) 화제 표지 '은/는'에 대해서는 다음 장에서 상세히 다룰 것이다. 이것의 주 기능은 관계적 구정보를 나타내는 것인데, 관계적 구정보는 지시적 구정보를 함의한다. 지시적 구정보란 다름 아닌 한정성을 뜻하므로 관계적 구정보가 한정성을 함의하는 것이 된다.
4) 이러한 표현들이 한정성 표지가 아니라는 것에 대한 상세한 논의는 전영철(2013)에서 찾아 볼 수 있다.

(7가)의 '어떤 물건들'은 화자의 마음 속에 있는 특정한 개체일 수도 있지만 그렇지 않은 해석이 더 자연스럽다. (7나)도 마찬가지여서 철수가 '영희'와 사귀고 있음을 말하는 것일 수도 있으나 누구인지 모르는 한 여자와 사귀고 있음을 뜻할 수도 있다. 'certain'을 번역할 때 '어떤'을 쉽게 떠올리는 경향이 있음은 사실이다. 그러나 'certain'과는 달리, 위의 예들에서와 같이 '어떤'은 한정적으로도 비한정적으로도 사용될 수 있다. 한정성의 관점에서 보면, '어떤'은 'certain'보다는 'some'과 더 유사하다. 예를 들어 'Every boy loves some girl.'에서 'some girl'은 특정적으로나 불특정적으로 모두 가능하다.

한정성 표지로 논의된 바 있는 다른 많은 표현들도 '어떤'의 경우처럼 진정한 한정성 표지의 역할을 하지는 못하는 것 같다. 결국, 한정성 표지로는 지시사 '이, 그, 저'와 화제 표지 '은/는' 등을 거론할 수 있으며, 특히 화제 표지는 한국어에 특유하면서도 강력한 한정성 표지로 강조될 필요가 있다.

11.3. 총칭성

11.3.1. 양화로서의 총칭성

여기에서는 언어 표현이 지시하는 어떤 실체의 양이나 비율을 나타내는 특별한 방식에 대해 살펴보고자 한다. 다음의 예들에서는 '학생'이 지시하는 실체의 양이나 비율이 '모든', '몇몇', '대부분의'와 같은 양화적(quantificational) 표현에 의해 표현되고 있다.

(8) 가. <u>모든</u> 학생은 밤늦게 귀가한다.
　　 나. <u>몇몇</u> 학생은 밤늦게 귀가한다.
　　 다. <u>대부분의</u> 학생은 밤늦게 귀가한다.

그러면 다음의 예는 이와 관련하여 어떠한가?

(9) 학생(들)은 밤늦게 귀가한다.

이 문장은 관심의 대상이 되는 어떤 학생들에 대해 기술하는데, 그 학생들이 대체로 모두 밤늦게 귀가하는 상황을 기술한다. 여기에는 (8)의 예문들과는 달리 양이나 비율을 나타내는 '모든', '대부분' 등과 같은 표현이 주어 명사구에 사용되지 않는데도 '대체로 모두' 정도의 양화적 의미가 전달되고 있다. 이 '대체로 모두'의 의미는 '보통의', '일반적인' 정도로도 바꾸어 볼 수 있는데, 이러한 정도의 의미를 가지는 표현들을 '총칭적(generic)'이라고 한다.

이러한 총칭적 표현의 특징은 예외를 허용한다는 것인데, (9)의 경우에는 관심의 대상이 되는 학생들 중에서 일부가 일찍 귀가할 때에도 사용될 수 있다. '총칭'과 대비되어 사용되는 의미론적 용어로는 '보편(universal)'과 '존재(existential)'가 있는데, 전자는 '모든'과 같이 대상이 되는 실체를 하나도 빠짐없이 포함하는 의미를 가지며, 후자는 '몇몇', '어떤', '일부의' 등과 같이 대상이 되는 실체들 중에서 소수를 기술의 대상으로 포함함을 나타낸다. 흔히 사용되는 양화적 표현들 중에서는 '대부분'이 총칭성(genericity)과 가장 비슷하다고 할 수 있겠지만, '대부분'을 총칭적이라고 할 수는 없을 것이다. (9)의 '학생(들)'이 가장 자연스러운 총칭적 표현인데 여기에는 어떠한 양화적 표현도 사용되지 않고 있다. 한국어에서 가장 자연스러운 총칭명사구의 형식은 '학생(들)'과 같이 어떠한 형태의 결정사(determiner)도 명사구의 앞부분에 놓이지 않는 맨명사구인 것으로 알려져 있다.

이와 같이, 보편적 양화나 존재적 양화와 구별되는 양화적 의미를 가지는 총칭은 일종의 일반성(generality)으로 파악될 수 있을 것이다. (9)는 일반적인 학생(들)에 대한 기술로서 약간의 예외적인 학생(들)의 존재를 허용한다. 그런데 이러한 일반성은 관심의 대상이 되는 실체에 적용될 수 있을 뿐만 아니라 기술되는 상황 전체에 대해서도 적용될 수 있다.

(10) 철수는 밤늦게 귀가한다.

이 문장은 철수가 일반적으로 밤늦게 귀가하는 속성이 있음을 표현하며, 가끔씩 일찍 귀가하는 경우가 생기는 상황에서도 사용될 수 있다. 즉, 이 문장은 예외가 허용되는 총칭성의 의미가 문장이 기술하는 상황 전체에 적용됨을 보여준다.

이 문장은 다음의 문장들과 대비된다.

(11) 가. 철수는 <u>항상</u> 밤늦게 귀가한다.
　　 나. 철수는 <u>가끔</u> 밤늦게 귀가한다.
　　 다. 철수는 <u>대부분</u> 밤늦게 귀가한다.

이 예들에는 양화 부사 '항상', '가끔', '대부분'이 사용되어 철수의 밤늦은 귀가라는 상황이 얼마나 빈번하게 발생하는지를 기술한다. '항상'은 상황에 대한 보편적 양화 표현이고 '가끔'은 상황에 대한 존재적 양화 표현이다. 그리고 '대부분'은 총칭과 가장 가까운 양화 표현이지만 총칭과는 그 의미가 구별된다. 그런데 총칭적 상황을 나타내는 (10)에는 이러한 양화 부사에 해당하는 표현이 포함되어 있지 않다. 이는 실체에 대한 총칭적 의미를 위해 양화적 표현이 결여된 맨명사구가 선호되는 사실과 통한다. 실체에 대한 총칭성뿐만 아니라 상황에 대한 총칭성을 위해서도 영형태의 표현 방식이 사용되고 있는 것이다.

11.3.2. 두 종류의 총칭적 표현: 총칭 명사구와 총칭문

우리는 총칭성을 양화 현상의 하나로 보면서, 실체 및 상황에 대한 총칭성의 실현을 차례대로 살펴보았다. 그런데 보통 총칭문(generic sentence)에서는 이 두 종류의 총칭성이 함께 실현된다고 본다.

> (12) 가. 유리는 깨지기 쉽다.
>   나. 뱀은 가늘고 길다.

(12가)에서 맨명사구인 '유리'는 일반적인 유리, 즉 유리라는 종류(kind)를 지시하고, '깨지기 쉽다'라는 서술어는 이 종류의 일반적인 속성을 기술하고 있다. 이들은 각각 실체와 상황에 대한 총칭성을 담당하고 있고 총칭 명사구와 총칭문으로 구현된다. 이와 같이 (12가)는 총칭 명사구에 대해 일반적인 속성을 기술하는 전형적인 총칭문이다. (12나)도 이와 마찬가지이다.

그러나 총칭 명사구와 총칭문이 동시에 실현되는 전형적인 경우만이 존재하는 것이 아니다. 총칭 명사구가 총칭문이 아닌 문장에서 실현되기도 하고, 비총칭 명사구에 대해 일반적인 속성이 기술되는 총칭문이 존재하기도 한다.

> (13) 가. 호랑이는 한반도에서 오래전에 멸종되었다.
>   나. 컴퓨터는 20세기에 발명되었다.
>   다. 우리 교장 선생님은 인자하시다.
>   라. 저 개는 시끄럽게 짖는다.

(13가-나)에서는 주어 명사구에만 총칭성이 실현된다. 가령 (13가)는 호랑이라는 종류에 대해 발생한 일회성의 사건을 언급한다. 이에 반해, (13다-라)에서는 문장 차원에서만 총칭성이 실현되고 있다. (13다)는 우리 교장 선생님이라는 한 실체에 대해 고유의 일반적인 속성을 기술한다. 이러한 예들은 명사구와 문장의 총칭성이 구별되어 실현된다는 사실을 뒷받침하는데, 이에 대한 여러 다른 언어학적 증거들도 존재한다. 아래에서는 이러한

언어학적 증거들을 몇 가지 살펴보고자 한다.

우선, 총칭문이 어떤 형식적인 표지를 갖출 때가 있는데, 이러한 경우에 그 표지가 총칭 명사구를 위한 표지와 구별된다는 점이 주목된다. 총칭 명사구가 총칭성을 위한 어떤 표지를 갖춘다면 해당 명사구 내에 그 표지를 가질 것으로 추정할 수 있다. 실제로 관사를 가진 언어에서는 정관사 및 부정관사가 총칭성과 관련된 표지로 사용되기도 하고 복수 표지의 유무가 그러한 표지로 사용되기도 한다. 이에 반해, 문장의 총칭성에 대한 표지로는 문장 내에 나타나는 명사구와 관련되지 않고 서술어와 관련되어 실현되는 경향이 뚜렷하다. 밑줄 친 부분들이 문장의 총칭성을 표상한다.

(14) 가. 날씨가 좋은 날이면 할아버지는 혼자 산책을 나가시곤 <u>한다</u>.
　　 나. John <u>used to</u> stop by Mary's office in the morning.
　　 다. Ich <u>pflege</u> meine Meinung offen <u>zu</u> sagen.
　　　　 I used my thought open tu say
　　　　 'I used to say my thought openly.'
　　 라. Wanawake <u>hu</u>-fanya kazi ya kuchokoa pwesa.
　　　　 women HABIT-do work of catching squid
　　　　 'The women (generally) do the work of catching squid.'

위의 예는 차례대로 한국어, 영어, 독일어, 스와힐리어에서 총칭문이 실현될 때 서술어에 일정한 문법화된 요소가 있음을 보여 준다. 총칭문의 실현과 관련하여 명사구 내에서는 아무런 표지도 실현되지 않고 있다.

다음 예들은 모두 어떤 사람(들)이 일반적으로 식사 후 산책을 함을 표현하는 총칭문인데, 그 주어가 각기 다른 형식으로 실현되고 있다.

(15) 가. <u>철수</u>는 식사 후 산책을 한다.
　　 나. <u>그 사람</u>은 식사 후 산책을 한다.

다. <u>많은 사람</u>은 식사 후 산책을 한다.
라. <u>모든 사람</u>은 식사 후 산책을 한다.
마. <u>사람</u>은 식사 후 산책을 한다.

위의 예들에서 마지막의 맨명사구만이 총칭 명사구이며, 다양한 형식의 명사구가 총칭문의 주어로 실현되고 있다. 이와 같은 예들은 문장의 총칭성이 주어 명사구의 총칭성과는 관계가 없음을 보여 준다고 할 수 있다.

우리는 총칭성을 일종의 양화 현상으로 파악하고 있다. 즉, 총칭은 가장 일반적인 양화의 방식인 보편 및 특칭의 양화와는 구별되어야 하지만 양화의 일종으로 볼 수 있다. 그런데 일반적으로 명사구에 대한 양화와 문장에 대한 양화는 별개의 방식으로 실현된다.

(16) 가. <u>많은</u> 학생이 <u>주로</u> 도서관에서 공부한다.
　　 나. <u>대부분의</u> 학생이 <u>가끔</u> 도서관에서 공부한다.
　　 다. <u>몇몇</u> 학생이 <u>항상</u> 도서관에서 공부한다.

위의 예들에는 주어 명사구와 문장에 각기 다른 종류의 양화가 실현되고 있다. 명사구에 대한 양화는 명사구 내에서 실현되고, 문장에 대한 양화는 부사에 의해 서술어를 수식함으로써 실현된다. 총칭을 양화의 일종으로 파악할 수 있다면, 총칭성에서도 명사구와 문장에 대해 서로 구별되는 양화의 방식이 실현된다고 보는 것이 타당할 것이다.

총칭성에 의해 허용되는 예외에 대해서도 주목할 필요가 있다. 다음의 예들에서 허용되는 예외들에 대해 생각해 보자.

(17) 가. 한국인은 2002 월드컵에 열광했다.
　　 나. 민수는 일요일마다 등산을 간다.
　　 다. 어린아이는 낮잠을 잔다.

(17가)는 총칭적 주어가 비총칭문에 나타난 예인데, 일부 한국인들이 2002년의 월드컵에 열광하지 않았다고 하더라도 문장의 의미값은 변하지 않는다. 총칭적 주어에 대한 예외가 허용된다. (17나)는 비총칭적 주어가 총칭문에 사용된 예인데, 민수가 가끔 일요일에 등산을 가지 않는다고 하더라도 이 문장이 적절하게 사용되었다고 말할 수 있다. 즉, 문장 차원의 총칭성에 대한 예외가 허용된다. (17다)는 총칭적 주어가 총칭문에 나타난 것인데, 여기에는 두 종류의 예외가 모두 허용된다고 볼 수 있다. 이 예의 자연스러운 해석은 90퍼센트 이상의 어린아이가 낮잠을 90퍼센트 이상 잔다는 정도가 될 것인데, 이 해석에는 해당하는 실체와 상황에 대해 10퍼센트 정도의 예외가 허용되어 있는 셈이다. 물론 100퍼센트의 어린아이가 90퍼센트 낮잠을 잔다거나 90퍼센트의 어린아이가 낮잠을 100퍼센트 잔다는 해석으로 사용될 수도 있겠으나, 더 자연스러운 해석은 90퍼센트의 어린아이가 낮잠을 90퍼센트 이상 잔다는 것이다. 이상의 예들은 주어와 문장의 예외가 제각기 허용된다는 것을 보여주고 있어서 주어와 문장의 총칭성이 독립적으로 실현된다는 사실을 뒷받침한다고 할 수 있겠다.

이상의 논의를 통해 총칭 명사구와 총칭문의 실현이 서로 별개로 이루어진다고 볼 수 있는 여러 가지 언어학적 증거들도 확인할 수 있었다. 총칭 명사구와 총칭문이 동시에 실현되는 것이 전형적인 총칭성의 실현 방식이겠으나, 실제로는 한 종류의 총칭성만이 실현되는 경우들도 상당히 존재한다.

11.3.3. 총칭성과 조사

총칭 표현에 대한 연구와 관련하여 크게 주목을 받은 것으로 영어의 맨복수형(bare plural)을 들 수 있다. 'boys', 'firemen' 등과 같은 맨복수형 외에도 'the boy'나 'a boy'와 같은 형태가 총칭 표현으로 사용되지만 영어에서는 맨복수형이 대표적인 총칭 표현으로 사용된다. 맨복수형이 사용된 다음의

예들을 살펴보자.5)

> (18) 가. [Firemen]ꜰ are available.
> 나. Firemen are [available]ꜰ.
> 다. Firemen are altruistic.

장면 층위 술어인 'available'이 사용된 (18가)와 (18나)는 음운론적 초점이 다를 뿐인데, 이 차이로 말미암아 맨복수형 주어 'firemen'의 해석이 달라진다. (18가)와 같이 주어에 음운론적 초점이 주어지면 'firemen'은 존재적 해석을 가지는 반면에 (18나)와 같이 장면 층위 술어에 음운론적 초점이 주어지면 총칭적 해석이 실현된다. 그러나 (18다)처럼 'altruistic'과 같은 개체 층위 술어의 경우에는 음운론적 초점의 차이와는 무관하게 항상 총칭적 해석만을 가진다.

이와 같이 영어에서 총칭성이 실현될 때 음운론적 요소와 술어의 종류가 큰 영향을 미치는 것으로 알려져 있다. 한국어의 경우에는 어떤 모습이 나타나는지 알아보자. 우선 (18)의 예들에 가장 자연스럽게 대응하는 한국어의 예들은 아래와 같다.

> (19) 가. 소방수가 가용하다.
> 나. 소방수는 가용하다.
> 다. 소방수는 이타적이다.

그런데 이 예들은 하나의 해석만 가지고 있지 않아서 (18)의 예들에 대해 행해진 설명과 같이 간단하게 정리되지는 못할 것이다. 그렇지만 이 예들이 (18)의 대응 예들이 가지는 해석을 가지는 것도 분명하다. (19가)는 '소방수'

---

5) '[Firemen]ꜰ'의 하첨자 'ꜰ'는 음운론적 초점이 주어짐을 나타낸다.

가 존재적으로 해석될 수 있으며, (19나)의 '소방수'는 총칭적으로 사용될 수 있고, (19다)의 '소방수'는 총칭적 해석을 강하게 가진다. 우리는 (18)과 (19)의 대응을 통해, 한국어에서 총칭성이 실현되는 중요한 일면을 엿볼 수가 있다. 우선, 영어에서 음운론적 초점이 하는 역할을 조사 '가'와 '는'이 한다는 것이다. 그리고 영어와 마찬가지로 술어의 종류가 관여하여, 장면충위 술어와 어울리는 맨명사구는 조사의 차이에 따라 존재적 해석 및 총칭적 해석을 가지고, 개체 충위 술어와 어울리는 맨명사구 주어는 총칭적 해석만을 가진다.

우리는 이와 같이 총칭성의 실현에 조사의 종류가 관여한다는 사실을 주목할 필요가 있다. 앞 절에서 한정성을 논의할 때에도 조사의 종류에 따라 한정성 여부가 달라짐을 살펴본 바 있다. '은/는'은 한정성 표지의 역할을 하며, 존재문의 주어에는 '이/가'가 부착된다는 사실 등이다. 한국어에서 조사가 한정성이나 총칭성 등의 지시적 특성을 표현하는 데 일정한 역할을 한다는 것을 확인할 수 있다.

11.4. 복수성

11.4.1. 한국어 복수 표지의 두 가지 특성

일반적으로 한국어에는 단수와 복수라는 수(number)의 개념이 문법 범주로 존재하지 않는다고 알려져 있다. 수라는 문법 범주가 있는 언어에서는 주어 명사구가 단수인지 복수인지에 따라 서술어의 활용 형태가 달라지지만, 한국어에서는 수에 대한 주어와 서술어 간의 일치가 존재하지 않기 때문이다. 그리고 이러한 특성은 복수 표지의 수의성과도 연결된다. 아래의 예문에서 주어에 '들'을 붙이는 것이 상당히 자유로워 보인다.

(20) 가. 나무가 많다.
　　　나. 나무들이 많다.

나무(들)이 많은 공원에 도착하여 위 두 예문 중에서 어떤 것을 사용하더라도 무방할 것이다. 동일한 상황에서 단수형과 복수형이 모두 가능한 것으로 보인다.

　보통 복수 표지는 명사와 관련되어 실현되는 것으로 알려져 있다. 복수란 셈을 바탕으로 하며, 셀 수 있는 대상은 명사에 의해 표현되기 때문이다. 그런데 특이하게도 한국어에서는 그와 같은 복수 표지가 명사 이외의 표현들에 덧붙어 실현되기도 한다.

(21) 가. 어서(들) 먹어(들) 보세요(들).
　　　나. 선생님께(들) 인사를(들) 잘(들) 해야(들) 해요(들).

위의 예들에서 명사 이외의 여러 가지 종류의 표현들에 복수 표지 '들'이 붙을 수 있음을 확인할 수 있다. 부사 및 서술어뿐만 아니라 '선생님께(들)'과 '인사를(들)'에서와 같이 조사 뒤에서도 실현될 수 있어서 다른 언어들의 복수 표지와는 다른 모습을 보인다.

　한국어의 대표적인 복수 표지인 '들'은 이러한 두 가지의 중요한 특징을 가진다. 아래에서, '들'이 수의적으로 쓰이는 듯한 특성과 '들'이 명사구가 아닌 표현에도 붙을 수 있는 특성을 차례대로 살펴볼 것이다.

11.4.2. '들'-복수형과 'ø'-복수형

　여기에서는 '들'의 수의성에 대해 살펴보고자 한다. 앞에서 살펴보았듯이, 나무(들)이 많은 공원에서 "나무들이 많아요."라고 말할 수 있고 "나무가 많아요."라고 말할 수도 있다. 동일한 복수 대상에 대해 '나무들'과 '나무'라는 두 가지 표현이 가능하다. 이 두 가지 복수형을 각각 '들'-복수형과 'Ø'-복수형으로 구별하도록 하자.

우선 우리는 이 두 복수형이 아무런 의미 차이가 없어서 '들'의 사용이 완전히 수의적인지 혹은 이들 사이에 중요한 의미 차이가 존재하는지를 알아보도록 하자. 그런데 '들'의 수의성 여부를 확인함에 있어서, '들' 외에도 복수성을 나타내는 다른 표현이 나타나는 경우와 그렇지 않은 경우로 나누어 살펴보는 것이 유용할 듯하다. 복수성을 나타내는 다른 표현이 있는 경우에는 이 표현으로 말미암아 '들'의 복수 표시 기능이 반드시 요구되지는 않을 것으로 예측되기 때문이다.

먼저 '들' 외에도 복수성을 나타내는 다른 표현이 있는 경우를 살펴보자. 이러한 경우의 대표적인 예는 수량사구이다.

(22) 가. 교수 열 명, 교수들 열 명
　　　나. 개 열 마리, 개들 열 마리
　　　다. 빵 열 개, 빵들 열 개

(23) 가. 열 명의 교수, 열 명의 교수들
　　　나. 열 마리의 개, 열 마리의 개들
　　　다. 열 개의 빵, 열 개의 빵들

(22)는 '명사-수사-분류사' 유형이고, (23)은 '수사-분류사-명사' 유형인데 각 유형 내에서 용인 가능성의 차이가 나타나는 듯하다. (22)에서 '교수 열 명'과 '교수들 열 명'은 큰 차이 없이 모두 용인되지만 '빵 열 개'와 '빵들 열 개' 사이에는 용인 가능성의 차이가 감지된다. 후자는 전자에 비해 상당히 부자연스럽다. 그리고 '개 열 마리'와 '개들 열 마리'의 관계는 그 중간 정도의 차이가 감지된다. (23)에서도 (22)와 비슷한 상황이 연출된다. (23가)의 '교수'의 경우는 '들'의 유무가 용인 가능성의 차이를 가져오지 않는 반면에

'개', '빵'으로 갈수록 그 차이가 커지는 것 같다. 이와 같이 (22)와 (23)의 예들을 통해 '들'과 유정성 사이의 관계가 관찰된다. '들'은 유정성이 높을수록 부착이 용이하다. '빵'과 같은 무정 명사는 '교수'와 같은 사람 명사에 비해 '들'의 부착 가능성이 훨씬 떨어진다.

'들' 외에도 복수성을 나타내는 표현이 있는 다른 주요한 예로 양화사 구문이 있다.

(24) 가. 모든 교수, 모든 교수들
　　 나. 모든 개, 모든 개들
　　 다. 모든 빵, 모든 빵들

(25) 가. 대부분의 교수, 대부분의 교수들
　　 나. 대부분의 개, 대부분의 개들
　　 다. 대부분의 빵, 대부분의 빵들

위의 양화사들도 수량사구의 수사와 마찬가지로 피수식 명사가 복수임을 나타내므로 '들'의 출현이 필수적이지는 않을 것이다. 그런데 여기에서도 명사의 유정성의 차이에 따라 '들'의 부착 여부에 차이가 감지된다. 사람, 동물, 사물과 같이 유정성이 점점 적어질수록 '들'의 부착이 점점 부자연스러운 경향을 보인다.

이상에서 '들' 외에도 복수성을 나타내는 표현이 있는 수량사구와 양화사 구문에서 '들'이 실현되는 모습을 살펴보았다. 수사나 양화사가 이미 복수성을 표현하고 있어서 '들'의 사용이 수의적인 것 같지만 해당 명사의 유정성의 차이에 따라 '들'의 실현에 대한 제약이 달라짐을 알 수 있었다. 이러한 제약은 '들'의 사용이 단지 수의적이지만은 않음을 보여준다고 하겠다.

다음으로, '들' 외에는 복수성을 나타내는 표현이 없는 경우에 '들'이 어떤 특성을 보이는지 살펴보자.

(26) 가. 나는 밥보다 <u>반찬</u>을 좋아해요.

　　 나. 나는 밥보다 <u>반찬들</u>을 좋아해요.

　　 다. 나는 어제 시장에서 <u>과일</u>을 샀다.

　　 라. 나는 어제 시장에서 <u>과일들</u>을 샀다.

아마도 (26가)와 (26나)는 동일한 상황에서 사용될 수 있을 것이다. 가령 식사를 어떤 식으로 하느냐는 질문에 대하여 두 문장이 모두 사용될 수 있다. 그런데 이때 두 문장의 의미는 약간의 차이가 있다고 볼 수 있는 측면이 있다. (26가)에서는 반찬이 여러 가지일 수 있지만 반찬 전체를 밥과 대비시켜 단순하게 표현한다면, (26나)는 자기가 좋아하는 반찬들이 여러 가지가 있음을 문장에 담아서 표현한다고 구별할 여지가 있다. (26다)와 (26라)도 동일한 상황에서 사용 가능하다. 내가 어제 사과, 배, 감 등을 사온 상황에서 이 두 문장이 모두 사용될 수 있다. 그렇지만 이 경우에도 (26다)와 (26라) 사이에는 (26가)와 (26나)에서 관찰된 것과 마찬가지의 차이가 나타난다. (26다)가 내가 어제 사온 여러 가지 과일을 통째로 표현한다면 (26라)는 내가 사 온 과일이 여러 가지임을 드러내어 표현한다고 할 수 있다. '반찬'이나 '과일'과 같은 'Ø'-복수형은 복수의 지시물을 한 덩어리로 표현하는 반면에 '반찬들'이나 '과일들'과 같은 '들'-복수형은 동일한 지시물을 개별화하여 표현하는 차이가 있다.

　아래 예의 '사람들'과 '사람'에서도 이와 같은 차이가 나타난다.

(27) 가. <u>사람들</u>이 각자 도시락을 준비해 왔다.

　　 나. *<u>사람</u>이 각자 도시락을 준비해 왔다.

　　 다. 주인장은 <u>사람들</u>에게 십 만원씩을 지급하였다.

　　 라. *주인장은 <u>사람</u>에게 십 만원씩을 지급하였다.

(27가)와 (27나)는 '각자'가 나타나는 문장인데 '들'이 부착된 (27가)만이 적

절하다. '각자'의 의미는 복수의 대상을 개별화시키는 과정을 요구하는데, '사람들'만이 '각자'와 공기할 수 있을 뿐이지 '사람'은 그렇지 못하다. 이것은 '사람들'은 복수의 대상에 대한 개별화와 부합하는 반면에 '사람'은 그렇지 못함을 뜻한다. 그리고 이러한 개별화를 이끌어내는 것은 복수 표지 '들'이다. (27다)와 (27라)에서 관찰되는 용인 가능성의 차이도 동일하게 설명할 수 있다. '씩'도 어떤 복수의 대상을 요구하고 나아가 이에 대해 개별화의 과정을 포함하기 때문에 (27다)만이 허용된다는 설명이 가능하다.

다음과 같은 예들도 '들'-복수형과 '∅'-복수형의 의미 차이를 분명히 보여 준다.

(28) 가. <u>공룡</u>은 멸종했다.
　　 나. *<u>공룡들</u>은 멸종했다.
　　 다. 에디슨은 <u>전구</u>를 발명했다.
　　 라. *에디슨은 <u>전구들</u>을 발명했다.

(27)에서와는 거꾸로, 여기에서는 '들'-복수형이 허용되지 않고 '∅'-복수형만이 허용된다.6) 그 이유는 서술어 '멸종하다'와 '발명하다'가 집단 술어라는데 있다. 집단 술어는 어떤 집단에 대해 통째로 적용되는 것이지 집단에속한 개별적인 개체들에 대해 적용될 수가 없다. '멸종하다'와 '발명하다'는공룡들의 집단 전체와 전구들의 집단 전체를 대상으로 한다. 따라서 '들'-복수형이 허용되지 못하고 '∅'-복수형만이 사용된다는 것은 복수 표지 '들'이개별화와 관련이 있음을 뒷받침한다.

이상의 논의를 통해, '들'의 중요한 기능이 개별화 또는 개체화임을 확인하였다. 비록 이러한 '들'의 기능이 제대로 문법화되지 못하여 '들'의 수의성

---

6) (28나)가 여러 종류의 공룡들이 멸종했음을 나타낸다면 적절한 문장이 될 것이다. 이때 '공룡들'은 공룡의 하위 종류들을 표상한다. 그러나 공룡 전체에 대해서 사용된다면 (28나)는 적절하지 못하다. (28라)에도 이러한 설명이 적용된다.

이 논의되기도 하지만, '들'이 이러한 기능을 가지는 경향이 뚜렷하게 존재하기 때문에 '들'이 수의적이라고 할 수는 없다. 따라서 한국어에는 의미적으로 구별되는 '들'-복수형과 'Ø'-복수형의 두 가지 복수형이 존재한다고 보아야 한다. 기본적으로 '들'-복수형은 개별화된 복수성을 추구하는 반면에 'Ø'-복수형은 비개별화된 복수성을 추구한다고 구별할 수 있다.

11.4.3. 간접 복수 표지 '들'

앞에서 언급한 바와 같이, 한국어에는 명사구 외에도 '들'이 실현되는 특성이 있다. 먼저 이러한 '들'의 분포에 대해 알아보자. 다음은 이러한 '들'의 다양한 분포를 보여준다.

(29) 가. 걔들은 마음씨가들 착해서.
　　나. 너희들은 왜 그 사람을들 그렇게 괴롭히니?
　　다. 모두 열심히들 일하는군.
　　라. 빨리 일어들 안 날거야?
　　마. 어서 와요들.
　　바. 모두 집에들 가야 하지 않니?
　　사. 아침은들 드셨나?
　　아. 살림이나들 착실하게 하라고 그래.

위의 예들은 임동훈(2012)에서 제시된 '들'의 사용 예들 중 일부를 가져온 것이다. (29가, 나)는 주격 조사와 목적격 조사 다음에 쓰인 예이고, (29다)는 부사어와 사용된 예이며, (29라, 마)는 동사 내부 성분과 종결형 어미 뒤에 사용된 예이다. 그리고 나머지는 여러 가지 조사들 뒤에 부착된 예들이다. 이 예들을 통해 '들'이 체언 이외의 성분에 광범위하게 부착될 수 있다는 사실을 알 수 있다. 그런데, 사실은 이 예들 중 여러 개가 임동훈(2012)에서는 부자연스러운 예로 제시된 것들이다. 용인 가능성의 정도의 차이는 있지만, (29나, 사, 아)가 부자연스러운 예로 처리되었다. 그러나 이러한 예들이 적절하게 발음된다면 용인 가능한 것으로 판단된다. 예를 들어, '들' 앞에 약간의 휴지를 두고 '들'을 고음조로 약간 길게 발음한다면 훨씬 더 용인 가능하게 되는 것으로 보인다. 우리는 이러한 가능성에 주목하여 이 예들도 용인가능하다고 보고자 한다.

일반언어학적 관점에서 볼 때 이와 같이 체언 외의 성분에 나타나는 복수 표지는 특이한 존재이다. 그러나 (29)에서 보다시피 이러한 '들'의 존재는 의심할 바가 아니다. 우리는 체언에 붙어 나타나는 '들'과 이러한 '들'을 구분하여, 이들을 각각 '직접 복수 표지'와 '간접 복수 표지'로 구별하고자 한다 (임홍빈 2000).

간접 복수 표지의 중요한 특징 하나는 직접 복수 표지의 표현과 항상 공기한다는 것이다. (29가, 나)에서는 '걔들은'과 '너희들은'이 함께 나타나고, (29)의 나머지 예들에서는 '여러분들' 정도의 표현이 생략되어 있어서 맥락으로부터 쉽게 복구될 수 있다. 그리고 간접 복수 표지가 나타나지 않더라도 전체 문장의 의미는 변하지 않는다. 가령 (29가)에서 간접 복수 표지를 뺀 '걔들은 마음씨가 착해서.'는 (29가)와 동일한 의미를 가진다. 우리는 간접 복수 표지의 이러한 특징들로부터 복수성을 나타내는 적극성의 관점에서 직접 복수 표지와 차이가 남을 확인할 수 있다. 간접 복수 표지는 직접 복수 표지에 의존적이며, 직접 복수 표지와 비교하여 복수성을 소극적으로 표현한다고 할 수 있다.

다음으로, 간접 복수 표지의 복수적 의미 기능에 대해 좀 더 자세히 살펴보자. 이를 위해 송재정(1997)의 다음 예들이 유용하다.

(30) 가. 아이들이 물약(들)을 잘 먹었다.
　　　나. 아이들이 물약을 잘들 먹었다.

그는 간접 복수 표지의 고유한 의미 기능이 있음을 지적한다. (30가)는 목적어 '물약' 뒤에 붙은 '들'로 인하여 물약이 아이들에게 배분되는 의미를 가지는 반면에 (30나)는 양태부사 '잘' 뒤에 붙은 '들'로 인하여 '잘'이 나타내는 양태가 아이들에게 배분되는 의미를 가진다고 보았다. 우리는 여기에서 간접 복수 표지의 두 가지 의미 특징을 포착한다. 첫째는 배분성을 유발한다는 것이고, 둘째는 그 배분성이 부사 '잘'에 작용한다는 것이다.

이와 같은 간접 복수 표지의 의미 특징은 직접 복수 표지와 동일한 것이다. 우선, 배분성은 직접 복수 표지의 개별화 기능과 통하는 의미 기능이다. 그리고 체언에 붙는 직접 복수 표지의 복수성이 체언에 작용하듯이, 비체언에 붙는 간접 복수 표지의 복수성도 그 비체언에 작용하는 것이다. 그런데 부사 및 어미 등에 붙는 간접 복수 표지의 복수성이 부사 및 어미 등에 작용한다는 것은 결국 그것들이 관여하는 사건의 복수성으로 이어진다고 볼 수 있다. (30나)에서 '잘'이 나타내는 양태에 복수성이 작용한다는 것은 그 양태가 실현되는 약 복용 사건이 복수적으로 발생함을 뜻한다.

우리는 직접 복수 표지와 간접 복수 표지가 모두 그것이 부착된 요소에 배분성을 부여하는 기능을 하는 것으로 본다. 직접 복수 표지는 체언에 부착되어 체언이 나타내는 지시물에 배분성이 있음을 표현하고, 간접 복수 표지는 비체언에 부착되어 그것과 연결되는 사건에 배분성이 있음을 표현한다. 그런데 여기에서 한 걸음 더 나아가, 직접 복수 표지도 궁극적으로는 사건의 배분성에 기여한다고 보고자 한다.

(31) 가. 사람들이 와.
　　　 나. 선수들이 열심히들 운동해요.

(31가)의 주어 '사람들'은 오는 사건의 행위주(agent) 역할을 한다. 이때 해당되는 사람들 각각의 개체가 별개의 오는 사건에 관여하므로 결국에는 오는

사건도 복수적 혹은 배분적 해석을 얻게 된다. 즉 주어의 복수성 내지는 배분성이 사건의 복수성 내지는 배분성으로 발전되어 이해된다. (31나)에서도 주어가 직접 복수 표지로 인하여 배분적으로 실현되고 각각의 선수가 운동 행위의 행동주가 되어 결국에는 운동 행위에 복수성 내지는 배분성이 부여된다. 그런데 여기에는 부사 '열심히'에 간접 복수 표지가 붙어서 운동 행위가 복수적임을 한 번 더 표상함으로써 사건의 복수성이 보다 명백해지는 효과가 덧붙여진다. 이와 같이 직접 복수 표지와 간접 복수 표지가 통합적으로 사건의 복수성으로 귀결된다고 볼 수 있다.

정보구조

12.1. 신정보와 구정보

우리는 언어를 통해 정보를 주고받는다. 언어를 매개로 하여 내가 가지고 있는 정보를 다른 이에게 제공하기도 하고 내가 모르는 정보를 다른 이에게서 획득하기도 한다. 그리고 이러한 정보의 주고받음을 통해 화자와 청자의 지식이 계속하여 변하게 된다. 그런데 대화 참여자들은 주고받는 정보가 이미 알고 있는 정보인지 혹은 그렇지 않은 새로운 정보인지를 일정한 수준으로 구별하는 것 같다. 만약 구정보와 신정보를 제대로 구별하지 못한다면 경우에 따라서는 큰 혼란에 빠질 수도 있을 것이기에 이들의 구별은 어느 수준 이상으로 유지되어야 할 것으로 보인다. 이 장에서는 한국어에서 구정보와 신정보란 무엇을 의미하며, 어떠한 방식으로 구별되는지에 대해 살펴보고자 한다.

다음의 예를 시작으로 하여 구정보와 신정보가 무엇을 의미하는지에 대해 알아보자.

(1)　Q: 내일 시장에서 뭐 살 거야?
　　　A: (내일 시장에서) 가방 하나 살 거야.

(1A)는 (1Q)에 대한 대답인데, (1Q)에서 의문사 '뭐'를 통해 요구되는 정보가 '가방 하나'에 의해 제공되고 있다. 이와 같이, 요구되는 정보에 대해 새

롭게 제공되는 정보를 보통 신정보라고 부른다. 그리고 신정보를 제외한 나머지 부분인 '(내일 시장에서) … 살 거야'는 이미 이전에 주어진 정보이므로 구정보라고 한다. 그런데 (1Q)의 질문에 대해 다음과 같이 대답할 수도 있을 것이다.

(2) A': (내일 시장에서) 그 가방 살 거야.

(2A')도 (1A)와 마찬가지로 (1Q)에 의해 요구되는 정보를 주고 있으며, 그러한 정보인 '그 가방'도 역시 신정보라고 할 수 있다. 그리고 '(내일 시장에서) … 살 거야'는 역시 구정보가 되겠다.

　질문 (1Q)에 대한 대답으로 주어지는 (1A)와 (2A')에서 각각 '가방 하나'와 '그 가방'은 질문이 요구하는 것에 대해 새로운 정보를 제공한다는 점에서 동일한 기능을 하므로 이 둘은 모두 신정보라고 볼 수 있다. 그런데 위에서 살펴본 것과는 다른 각도에서 볼 때, 이 둘이 가지는 정보의 성격에 차이가 드러난다. 즉, 이 둘은 명사구로서 명시적인 지시적 정보를 가지는데, 이 둘이 가지는 지시적 정보가 서로 구별된다. '가방 하나'나 '그 가방' 모두 어떤 가방을 지시하지만 이들에 의해 지시되는 대상이 구체적으로 무엇인지에 관한 정보의 양에서 차이가 난다. 전자는 특정한 가방을 지시하지 않고 단지 이 세상에 있는 어떤 가방을 지시하는 반면에 후자는 화자와 청자가 모두 구체적으로 알고 있는 어떤 가방을 지시한다. 후자가 가지는 지시적 정보는 화자와 청자가 이미 공유하고 있으므로 구정보라고 불리며, 전자는 이미 알고 있는 정보가 아니라는 면에서 신정보라고 한다.

　이상에서 우리는 신정보와 구정보라는 용어를 두 가지 관점에서 사용하였다. 그런데 그러한 두 가지 관점에서 사용되는 이 용어들이 (1A)의 '가방 하나'의 경우에는 두 관점에서 모두 신정보이지만, (2A')의 '그 가방'은 관점에 따라 신정보와 구정보로 각각 사용된다. 따라서 이 용어들이 사용되는 두 가지 관점이 분명히 구별될 필요가 있다(Reinhart 1981, Gundel & Fretheim 2002).

신정보와 구정보를 나누는 첫 번째 관점은 어떤 정보가 청자의 지식저장소를 갱신하는지의 여부와 관련이 있다. 일반적으로 한 문장의 정보는 그 문장이 서술하고자 하는 대상인 X와 이 X에 대해 서술되는 부분인 Y로 양분될 수 있다.

(3) Q: 저 사람은 누구니?
　　A: 저 사람은 이 방 주인이다.

(3A)는 저 사람을 서술의 대상으로 하고, 이에 대해 '이 방 주인이다'라는 부분이 서술된다. 이러한 X와 Y는 상보적이며, 대략 'X에 대하여 Y를 서술한다'는 관계가 형성된다. 이때 Y가 청자의 지식저장소를 갱신하는 정보이다. (3A)에서 저 사람에 대하여 '이 방 주인이다'라는 정보가 갱신된다. X와 Y의 상호 관계에서 X가 먼저 주어지고 이에 대해 Y가 덧붙여지므로, X를 관계적으로 주어진 정보, 즉 관계적 구정보라고 하고, Y를 관계적 신정보라고 한다. 이렇게 어떤 정보를 관계적 구정보와 관계적 신정보로 나누는 관점을 관계적 주어짐성(relational givenness)이라고 한다.

두 번째 관점은 어떤 언어표현이 지시하는 비언어적 실체의 존재를 화청자가 이미 알고 있는지의 여부와 관련이 있다. 이러한 관점을 지시적 주어짐성(referential givenness)이라고 하는데, 지시되는 비언어적 실체를 화청자가 이미 알고 있으면 지시적 구정보가 되고 그렇지 않으면 지시적 신정보가 된다. 이러한 지시적 주어짐성의 정의는 한정성 및 특정성의 정의와 상통하여, 한정적 표현은 지시적 구정보이며 비한정적 표현은 지시적 신정보에 대응한다고 할 수 있다.

주어짐성은 이와 같이 관계적이냐 지시적이냐에 따라 개념적으로 구분될 수 있어서 어떤 정보가 신정보인지 구정보인지를 따질 때에는 어떤 주어짐성에 입각한 것인지를 분명히 해야 한다. 위에서 살펴본 (1A)와 (2A')은 관계적 신정보가 지시적으로는 신정보 및 구정보로 모두 실현될 수 있음을 보여준다. 이러한 사정을 좀 더 풀어서 생각해보자. (1A)와 (2A')에서 '가방 하나'와 '그 가방'이 각각 관계적 신정보라고 함은 이들이 '내일 시장에서 살 것'에 대해 그것이 각각 '가방 하나'와 '그 가방'이라는 신정보를 통해 청자의 지식저장소를 갱신함을 뜻한다. 그런데 이러한 갱신에 참여하는 정보가 지시적으로 신정보인지 혹은 구정보인지는 중요하지 않을 것이다. 지시적으로 어떤 정보라도 이와 같은 정보의 갱신에 관여할 수 있기 때문이다.

한편 관계적 구정보는 관계적 신정보와는 달리 두 종류의 지시적 정보와 모두 대응될 수는 없다. 관계적 구정보에 해당하는 표현은 한 문장이 기술하고자 하는 대상을 나타내는 것으로서 문장의 나머지 부분이 이에 대해서 서술하게 된다. 어떤 대상에 대해 일정한 서술이 이루어진다는 것은 그 대상의 존재를 화청자가 이미 안다는 것을 전제한다. 즉 그 대상은 지시적으로 구정보에 해당한다. 지시적 신정보인 대상에 대해 일정한 서술을 한다는 것은 어떤 대상에 대해 언급하는지도 모르는 상태에서 그 대상에 대해 언급하는 것이기에 부적절하다. (3A)의 '저 사람'이 전형적인 관계적 구정보인데, 이것은 지시적으로도 구정보이어야만 한다.

이상으로 두 가지 주어짐성을 구별하고, 각각의 주어짐성에 입각한 신정보와 구정보의 관련성에 대해 알아보았다. 이 관련성을 아래와 같이 정리할 수 있다(전영철 2006).

(4)

관계적 구정보	관계적 신정보
지시적 구정보	지시적 신정보

관계적 신정보는 지시적으로 구정보일 수도 있고 신정보일 수도 있으나,

관계적 구정보는 지시적으로 구정보이어야 한다. 이 두 가지 주어짐성은 한편으로는 구별되지만 다른 한편으로는 위와 같이 관련되어 있다.

위와 같이 언어 표현의 정보를 두 가지 관점에서 논하는 이유는 이 둘을 분명하게 구별하여야 하는 경우들이 있기 때문이다. 지시적 주어짐성은 전형적으로 명사구와 관련되는 의미 속성으로서 명사구의 한정성이나 특정성에 해당한다. 반면에 관계적 주어짐성은 문장 내의 모든 언어 표현에 대해 논할 수 있는 것으로서, 관계적 신정보와 관계적 구정보는 상보적인 관계에 있다. 한 문장의 모든 언어 표현은 관계적으로 신정보이거나 구정보이어야 한다. 그리고 이들은 화제 및 초점과 같이 정보구조로 다루어지는 것들에 해당한다.

12.2. 초점

관계적 신정보는 청자가 모르는 새로운 정보로서 청자의 지식저장소를 갱신하는 기능을 한다. 이는 보통 초점이라고 불리는데, 모든 문장은 이것을 반드시 포함하고 있어야 한다. 어떤 문장이 적절한 것이 되기 위해서는 이미 알려진 정보가 아니라 새로운 정보, 즉 가치 있는 정보를 가지고 있어야 하므로, 초점은 문장의 필수적인 요소이다. 따라서 초점은 생략될 수가 없다. 이것은 새롭게 제공되는 정보이므로 다른 방법을 통해 복구될 수가 없기 때문이다. 한국어에서는 음운적, 형태적, 통사적 혹은 복합적 방식에 의해 초점이 실현된다.

먼저 음운적 방식에 의해 실현되는 초점의 예를 살펴보자. 기본적으로 한 문장의 모든 요소는 음운적 돋들림에 의해 초점이 될 수 있다.[1]

---

1) 음운적 돋들림이 굵은 글씨체로 표시된다.

(5) 가. **민호가** 방에서 자요.
　　나. 민호가 **방에서** 자요.
　　다. 민호가 방에서 **자요**.

위 문장들은 각각 아래의 질문에 대한 대답일 수 있어서 굵은 글씨체의 요소들이 각각 관계적 신정보가 된다.

(6) 가. 누가 방에서 자니?
　　나. 민호가 어디에서 자니?
　　다. 민호가 방에서 뭐 하니?

(5)의 문장들은 각각 (6)의 질문에서 의문사에 의해 요구되는 새로운 정보를 제공하고 있다.

　형태적 방식으로는 주격 조사와 목적격 조사가 주로 언급된다. 이남순 (1988)의 다음 예를 통하여 이를 확인할 수 있다.

(7) 가. 자라 토끼 물었다.
　　나. 자라-가 토끼 물었다.
　　다. 자라 토끼-를 물었다.
　　라. 자라-가 토끼-를 물었다.

이 예들은 주어와 목적어에 격조사가 부착되는 다양한 모습을 보여준다. 우선 주어와 목적어에 모두 격조사가 붙거나 붙지 않은 (가)와 (라)를 살펴보자. 이 예들에서 가장 자연스러운 초점은 '토끼'가 되는데, 이는 동사 바로 앞이 가장 무표적인 초점 위치임이 반영된 것이다(Kim 1988, 박철우 1998). 그런데 (나)와 (다)처럼 주어와 목적어 중 하나에만 조사가 붙은 경우에는 이와는 다른 양상이 나타난다. (나)와 (다)에서 초점이 되는 것은 각각 '자라'

와 '토끼'인데, 이들에는 주격 조사나 목적격 조사가 부착되어 있다. 이 예들은 격조사가 초점과 관련하여 모종의 기능을 하고 있음을 보여준다.

다음으로 통사적 방식에 대해 살펴보자. 가장 명시적으로 초점을 표시하는 통사적 방식은 분열문일 것이다.

(8) 가. 토끼를 문 것은 자라이다.
     나. 자라가 문 것은 토끼이다.

(8가)와 (8나)는 '자라가 토끼를 물었다.'는 문장으로부터 각각 '자라'와 '토끼'가 분열되어 나온 분열문인데, 이 분열된 요소들이 초점이다. 이러한 분열문을 특히 초점 분열문이라고 한다. (8가)는 '무엇인가가 토끼를 물었다는 사실은 알고 있었는데 그것은 바로 자라이다.'는 해석이어서, '토끼를 문 것'은 관계적으로 이미 주어진 구정보인 반면에 '자라'는 관계적 신정보, 즉 초점의 기능을 한다. 이것은 (7나)와 동일한 정보구조를 가지고 있다. 한편 (8나)는 '자라가 무엇인가를 물었다는 사실은 알고 있었는데 그것은 바로 토끼이다.'는 해석으로, '자라가 문 것'은 관계적 구정보가 되고 '토끼'는 관계적 신정보가 된다. 이것의 정보구조는 (7다)와 동일하다. 그런데 이 분열문에서 '것'-구성 뒤에 '-은'이 뒤따르는 점에 유의할 필요가 있다. 뒤에서 자세히 언급하겠지만, '-은'은 대표적인 화제 표지로서 관계적 구정보를 나타낸다.

또 다른 통사적 방식으로 어순을 살펴보자. 한국어의 특징 중의 하나로 어순이 자유롭다는 점이 종종 언급되는데, 그 이유는 격조사 등의 조사를 통해 통사적 기능이 명시적으로 표시되기 때문이다. '자라가 토끼를 물었다.'나 '토끼를 자라가 물었다.'가 조사로 인해 '자라'와 '토끼'가 각각 주어와 목적어라는 점이 명시되기 때문에 어순이 자유롭다고 말할 수 있다. 그러나 이 두 문장의 통사적 논의를 넘어 정보구조를 논한다면, 이들의 정보구조가 동일하다고 할 수가 없다. 위의 (7가)와 (7라)를 통해 살펴보았듯이, 동사 앞에 나타나는 요소가 초점이 되는 것이 가장 자연스럽다. 따라서 두 문장은 서로 다른 요소를 초점으로 취하는 서로 다른 정보구조를 가진다고 할 수 있다. 이러한 양상은 초점적 요소가 문장의 오른쪽 경계에 주로 위치한다는 범언어적 경향과도 일치한다. 그렇지만 이런 어순의 역할이 그리 크지 못하다. 우리는 (7나)에서 동사 바로 앞에 오는 무조사의 목적어 대신에 조사가 붙은 주어가 문장 첫머리에서 초점이 되는 현상을 살펴보았다. 초점에 대한 어순의 효과는 격조사의 영향에 의해 사라질 수 있다. 또한 이러한 어순의 효과는 음운적 방식에 의해서도 쉽게 영향을 받는다. 초점이 동사 앞의 요소에 자연스럽게 주어지는 (7가)와 (7라)에서도 문장의 첫 요소인 '자라'에 고음조의 악센트가 주어진다면, 이 '자라'가 초점으로 드러나게 된다.

이상에서 초점을 표시하기 위한 음운적, 형태적, 통사적 방식을 살펴보았는데, 이들이 복합적으로 작동한다면 더 강한 표시가 될 것이다. 가령, 동사 앞 위치에서 격조사와 함께 고음조의 악센트가 주어지는 요소는 보다 강력한 초점이 된다. 그런데, 이들 방식 중에서 가장 강력한 것은 음운적 방식이 될 것이다. 예를 들어 (7)의 모든 예에서 어떠한 요소에 고음조의 악센트가 주어지더라도 그 요소가 초점으로 기능하기 때문이다.

12.3. 화제

위에서 관계적 신정보, 즉 초점에 대해 살펴보았는데, 여기에서는 관계적 구정보에 대해 알아보고자 한다. 앞에서 살펴보았듯이 관계적 신정보는 관계적 구정보와 상보적이므로 한 문장의 관계적 구정보는 관계적 신정보를 제외한 나머지 정보를 모두 일컫는다.

(9) 가. Q: 민호가 어제 누구를 만났니?
          A: 민호는 어제 동호를 만났다.
     나. Q: 동호를 어제 누가 만났니?
          A: 동호는 어제 민호가 만났다.
     다. Q: 어제 민호가 누구를 만났니?
          A: 어제는 민호가 동호를 만났다.

위의 예들은 명제 내용이 동일한 여러 가지 대답이 나타날 수 있는 질문들을 보여준다. 먼저 (9가A)에서 '동호'는 '누구'에 의해 요구되는 정보를 제공하는 초점이며, 이 초점을 제외한 나머지 부분, 즉 '민호는 어제 … 만났다'는 관계적 구정보가 된다. 이 관계적 구정보는 질문에서 이미 주어져 있는 정보이다. 그런데 이 구정보에 속하는 하위 정보들이 정보구조적 차원에서 동질적이지 않다는 점을 지적하여야 한다. (9가A) 전체가 '민호'에 대하여 서술을 하고 있기 때문에 '민호'는 다른 정보들과 구별되는 특성을 가진다. 이 특성이란 바로 화제임을 나타내는 것이다. 따라서 이 관계적 구정보는 화제인 '민호'와 그 나머지로 구분될 수 있다. 그리고 화제가 그 나머지에 비해 정보의 흐름에 보다 중요하게 작용하기 때문에, 우리는 화제에 대해 중점적으로 논할 것이다. (9가A)에서 '민호'에는 '는'이 뒤따르는데, 이 '는'이 한국어의 화제를 표시하는 대표적인 표지이다. (9나A)와 (9다A)에서도 이와 동일한 관찰을 할 수 있어서, 관계적 구정보 중의 일부인 '동호'와 '어제'에 각각 '는'이 부착되며 이들이 바로 화제의 역할을 한다.

  형태적 화제 표지인 '는' 이외에도 화제를 나타내는 다른 방법들이 있다. 다음과 같은 화제 분열문을 통해서도 화제가 표시될 수 있다. 이는 화제를 나타내는 통사적 방법이다.

(10) 가. 토끼를 문 것이 자라이다.
     나. 자라가 문 것이 토끼이다.

(10가)는 자라에 대해 관심을 가지고 있던 중에 토끼를 물었다는 새로운 정보가 자라에 대해 더해지고 있는 정보구조적 모습을 보인다. 즉 분열된 요소인 '자라'가 화제이며 '것'-구성이 초점에 해당한다. (10나)도 마찬가지여서 분열된 '토끼'가 화제이며 '것'-구성이 초점이다. 앞에서 살펴본 초점 분열문의 '것'-구성 뒤에는 '은'이 부착되었는데, 위의 화제 분열문의 '것'-구성 뒤에는 '이'가 부착되는 차이가 있다. 화제 분열문의 '것'-구성이 초점 표지 '이'를 취한다는 사실은 이 '것'-구성이 초점이라는 사실과 부합된다. (10)의 예들은 다음 예들과 각각 동등하게 사용될 수 있다.

(11) 가. 자라는 토끼를 물었다.
     나. 토끼는 자라가 물었다.

이 예들에서 '자라'와 '토끼' 뒤에 오는 '는'으로부터 (10)에서도 이들이 화제로 사용된다는 사실을 다시 확인할 수 있다.

화제를 나타내는 또 다른 통사적 방법으로 다음과 같은 예들이 있다.

(12) 근데, {민호 말이야, 너 민호 알지}. 영희와 결혼할 거야.

'민호 말이야'나 '너 민호 알지'와 같은 표현은 '민호'를 새로운 화제로 세우기 위하여 사용된다. 그리고 그 다음의 표현은, 즉 '영희와 결혼할 거야'는 이 새로운 화제에 대하여 서술한다.

여하튼 한국어에서 '는'이 대표적인 화제 표지라는 것은 거의 이견이 없는 사실이다. (9)와 (11)의 예들에서 살펴보았듯이, '는'을 동반하는 표현은 문장의 나머지 표현들이 서술하고자 하는 대상이기에, 대하여성의 관점에서 화제로 쓰이고 있다. 그리고 이에 덧붙여 '는'을 동반하는 표현들은 화제의 전형적인 특징들을 몇 가지 더 가지고 있다. 첫째, 전형적인 화제는 문장의 첫머리에 나타나는데, (9)와 (11)의 이 표현들도 모두 문장의 처음에 나타난다. '는'을 동반하는 표현들이 문중에 나타나기도 하는데, 이러한 것들은 보통 화제가 아니라 대조를 위한 표지로 처리되어 왔다. 이에 대해서는 곧 자세히 살펴볼 것이다. 둘째, 화제는 대화 참여자가 이미 잘 알고 있는 정보이어서 쉽게 복구될 수 있기 때문에 종종 생략되는데, (9)와 (11)에서도 이 표현들이 아무런 문제없이 생략될 수 있다. 셋째, 화제는 그 특성상 한정적이어야 하는데, (9)와 (11)에서 이것들 역시 한정적으로 사용된다. 위의 (4)에서 살펴보았듯이, 관계적 구정보는 지시적 구정보임을 함의한다. 따라서 관계적 구정보인 화제는 지시적 구정보, 즉 한정적이어야 한다. (9)와 (11)에서도 이러한 특성을 확인할 수 있다. 결과적으로, 이러한 특성들은 '는'이 한국어의 가장 전형적 화제 표지임을 입증한다고 할 수 있다.

12.4. 대조

위에서 '는'이 화제를 표시하기 위하여 사용되는 예들을 살펴보았는데, '는'이 화제가 아니라 대조를 나타낸다는 점도 아울러 지적되어 왔다.

(13) Q: 아이들 뭐 하니?
　　　A1: 아이들은 공원에서 놀아.
　　　A2: 민호는 축구를 해. (그리고 동호는 농구를 해.)

(13Q)는 관심의 대상인 어떤 아이들에 대한 질문인데, (13A1)과 (13A2)가 모두 이에 대한 대답으로 가능하다. 그러나 이 두 대답 사이에는 중요한 차이가 존재한다. 전자는 질문에 의해 요구되는 정보 전체를 한 문장으로 제공하는 반면에 후자는 그렇지 못하다. 후자는 한 문장을 통해 단지 일부

의 정보만을 제공하며, 후속 문장과 합해져서 요구되는 전체 정보를 제공하게 된다. 이런 면에서 전자의 '아이들은'은 질문으로부터 계승되는 전형적인 화제를 나타내는 반면에, 후자의 '민호는'은 기대를 다소 벗어나는 기능을 한다고 할 수 있다. '민호는'이나 '동호는'은 정보의 흐름 상 이전의 질문에서 기대되는 전형적인 화제라기보다는 두 사람이 서로 대조됨을 더 부각시킨다고 볼 수 있다. 이러한 이유로 하여, (13A1)의 '는'은 화제 표지로, 그리고 (13A2)의 '는'은 대조 표지로 사용된다고 구별되어 왔다.

'는'이 대조 표지로 사용되는 다른 예를 하나 더 살펴보자.

(14) Q: 누가 왔니?
　　 A1: 민호가 왔어.
　　 A2: 민호는 왔어.

(14Q)의 질문에 대해 (14A1)과 (14A2)가 사용될 수 있다. 물론 전자가 후자보다 더 자연스럽고 일반적으로 사용되지만, 후자가 사용되는 경우도 분명히 존재한다. 전자의 '민호'는 질문이 요구하는 정보를 제공하기 때문에 관계적 신정보, 즉 초점으로 사용되고 있다. 그리고 초점의 표지 '가'가 부착된다는 점이 이를 뒷받침하기도 한다. 그런데 후자의 '민호'는 전자와는 달리 민호를 그 밖의 다른 후보들과 대조하는 의미를 부각시키는 면이 강하다. '민호는 왔는데 반해 동호는 오지 않았다.' 정도의 의미를 전달하고 있다. 이러한 의미가 드러나는 것은 '는'이 동반되었기 때문이며, 이로 인해 (13A2)의 '는'과 마찬가지로 이 '는'을 대조를 위한 표지라고 볼 수 있을 것이다.

(13)과 (14)에서 '는'이 대조를 나타내기 위하여 사용된다는 점을 살펴보았다. 그런데 이 두 예의 '는'-표지의 표현은 정보구조적 관점에서 차이가 난다. 우선 (13)의 경우를 다시 살펴보자.

(13) Q: 아이들 뭐 하니?
　　A1: 아이들은 공원에서 놀아.
　　A2: 민호는 축구를 해. (그리고 동호는 농구를 해.)
　　A3: *민호<u>가</u> 축구를 해. (그리고 동호<u>가</u> 농구를 해.)

(13Q)는 관심의 대상이 되는 아이들 모두에 대한 질문이므로 이에 대한 적절한 대답은 이 아이들 모두에 대한 정보를 제공해야 할 것이다. 그리고 (13A1)는 아이들 모두를 화제로 취하므로 그러한 적절한 대답이 된다. 이에 비해 다른 가능한 대답인 (13A2)는 아이들 모두가 아니라 그 중 한 아이인 민호에 대한 정보만을 제공한다. 그렇지만 민호도 화제인 것은 마찬가지이다. 왜냐하면 어떤 문장이 어떤 대상에 대해 서술한다면, 그 문장은 그 대상의 일부에 대해서도 서술하는 것이 되기 때문이다. 아이들 모두가 화제라면 아이 하나 하나가 모두 화제인 셈이 된다. 따라서 대조의 의미를 가지는 (13A2)의 '민호'는 정보구조의 관점에서 화제로 처리되어야 한다. 이러한 사실은, (13A3)에서처럼 '는'이 '가'로 대치될 수 없다는 점에 의해서도 확인된다. 초점 표지 '가'가 화제를 나타내는 '는'을 대치할 수가 없기 때문이다.

　다음으로 (14)를 다시 살펴보자. 가령 민호와 동호가 오기로 되어 있지만 실제로는 민호만 와 있는 상황에서 (14Q)가 발화될 수 있고 이에 대해 (14A1)와 같은 대답이 전형적일 것이다. 이때 (14A1)의 '민호'는 (14Q)에 의해 요구되는 새로운 정보에 해당하므로 전형적인 초점에 해당한다. 한편 동일한 상황에서 (14A2)도 가능한 대답인데, 이것은 (14A1)과는 달리 민호를 다른 후보자인 동호와 분명히 대조시키는 의미를 가진다. 그렇지만 이때의 '민호'도 (14Q)에 의해 요구되는 새로운 정보를 제공하므로 (14A1)의 '민호'와 동일하게 초점의 역할을 한다고 보아야 할 것이다. 즉, (14A2)의 '민호는'이 (14A1)의 '민호가'와는 달리 대조의 의미를 가지지만 정보구조의 관점에서는 모두 초점이다.

이와 같이, (13A2)와 (14A2)에서 대조의 '는'이 붙은 '민호'가 정보구조의 관점에서는 각각 화제와 초점으로 다르게 실현된다. 이는 대조가 화제와 초점의 정보구조와는 독립되는 개념임을 의미한다. 화제와 초점의 정보구조적 개념들은 관계적 주어짐성의 관점에서 판단하여야 할 것들이지만, 대조는 그러한 개념이 아니다. 어떤 표현이 관계적으로 신정보이든 구정보이든 간에 관심의 대상이 되는 다른 표현과 대조를 이루는 상황이라면 언제든지 대조의 의미가 덧붙여질 수 있을 것이다. 화제에 덧붙여진 대조와 초점에 덧붙여진 대조를 각각 화제 대조와 초점 대조로 구별할 수 있다.

대조가 이렇게 구분됨을 뒷받침하는 여러 증거들이 있는데, 아래에서 그 중 두 가지를 살펴보자.[2] 첫째, 화제 대조와 초점 대조 사이에는 어순의 차이가 존재한다. 앞에서 우리는 '는'-표지의 화제가 문두에 나타남을 살펴보았다. 따라서 문두에 나타나지 않는 '는'-표지의 표현들은 화제성을 가지고 있지 않을 것이라고 예측할 수 있다. 다음의 예에서 이 예측이 올바름을 확인할 수 있다.

(15) Q: 너는 누구를 좋아하니?
　　　A: 나는 민호는 좋아해.

(16) Q: 민호는 누구를 좋아하니?
　　　A: 민호는 나는 좋아해.

(15A)와 (16A)는 '나는', '민호는', '좋아해'라는 동일한 요소들로 이루어져 있고 어순만이 다를 뿐이다. 그러나 이 둘은 정보구조의 관점에서 동일하지 않다. 우선 각 문장의 첫 번째 '는'-표지 표현은 무표적으로 화제로 사용된다. 그리고 적당한 상황이 주어진다면 화제 대조로도 사용될 수 있다. 예를

---

2) 이에 대한 좀 더 자세한 논의는 전영철(2015)를 참조할 수 있다.

들어 (15A)는 '너는 아니지만, 나는 민호는 좋아한다.'의 의미로 사용될 수 있고, (16A)는 '다른 사람은 몰라도, 민호는 나는 좋아한다.'의 의미를 가질 수 있어서 (15A)의 '나는'과 (16A)의 '민호는'이 화제 대조가 된다. 이와 같이, 첫 번째 '는-표지 표현은 화제나 화제 대조로 사용되므로 화제성을 지닌다. 그러나 두 번째의 것은 모두 '누구'에 의해 요구되는 새로운 정보를 제공하기 때문에 초점이어야 한다. 한편, 이들은 모두 대조의 의미를 동반한다. 가령 (15A)는 '나는 다른 사람은 모르겠고 민호는 좋아해.' 정도로, (16A)는 '민호는 다른 사람은 모르겠고 나는 좋아해.' 정도로 사용되므로 (15A)의 '민호는'과 (16A)의 '나는'은 초점 대조로 사용되고 있다. 즉, 문중에 나타나는 '는-표지의 표현은 초점 대조로만 실현될 뿐이지 화제나 화제 대조로는 실현되지 못하여 화제성을 결여한다. 이와 같이 문두의 대조 표현은 화제 대조이고 문중의 대조 표현은 초점 대조이어서 화제 대조와 초점 대조는 어순의 차이를 가진다.

둘째, 화제 대조의 '는'과 초점 대조의 '는'이 부착되는 표현들의 범주에 상당한 차이가 있다. 지금까지 살펴본 예들은 모두 '는'이 명사구에 붙어서 화제 대조나 초점 대조로 사용되는 것들이었다. 그리고 다음과 같이 후치사구에도 두 종류의 대조 표지가 모두 가능하다.

(17) Q: 유럽에서 무엇을 샀니?
　　　A: 프랑스에서는 와인을 샀어.

(18) Q: 어디에서 와인을 샀니?
　　　A: 프랑스에서는 와인을 샀어.

(17)과 (18)에서는 '는-표지가 후치사구 뒤에 나타나서 각각 화제 대조와 초점 대조를 형성하고 있다. 그런데 아래의 (19)와 같이 '는'이 형용사, 동사,

부사와 어울릴 때는 초점 대조만이 가능하다.

(19) Q: 민호는 어때?
　　　 A1: (민호는) 부지런하기는 해.
　　　 A2: (민호는) 일찍 오기는 해.
　　　 A3: (민호는) 열심히는 해.

(19Q)의 질문에 의해 요구되는 정보가 (19A1-A3)의 대답에서 각각 형용사, 동사, 부사에 의해 제공되는데, 여기에 대조의 표지 '는'이 붙어서 초점 대조가 실현된다. 한편 이러한 사실은 이러한 범주들이 일반적으로 문두에 잘 나타나지 않는다는 점과도 연계되어 있다고 볼 수 있다. 앞에서 살펴보았듯이, 문중의 '는'-표지의 표현은 화제성을 가지고 있지 못하므로 대조 초점으로만 실현되기 때문이다. 초점 대조가 화제 대조보다 더 다양한 범주의 표현들과 어울린다.

　이상의 논의를 통해, '는'의 기능이 단순히 화제와 대조로 나뉜다는 기존의 견해는 수정될 필요가 있음을 알 수 있다. 정보구조의 관점에서 볼 때 화제와 대조는 서로 독립적인 개념이다. 화제는 관계적 주어짐성의 산물이지만 대조는 이와 무관하게 형성된다. 관계적 주어짐성의 관점에서 대조는 화제일 수도 있고 초점일 수도 있다.

V. 의미 이론

이제까지 우리는 인간 언어의 의미에 대해 현재 이해하고 있는 것들을 이런 저런 관점에서 살펴보았다. 의미 일반에 대한 이해를 도모하는 특성들에 대해서 살펴보았고, 단어 및 문장 차원에서 실현되는 의미 속성들에 대해서도 논의하였다. 그리고 맥락이 관여함으로써 나타나는 의미의 세계에 대해서도 현재 우리가 이해하고 있는 것들을 살펴보았다. 이와 같이 지금까지는 의미 현상별로 의미 연구를 살펴보았다면, 여기에서는 시각을 조금 달리하여 의미 이론별로 살펴보고자 한다.

먼저 13장에서는 의미 연구의 역사를 정리해 봄으로써 의미 이론들의 출현 동기 및 순서를 알아본다. 오래 전부터 언어의 의미에 대한 관심 및 연구가 있었지만 언어학적 의미론(linguistic semantics)의 시작은 19세기에 시작된 것으로 본다. '의미론(sémantique, semantics)'이라는 용어도 Michel Bréal의 1883년 논문에서 처음 사용되어 퍼져나갔다. 우리는 시대 순서에 따라, 구조주의 언어학에서의 의미 연구, 훗날 형식의미론과 화용론을 등장시킨 언어철학에서의 의미 연구, 형식의미론과 인지의미론의 발전 과정 등을 살펴볼 것이다.

14장과 15장에서는 각각 형식의미론과 인지의미론을 좀 더 자세히 다룰 것이다. 이 두 이론은 현대 의미론 연구의 중요한 두 축을 이루는 것으로 평가되고 있다. 이들의 이론적 배경 및 전개에 대해 기본적인 이해를 도모함으로써, 앞에서 살펴본 여러 의미 현상들을 이론적 관점에서 보다 설득력 있게 설명할 수 있는 방법을 모색하는 데 도움을 얻을 수도 있을 것이다. 특히, 형식의미론과 인지의미론은 서로 대립되는 의미관을 가지고 있어서 서로 대립되는 설명 방식을 취한다. 이러한 두 의미 이론에 대한 적정한 이해는 관련 현상들의 다각적인 이해에 도움이 될 것이다.

의미 연구 약사

13.1. 구조의미론

20세기 초 유럽의 구조주의 언어학을 구축한 Ferdinand de Saussure는 다분히 심리적인 언어관 혹은 의미관을 가지고 있었다. 그는 언어 기호를 사물(thing)과 이름(name)의 연결체가 아니라 개념(concept)과 청각영상 (sound-image)의 연결체로 보았다. 이 '개념'은 실제 사물에 대한 심적 이미지 이고, '청각영상'은 실제의 소리가 아니라 그것의 심적 각인이었다. 그리고 어떤 기호의 가치는 그 기호 자체의 속성에서 기인하는 것이 아니라 다른 기호들과의 관계로부터 실현된다고 보았다. 이와 같은 구조주의적 언어관 이 의미 연구에도 그대로 반영되어, 어떤 표현의 의미는 다른 표현들의 의미 와의 관계 속에서 추구되었다.

이 의미 연구의 한 특징은 어휘 의미의 연구에 집중하였다는 것이다. 어 휘를 낱말들의 단순한 집합이 아니라 일정한 구조를 가진 것으로 파악하고, 어휘의 의미 관계를 계열적(paradigmatic) 관계와 결합적(syntagmatic) 관계의 두 가지로 구분하여 연구하였다. 이들의 업적은 크게 밭이론(field theory)과 성분분석(componential analysis)으로 대변된다. 밭이론은 한 언어의 어휘 구조 를 밝히기 위하여, 어떤 의미적 공통성을 가지는 낱말들을 묶어서 하나의 낱말밭(lexical field)을 상정한다. 형식과 의미의 자의적 연결체인 낱말 수천,

---

* 이 장의 내용은 전영철(2018)을 토대로 재구성되었다.

수만 개가 그냥 단순하게 머릿속에 저장되어 있다가 필요에 따라 선택되어 사용되는 것이 아니라, 의미적 공통성을 가진 일군의 낱말들이 무리를 지어 함께 존재하면서 일정한 어휘 관계를 형성한다는 가설이다. 그리고 성분분석은 한 낱말의 의미를 더 기본적인 의미적 요소인 의미 자질(semantic feature)로 쪼개어 분석할 수 있다는 방법론이다. 성분분석을 통해 한 낱말의 의미를 분석적으로 포착할 수 있을 뿐만 아니라 어떤 낱말밭에 속한 낱말들 간의 어휘 관계들을 효과적으로 설명할 수 있으며, 나아가 해당 낱말밭에 대한 언어들 간의 차이에 대해서도 명시적으로 설명할 수 있는 등 낱말밭과 관련하여 효과적인 의미 분석을 도모할 수 있다.

여러 언어 단위들 중에서 낱말이 구조의미론에서 중점적으로 다루어진 것은 낱말이 가지는 언어학적 특성에서 비롯되었을 것이다. 주지하다시피 낱말은 언중들이 가장 강력한 심리적 실재감을 가지는 언어 단위이므로, 낱말은 언어 의미의 핵심에 도달하는 가장 편리한 통로가 될 수 있다. 현대 언어학의 초기에 낱말을 의미 연구의 주요 대상으로 삼은 것은 자연스러운 현상일 것이다. 그 이후 어휘의 의미가 구조의미론뿐만 아니라 형식의미론 및 인지의미론 등에서도 다루어졌으나, 구조의미론의 어휘 의미 연구가 상대적으로 두드러진 기여를 한 까닭에 어휘의미론을 구조의미론과 동일시하기도 한다.

13.2. 언어철학

일반적으로 언어철학이라고 하면 19세기 말에 시작된 철학 연구의 한 흐름을 일컫는데, 이들의 의미 연구는 현대 의미론의 형성에 큰 영향을 미쳤다. 물론 이들 이전에도 언어의 의미에 깊은 관심을 가진 철학적 전통이 있어서 그 영향이 이어졌었다. 플라톤의 합리주의적 의미관과 아리스토텔

레스의 경험주의적 의미관으로 대변될 수 있는 여러 견해들이 있었는데, 특히 17-8세기에 이르러 언어의 의미에 대한 보다 주목할 만한 연구들이 나타난다. 우선 영국의 경험주의를 대표하는 John Locke를 들 수 있는데, 세계에 대한 이해나 지식을 설명하기 위해서는 세계에 대한 우리의 경험에 의존해야만 한다고 주장하였다. Locke는 단어의 의미를 인간이 세계에 대한 경험을 통해 세계에 대해 가지게 되는 다양한 관념(idea)이라고 보았다. Locke의 이러한 경험주의적 견해에 대해 독일의 Gottfried Wilhelm Leibniz는 합리주의적 설명을 제시하였다. 지식이 세계에 대한 경험으로부터 나오는 것이 아니라 이성의 적용을 통해 도출된다는 것이다. 이러한 사상을 바탕으로, 그는 단어가 관념뿐만 아니라 사물 그 자체도 가리킨다고 주장하였다.

Locke와 Leibniz 등이 제시한, 단어가 사물을 가리키는지 혹은 사물에 대한 관념을 가리키는지에 대한 견해들에 대하여, 19세기 중엽의 John Stuart Mill은 흥미로운 견해를 제시하였다. 그는 단어가 사물의 이름(name)이지 사물에 대한 관념의 이름이 아니라고 분명히 하였다.[2] 가령 '해'는 해의 이름이지 해에 대해 우리가 가지는 관념의 이름이 아니라는 것이다. 그리고 Mill은 비암시의미적 이름(non-connotative name)과 암시의미적 이름(connotative name)을 구분하여, 전자는 단지 개체를 확인할 수 있는 단어인 반면에 후자는 개체 확인과 더불어 그 개체의 속성을 나타낼 수 있는 명사라고 하였다. 'Sophronicus'와 'The father of Socrates'가 각각 그러한 이름들의 예이다. 둘 다 동일한 사람을 가리키지만, 의미는 같지 않다. 전자는 그 사람을 다른 사람들과 구별하기만 하는 반면에 후자는 더 나아가 소크라테스가 이 사람의 아들이라는 사실도 가리킨다. 이것은 Mill이 표시의미

---

[2] Mill의 '이름(name)'은 어떤 특정한 사물을 가리키기 위해 사용될 수 있는 모든 단어 혹은 명사구를 위해 사용된다. 일반적으로 사용되는 고유명사에 해당하는 용어가 아니다.

(denotation)와 암시의미(connotation)를 구분한 데에서 비롯한다. 표시의미는 지시되는 사물인 반면에 암시의미는 표시의미를 결정하는 속성들의 집합이다. 비암시의미적 이름은 표시의미를 가지지만 암시의미를 가지지 못하는 반면에, 암시의미적 이름은 표시의미와 암시의미를 모두 가진다는 것이다. 그런데 이러한 구분은 훗날 Frege가 구분한 두 종류의 의미인 지시(reference)와 의의(sense)의 구분과 밀접하게 관련된다는 점이 주목된다.

이상과 같이 매우 간결하게, 17-8세기의 Locke와 Leibniz, 19세기 중반의 Mill 등의 철학자들이 언어의 의미에 대한 중요한 연구 업적을 남겼음을 살펴보았다. 그런데 19세기 말의 Gottlob Frege나 20세기 초의 Bertrand Russell은 그 이전과는 다른 차원에서 의미 연구를 수행하였다. 이들은 중요한 철학적 문제들이 결국은 언어의 문제로 귀결된다는 취지에서 언어의 의미를 연구하였는데, 이러한 흐름의 연구들을 일컬어 언어적 전환(linguistic turn)이라고 한다. 언어철학의 시작이었다. 초기 언어철학자들은 수리논리학자로서 자연 언어의 부적합성을 주장하고 이를 대신하기 위한 형식 언어를 추구하였다. 그러던 중 1950년대에 이르러서는 후기 Ludwig Wittgenstein을 필두로 언어의 실제적 사용을 중시하는 언어철학자들이 나타나기 시작하였다. 전자의 흐름을 이상언어철학(ideal language philosophy), 후자의 흐름을 일상언어철학(ordinary language philosophy)으로 구분한다. 이상언어철학은 훗날 형식의미론의 이론적 토대가 되었고, 일상언어철학은 화용론의 시작으로 이어졌다.

대표적인 이상언어철학자들로는 Frege, Russell, 전기 Wittgenstein, Tarski, Carnap 등을 들 수 있다. 우선 초기의 이상언어철학자들은 주로 명사류(nominal)의 의미와 관련되는 논의를 하였다.[3] 즉, 이들에게 의미 연

---

3) 이들의 연구 대상을 '이름(name)'이라고도 하는데, 이 '이름'은 매우 광범위한 표현들을 나타내기도 하는 등 연구자에 따라 다르게 사용되었다. 그 당시 언급된 예들을 현대의 문법 용어로 살펴보면 대략, 명사, 고유명사, 명사구 등에 대한 논의이었다.

구는 주로 '지시'에 대한 것이었다.

Frege부터 시작하면, 우선 Frege(1892)는 의미를 지시(reference)와 의의 (sense)의 두 종류로 구분하였다. 앞의 Mill의 논의에서 살펴본 예를 다시 들면, 'Sophronicus'와 'The father of Socrates'는 동일한 사람을 가리키므로 동일한 의미를 가진다고 할 수 있지만, 서로 다른 표현 방식(the mode of presentation)에서 오는 의미 차이가 있다는 것이다. 전자와 같은 의미를 '지시'라고 하고 후자와 같은 의미를 '의의'라고 구분하였다. Frege의 이러한 생각은 Mill의 생각과 유사하지만, 중요한 차이점이 있다. Mill은 'Sophronicus'와 'The father of Socrates'를 비암시의미적 이름과 암시의미적 이름이라는 다른 종류의 이름들로 구분하여, 전자는 표시의미만 가지는 반면에 후자는 표시의미와 암시의미를 모두 가진다고 하여 관련 현상을 설명하였다. 이에 반하여, Frege는 'Sophronicus'와 'The father of Socrates' 모두가 지시와 의의의 두 의미를 가지되, 지시 의미는 같지만 의의 의미가 달라서 서로 다른 의미를 가지게 된다고 설명하였다.[4]

이와 같은 Frege의 생각에 대해 Russell은 상당히 다른 견해를 주장하였다. 우선 Russell(1905)는 의미를 지시와 의의으로 구분하는 것에 반대하고, 지시만을 인정하였다. 그리고 'Sophronicus'와 'The father of Socrates'의 두 가지 표현 중 고유명사인 전자만이 지시를 가질 뿐이지 후자는 지시를 가지지 않는다고 하였다. 후자와 같은 표현을 한정 기술(definite description)라고 명명하였으며, 어떤 개체에 대한 정의를 제공한다고 보았다. 즉, 고유명사는 개체를 지시하는 반면에 한정 기술은 개체를 기술한다고 하였다. 고유명사는 자신의 의미가 되는 개체를 직접 지시하는 단순 기호여서 부분들로 더 분석되지 않는 반면에, 한정 기술은 복합 표현으로서 부분들로 구성되어

---

4) Mill과 Frege의 이러한 차이는 그들의 용어에서도 차이가 난다. Mill은 'Sophronicus'만을 고유명사라고 부른 반면에, Frege는 'Sophronicus'나 'The father of Socrates'와 같은 표현 을 모두 고유명사로 취급하였다.

있고 각 부분은 의미를 가지며 부분들의 의미가 전체 표현의 의미를 결정한다고 하였다. 나아가 대부분의 고유명사들도 실제로는 지시적으로 사용되는 것이 아니라 간략 기술(abbreviated description)로 사용된다고 주장하였다. 가령 'Hamlet'은 어떤 사람을 직접 지시하는 것이 아니라 '세익스피어의 가장 유명한 비극의 주인공'에 대한 간략 기술이라는 것이다. 한편, 러셀이 이와 같은 한정 기술 혹은 간략 기술을 주장한 것은, 그가 추구한 것이 의사소통의 수단으로서의 언어를 분석하는 것이 아니라 지식 이론(theory of knowledge)을 세우는 데 있었다는 사실과 관련된다.

이름에 대한 이러한 논의와 관련하여 Kripke(1972)가 중요한 대안을 제시하였다. 그는 고유명사와 기술(description)을 구분할 필요가 있음을 주장하였다. 예를 들어 고유명사 '콜럼부스'는 '아메리카에 처음 도착한 유럽인'이라는 기술에 해당되는데, 이 둘은 서로 다른 특성을 가진다. 사실은 콜럼부스보다 먼저 바이킹들이 아메리카에 도착했기 때문에 콜럼부스와 이 기술을 연관시키는 사람은 '콜럼부스'를 어떤 북유럽인을 지시하는 것으로 사용할 것 같은데, 실제로는 그렇지 않다. '콜럼부스'는 그저 콜럼부스라고 불리는 역사적 한 인물을 가리킬 뿐이라는 것이다. 이와 같이, 고유명사는 기술과는 달리 항상 고정된 지시물을 지시하는 특징이 있다고 본다. 즉 고유명사는 고정 지시자(rigid designator)이기 때문에, 사람에 따라 사용되는 기술이 다를지라도 혹은 사람에 따라 다른 관점을 가졌을지라도 고유명사는 항상 동일한 지시물을 지시한다는 것이다. 이는, 기술뿐만 아니라 고유명사도 지시와 의의를 모두 가진다는 Frege의 주장과, 대부분의 고유명사가 간략 기술로 사용된다는 Russell의 주장이 가지는 문제점을 모두 해소하려는 시도였다. 그런데 이러한 견해는 바로 Mill의 비암시의미적 이름과 암시의미적 이름의 구분과 상통한다. 이를 가리켜 'Mill로의 귀환'이라고도 한다.

한편, Kripke는 고유명사가 사용되는 근거에 대해 인과이론(causation theory)

을 제안하였다. 어떤 특정한 상황에서 어떤 이름이 적절하게 부여되어 사용되면, 그 이후에 공동체의 다른 화자들도 따라서 이 이름을 사용하게 되어 널리 퍼짐으로써 그 이름이 굳어진다는 것이다. Kripke는 다른 이상언어철학자와 마찬가지로 기본적으로 논리학자이었지만 의미를 논함에 있어 '화자'나 '공동체'와의 관련성을 끌어들였다는 점에서 그들과 차이가 있다. 이런 이유에서 그의 견해는 언어학자들로부터 큰 관심을 받게 되었다. 고유명사를 고정지시자로 파악한 그의 견해는 형식의미론의 일반적 견해로 수용되었다.

이상에서 살펴본 초기 이상언어철학자들의 주 관심은 명사류의 의미에 대한 것이었는데, 그 후 점차 문장의 의미에 대한 관심이 커져갔다. 이미 Frege가 의미를 지시와 의의로 구분하면서 문장의 지시와 의의도 구분하여, 문장의 지시는 '진리치'이고 문장의 의의은 '생각(thought)'라고 하였다. 이 '생각'은 이후의 '명제'에 해당하는 개념이었고, Frege 이래로 문장의 의미에 대한 논의가 계속 이어져 왔던 것이 사실이다. 그렇지만, 특히 1920년대와 1930년대에 활약한 비엔나학파를 중심으로 문장의 의미에 대한 매우 엄밀한 연구 태도가 등장하였음을 강조할 필요가 있다.

이들은 문장을, 과학적 탐구의 결과물들을 명백히 표현할 수 있는 의미있는 진술(meaningful statement)과 형이상학, 종교, 미학 등과 관련되는 의미없는 진술(meaningless statement)로 구분하고, 전자의 진리치를 엄격하게 다룰 수 있는 방법을 모색하였다. 이러한 비엔나 학파의 학자들을 논리적 실증주의자(logical positivist)라고 부르는데, 이들의 목표는 정확하고 빈틈없는 형식 언어를 추구하는 것이었고 자연 언어를 직접적인 연구 대상으로 하지는 않았다. 그러나 이들의 의미 이론이 자연 언어의 의미를 설명하기 위하여 확대될 수 없음을 뜻하지는 않았다.

이런 과정에서 가능세계(possible world)의 개념이 적극적으로 도입되는데,

실제 세계와는 다른 세계들이 가능하며 해당 명제가 어떤 가능세계에서 실현되느냐에 따라 진리치가 달라질 수 있다는 것이다. 특히 Carnap(1947)은 가능세계를 기반으로 하여 의미를 외연(extension)과 내포(intension)로 구분하였는데, 외연과 내포는 각각 Frege의 지시와 의의에 해당한다. 이제 문장의 외연은 한 가능세계에서의 진리치이고, 문장의 내포는 모든 가능세계에서의 진리치들의 집합이 된다. 즉, 문장의 내포는 그 문장이 참이 되는 모든 가능세계들의 집합이 된다. 문장의 내포(적 의미)는 바로 명제이다. 그리고 그는 명제가 언어외적인 것이므로 문장과는 분명히 구별되어야 한다고 강조하였다. 단어와 마찬가지로 문장의 내포적 의미도 언어 체계 밖의 외부 세계와의 관계에 의해 설명된다고 하였다.

한편 Tarski(1944)는 진리 조건(truth condition) 자체에 대한 연구에 주력하였다. 진리대응론(correspondence theory of truth)에 따르면, 문장의 진리치는 실제와의 대응에 의해 결정된다. Tarski는 이 '대응'이라는 개념이 부정확하여 만족스럽지 못한 설명을 가져온다고 비판하고, 모든 문장에 대해 진리 조건을 체계적으로 부여할 수 있는 방법을 추구하였다. 즉, 대상언어(object language)와 상위언어(meta-language)의 개념을 분명히 구별하면서, 대상언어의 모든 문장들에 대해 참이 되는 조건을 진술하는 문장(T-문장: T-sentence)을 제공하는 방법을 모색하였다.

이상과 같이, 비엔나학파로 이어지던 언어철학자들의 언어 연구의 흐름은 1950년대에 이르러 큰 변화를 겪는다. 그때까지 언어철학자들에게 주 연구대상은 형식 언어이었지 자연 언어가 아니었다. 자연 언어는 불완전한 언어로 취급되면서 부차적으로 논의되는 수준이었다. 그러나 후기 Wittgenstein을 출발점으로 하여 옥스퍼드대학 중심의 새로운 언어철학의 흐름이 형성되었다. Wittgenstein의 사후 저서인 Philosophical Investigation (1953)에는 그의 유일한 저서인 Tractatus Logico-Philosophicus(1922)와는 전혀 다른 언어관이 제시되었다. 후자에서는 명제의 관점에서 언어의 본질을 탐구하여 언어가 생각(thought)을 표현하는 데 어떤 역할을 하는지를 연구하였다. 그러나 2차 세계대전 후에는 명제 및 언어에 대한 일반적인 설명이 가능하다는 견해를 버리고, 언어를 매우 다른 행위들의 총체로 보는 언어관을 제시하였다. 그는 이런 행위들을 언어 게임(language game)이라고 칭하면서, 예를 들어 '명령하기', '약속하기', '농담하기' 등의 무수한 언어 게임들이 존재한다고 하였다. 그리고 이러한 언어의 사용은 진리조건적인 관점에서는 설명될 수 없다고 역설하였다.

언어의 사용을 강조한 후기 Wittgenstein의 이러한 생각은 Gilbert Ryle, John Austin, Paul Grice, Peter Strawson 등을 통해 발전하였는데, 특히 Austin의 언어행위(speech act)와 Grice의 함축(implicature)이 큰 영향력을 끼쳤다. Austin의 언어행위이론은 모든 발화가 사회적 관습에 근거하여 일정한 발화수반력(illocutionary force)을 가진다는 주장인데, 언어의 사용은 참이나 거짓의 문제가 아니라 일종의 행위라는 것이다. 그리고 Grice는 의미-비자연적 의미(non-natural meaning)를 '말해진 것(what is said)'과 '함축된 것(what is implicated)'으로 양분하고, 적절한 의미 파악을 위해서는 말해진 것뿐만 아니라 말해진 것으로부터 추론에 의해 도출되는 함축된 것-대화 함축(conversational implicature)-도 꼭 필요하다고 주장하였다.[5]

이와 같이 사용에 입각한 의미관을 가진 의미연구를 일상언어철학이라고 불러서, 그 이전에 진리조건적 의미관을 가졌던 이상언어철학과 구분한다. 이상언어철학은 자연 언어를 불완전한 언어로 보아 연구 대상에서 제외하고 형식 언어를 추구하였던 반면에, 일상언어철학은 위와 같은 언어관을

---

5) Grice는 의미를 자연적 의미(natural meaning)와 비자연적 의미(non-natural meaning)의 두 가지 유형으로 구분하였다. 몸에 난 점들이 홍역을 의미하는 따위를 전자의 경우로 보았고, 세 번의 벨소리가 버스가 다 찼음을 의미하는 따위를 후자의 경우로 보았다. 후자는 관습적 의미(conventional meaning)에 해당하는 것으로서 자연 언어의 의미도 이에 속한다.

가짐에 따라 자연 언어를 적절한 연구 대상으로 포함시켰다는 점에서 큰 변화를 불러왔다. 특히 이러한 변화는 자연 언어의 실제적인 사용을 중요시하는 새로운 연구 풍토, 즉 화용론의 시작으로 이어졌다.

한편, 일상언어철학의 출현 이후에 이상언어철학은 1960년대 말에 큰 전기를 맞이하게 된다. 원래 이상언어철학자들은 논리학자로서 철학적 연구를 엄격하게 반영할 수 있는 논리 언어를 추구하였기에 자연 언어에 대한 관심은 부차적인 것이었다. 그렇지만 이들의 의미 연구가 일정한 수준에 이르면서 그동안 축적된 결과들이 자연 언어로 확대되는 모습을 보이기 시작하였다. 1960년대 말 무렵 Tarski의 제자 Richard Montague가 그 역할을 수행하면서 형식의미론의 시작으로 이어졌다.

13.3. 형식의미론

이상에서 의미 연구에 대한 초기의 흐름을 알아보았다. 지난 세기 초 구조주의 언어학의 의미 연구가 시작되고 지금도 계속 연구가 이어지고 있으나, 현대 의미론의 연구에 크게 영향을 미친 것은 언어철학자들의 의미 연구이었다. 지금부터는 현대 의미론의 주요한 두 흐름이라고 일컬어지는 형식의미론과 인지의미론에 대해 알아보고자 한다. 물론 화용론도 현대의 의미 연구의 핵심 분야이지만, 화용론이 의미론과 본질적으로 구별되는 측면이 있기에 형식의미론과 인지의미론을 현대 의미론의 주요 이론들로 우선 논하고자 한다. 그리고 이어서 화용론과 의미론의 관계에 대해 논할 것이다.

앞에서 언급하였듯이, 언어철학의 시작은 엄격한 논리 체계를 갖춘 형식 언어를 구축하여 철학적 문제들을 해결하는 실마리로 삼으려는 것이었다. 명사류의 지시적 의미에 대한 연구를 시작으로 문장의 의미를 다루면서 명제를 포함한 형식 언어의 논리 체계를 보다 엄밀하게 계속 추구해 오고 있었다. 그러던 중 이러한 연구의 중심에 서 있던 젊은 학자 Montague에 의해 획기적인 변화를 맞게 된다. 이전 연구들에서는 자연 언어가 비논리적이라는 이유로 주 연구 대상에서 제외되고 형식 언어만을 추구했었는데, 1960년대 말 Montague는 자연 언어도 형식 언어와 다름없는 논리 체계를 갖추고 있음을 주장하면서 이를 입증하는 연구 결과들을 내놓기 시작하였다. 이러한 연구 태도를 가리켜 형식의미론(Fomal Semantics)이라고 한다. 그리고 David Lewis, Donald Davidson 등의 언어철학자들이 이에 동조하여 이론적 발전을 모색하였으며, Barbara Partee, David Dowty 등의 언어학자들에 의해 언어학계에 적절하게 소개되면서 언어학의 영역으로 급속히 편입되었다.

형식의미론은 전통적인 논리 언어인 명제논리(propositional logic)나 술어논리(predicate logic)를 바탕으로, 자연 언어를 분석할 수 있도록 합성성 원리(compositionality principle), 유형 이론(type theory), 내포 논리(intensional logic) 등이 반영된 고차원의 논리 언어 체계이다. 형식의미론의 체계는 다른 형식 언어들과 마찬가지로 통사부와 의미부의 긴밀한 대응 관계를 가지고 있으며, 의미부에서 모든 언어 표현들에 대한 지시적 의미값이 부여된다. 자연 언어의 의미 현상들에 형식의미론적 설명이 행해짐으로써 이전에는 직관적으로만 설명되던 의미 현상들에 대해 그 직관의 이면에 매우 정교한 논리가 포함되어 있음을 명시적으로 보여주었다.

한편 1980년대에 이르러 형식의미론은 큰 발전적 변화를 겪는다. 초기 형식의미론에서는 한 문장의 의미를 결정하는 데 있어서 그 문장 외부의 의미를 고려하지 않았으나, 1980년대에 이르러 어떤 문장의 의미 결정에 이전 문장의 정보가 영향을 미친다는 사실이 형식의미론의 연구에 수용되었다. 전자를 정적의미론(Static Semantics), 후자를 동적의미론(Dynamic Semantics)이라고 구별한다. 형식의미론이 문장 사이의 의미 관계를 다룰 수 있는 동적의미론의 시대로 접어들면서, 의미론과 화용론의 엄격한 경계가 약해지는 부수적인 결과를 낳았다. 예전에는 화용론의 영역이었던 전제, 초점 등의 현상들이 형식의미론에서 다루어지면서 보다 통합적인 의미 이론으로 성장하였는데, 이러한 연구들을 형식화용론(Formal Pragmatics)이라고 부르기도 한다.

13.4. 인지의미론

형식의미론과 더불어 현대 의미론의 근간이 되는 것으로 인지의미론(Cognitive Semantics)을 들 수 있다. 인지의미론은 1970-80년대에 미국 서부지역을 중심으로 형성되어 퍼져 나갔는데, 그 당시에 대표적인 언어 이론 혹은 의미 이론이었던 생성문법이나 형식의미론에 대해 비판하면서 발전해 갔다. 인지의미론은 언어적 인지를 보편적 인지 기제 중의 하나로 보고, 보편적 인지가 언어를 통해 어떻게 실현되는지를 살피는 것을 주요 과제로 삼는다. 즉, 객관주의(objectivism)에 기초한 생성문법이나 형식의미론의 방법론을 비판하고, 체험주의(experientialism)에 입각하여 인간의 일반 인지 능력이라는 큰 틀에서 포괄적으로 언어의 의미를 포착하려 하였다. 그러나 인지의미론은 다른 언어 이론들과는 달리 매우 다양한 연구들의 집합이어서 분명하게 정의를 내리기가 어려운 특징이 있다. 인지의미론에 속한다고 할 수 있는 연구들을 하나의 통일된 원리로 파악하는 것이 쉽지 않아서 하나의 의미 이론이라기보다는 일정 부분이 겹치는 여러 가지 연구 방법론들의 묶음이라고 볼 수 있기 때문이다.

그렇지만 인지의미론에서 일반적으로 수용되는 몇 가지 기본 원리를 정리해 볼 수 있다. 첫째, 개념적 구조(conceptual structure)는 체화된(embodied) 것이다. 즉, 개념은 인간이 자신의 신체적 조건을 통해 세상을 경험한 결과이다. 예를 들면, 인간의 색채 개념은 인간의 시각 시스템을 통한 체험의 결과이며, 다른 시각 시스템을 가지는 종(種)과는 다를 수밖에 없다.

둘째, 의미적 구조(semantic structure)는 개념적 구조이다. 언어는 객관적인 외부 세계와 직접 연결되어 있지 않고, 인간의 마음 속에 존재하는 개념과 연결된다. 이러한 표상적(representational) 의미관은 형식의미론 등에서 취하는 지시적(referential) 의미관과 대립된다. 지시적 의미관은 언어의 형식이 객관적 외부 세계와 직접 연결되어 있다고 가정한다.

셋째, 의미 표상(meaning representation)은 백과사전적이다. 가령 어휘적 개념은 깔끔하게 포장된 의미의 고정적 묶음이 아니라 맥락과 연계되는 거대한 지식 저장고로 통해 있는 가변적인 존재이다. 즉, 특정 단어가 어떤 맥락에서 사용되는지에 따라 맥락과 연계되는 백과사전식 지식이 동원되어 그 단어의 의미가 결정된다.

넷째, 의미 구성(meaning construction)은 개념화(conceptualization)이다. 언어 자체가 의미를 부호화하지는 않는다. 단지 언어 표현은 의미 구성을 촉발시키는 역할을 하여, 의미 구성에 필요한 개념적 작용과 배경 지식을 불러올 뿐이다. 즉, 의미는 언어에 의해 각각 구분되어 포장되는 대상이 아니라 과정(process)이다.

이상과 같은 기본 원리들을 가지고 전개되어 온 인지의미론의 주요 이론들을 들어보면, 영상도식이론(image schema theory), 틀의미론(frame semantics), 원형이론(prototype theory), 개념적 은유이론(conceptual metaphor theory), 개념적 환유이론(conceptual metonymy theory), 정신공간이론(mental space theory) 등이 있다. 그런데 이 이론들은 서로 분명하게 구별되는 것이 아니라 서로 이런 저런 방식으로 얽혀있는 모습을 보이기도 하고, 위에서 언급되지 않은 다른 이론들이 인지의미론 연구의 일환으로 다루어지는 등 다양한 모습을 보인다.

인지의미론은 인지언어학(Cognitive Linguistics)의 한 부분이라고 볼 수도 있겠으나, 이 둘의 관계는 좀 특수한 면이 있다. 인지언어학은 자연 언어의 모든 분야에 대한 언어 이론이겠으나, 의미를 모든 언어 현상들의 동인이라고 보며, 나아가 음운, 형태, 통사의 구분이나 어휘, 문법의 구분이 불필요하다고도 보기 때문에 인지의미론을 인지언어학과 동일시하여도 무방할 것이다.

13.5. 의미론과 화용론

앞 두 절에서 현대 의미론의 두 주요 이론인 형식의미론과 인지의미론을 살펴보았다. 형식의미론은 이상언어철학의 의미 연구에서 비롯되었고, 인지의미론은 형식의미론 등의 형식주의에 입각한 언어이론들에 대한 반작용으로 기인하였음을 알아보았다. 그런데 이 두 가지의 의미론 외에, 일상언어철학의 의미 연구에서 시작된 화용론도 현재 활발하게 연구되고 있다. 그런데 일반적으로 의미론과 화용론은 의미 연구의 관점이 서로 다르기 때문에 구분되어야 하는, 의미 연구의 큰 두 방향으로 여겨진다. 의미론은 진리조건을 추구할 뿐이지 사용의 맥락을 도외시하는 반면에, 화용론은 진리조건이 중요한 것이 아니라 사용의 맥락이 진정한 해석을 제공한다는 것이다. 그러나 우리가 앞에서 살펴본 의미 연구의 흐름을 고려해 보면, 의미론과 화용론을 그렇게 분명하게 구별하여 서로 다른 방향의 의미 연구를 추구하는 것으로 파악하는 것이 적절한지에 대한 의문이 든다. 여기에서는 의미론과 화용론의 관계에 대해 살펴보고자 한다.

의미론과 화용론을 엄격히 구별되는 것으로 보게 되는 이유로 두 가지를 언급하고자 한다. 첫째는 화용론이라는 분야 및 용어가 처음 도입된 배경이다. 이상언어철학에서 의미론, 화용론, 통사론의 삼분을 위해 처음 유래하였으며, 기호(symbol)가 사물(object), 사용자(person), 다른 기호들(other symbols)과 가지는 관계를 연구하는 분야들을 각각 의미론, 화용론, 통사론으로 분류하였다(Morris 1938). 이상언어철학은 형식 언어에만 관심이 있었을 뿐이지, 맥락의존적인 요소로 구성된 화용론은 관심의 대상이 아니었기에 의미론과 화용론에 대한 엄격한 구분을 상정하였을 것이다.

둘째, 일상언어철학의 초창기에 언어 사용의 중요성이 강조되면서 화용론과 의미론의 대립적 관계가 부각되었었다. 특히 언어의 사용에 대한 중요성을 촉발시켰던 후기 Wittgenstein은 언어의 의미가 사용의 관점에서만 비로소 잘 설명될 수 있다는 주장을 하였다. 그리고 언어 사용의 측면을 강조하여 모든 발화가 행위라는 언어행위이론을 전개한 Austin의 견해도 의미론 대신에 화용론을 전적으로 내세우는 분위기에 일조하였다.

그러나 언어의 사용에 대한 일상언어철학의 연구가 계속되면서 의미론과 화용론의 역할에 대한 평가도 바뀌어갔다. Grice는 의미를 말해진 것과 함축된 것으로 양분하였지만, 의미의 이 두 부분이 각각 의미론과 화용론에 해당한다고 명시적으로 언급하지 않았다. 특히 말해진 것을 얻기 위해서도 지시 할당(reference assignment)과 애매성 해소(disambiguation)이라는 화용적 요소들이 필요함을 언급하기도 하여, 의미론과 화용론의 명백한 구분과는 거리가 있었다. 단지 그는 말해진 것과 함축된 것의 두 유형의 의미가 모두 필요함을 분명히 하였다. 대화를 이끌어 가는 조건들에 대한 올바른 이해가 동반된다면, 말해진 것으로부터 적절한 추론을 거쳐 함축된 것을 도출할 수 있으며, 발화의 적절한 해석을 위해서는 이 두 의미가 모두 정당하게 다루어져야 한다고 생각하였다.

그 후 의미론과 화용론의 적절한 공존을 주장한 Grice의 견해가 수용되어 발전하면서, 함축된 것뿐만 아니라 말해진 것을 얻기 위해서도 실질적으로 맥락의존적인 과정들이 필요하다는 생각이 더욱 강해졌다. Levinson(2000)의 화용적 개입(pragmatic intrusion)을 비롯하여, 관련성이론(Relevance Theory)의 명축(explicature), Recanati(2010)의 진리조건적 화용론(truth-conditional paragmatics) 등의 소위 맥락주의(contextualism)가 등장하게 된다.

Recanati의 예를 들어보자.

(1) She went to MIT and studied linguistics.

이 문장의 진리치를 얻기 위해서는 다음의 두 가지의 과정을 거쳐야 한다. 주어진 맥락에 의존하여, 우선 'she'의 지시체를 찾아야 하고, 이어서 'She went to MIT'와 'studied linguistics' 간의 인과적 시간 관계가 이해되어야 이 문장은 참 또는 거짓을 논할 수 있는 명제의 수준에 이른다. 이 두 가지 모두 맥락적 정보가 필요한 화용적 과정이다. 전자의 화용적 과정을 포화 (saturation), 후자를 강화(enrichment)라고 하였다. 그는 말해진 것이 진리치를 얻기 위해서는 항상 화용적 과정을 거쳐야 한다는 강한 입장을 취하였다. 이와 같이 말해진 것을 얻기 위하여 화용적 과정을 거쳐야 한다면, 함축된 것뿐만 아니라 말해진 것도 모두 화용적 과정을 통해 도출되므로 이전과 같은 의미론과 화용론의 구별이 무의미해진다.

이와 같이 의미론과 화용론의 구별이 불분명해지는 상황은 형식의미론과 인지의미론에서도 감지된다. 우선 형식의미론에서는 1980년대 초부터 동적 의미론이 전개되기 시작하면서 문장의 의미 해석에 이전 문장의 의미 정보 등의 맥락적 요소가 필요하다는 입장을 취한다. 조응 관계나 전제 등의 현상을 처리하기 위해 맥락적 정보를 끌어들이는 방식을 취한 것인데, 이러한 정보를 수용한 후에 해당 문장에 대해 참 또는 거짓을 따지는 의미 해석 과정이 뒤따르므로 의미 정보와 화용 정보가 구분되지 않는 셈이다. 한편, 인지의미론에서는 의미 해석에 체화된 경험을 중시하여 백과사전식 지식과 언어적 지식의 차이가 존재하지 않기 때문에 의미론과 화용론의 구별 자체가 원천적으로 존재하지 않는다. 앞에서 언급하였듯이 형식의미론과 인지의미론은 현대 의미 이론의 대표적인 두 이론인데, 이들에서 모두 의미론과 화용론의 구별이 중요한 관심의 대상이 되지 않는다.

　의미 해석에 맥락이 관여한다는 것은 매우 자명한 사실일 것이다. 자연 언어의 비논리성을 배척하고 형식 언어만을 추구한 일부 언어철학자들을 제외한다면, 자연 언어를 심각하게 연구한 대부분의 연구자는 언어 의미의 해석에 맥락적 정보가 중요함을 인식하고 있었다. 그러나 가끔 이 둘의 구분을 지나치게 강조하여, 맥락을 배제한 채 진리 조건만을 추구하는 의미 이론의 무용론을 주장하는 연구자도 만나게 된다. 그러나 앞서 살펴보았듯이, 일상언어철학의 연구에서 비롯된 화용론의 전개 과정을 고려한다면, 화용론과 의미론의 역할을 엄격하게 분리하고 각자의 역할을 필요 이상으로 강조하는 연구 태도는 재고될 필요가 있다.

14
형식의미론

14.1. 도입

  형식의미론은 지시적 의미관을 취하여, 언어 표현의 의미를 (실제) 세계와의 대응에서 찾는다. '철수'라는 이름의 의미는 실제 세계에 존재하는 철수이고, '학생'이라는 명사의 의미는 실제 세계에 존재하는 학생들의 집합이고, '자다'라는 자동사의 의미는 실제 세계에서 자는 것들의 집합이라는 식의 지시적 의미관을 가진다.

  또한 형식의미론은 자연 언어의 의미를 형식 논리에 입각하여 설명할 수 있다고 보는 의미이론이다. 인간에 의해 고안된 형식 언어들은 모두 통사부와 의미부가 존재하며 이 둘 사이에는 일정한 대응 관계가 있다. 통사부에서 만들어진 언어 표현은 의미부에 들어가서 형식 논리에 입각한 계산을 통해 의미를 얻게 된다. 자연 언어의 의미도 이런 형식 언어들과 마찬가지로 일정한 형식 논리에 의해 추구될 수 있다고 보는 것이다.

  보통 형식의미론의 태동은 1960년대 말 Montague에 의해서 이루어졌다고 말하는데, 그는 자연 언어도 다른 형식 언어들과 마찬가지로 자체의 논리를 가지고 있음을 천명한 바 있다. 그는 기존의 형식 언어들이 자연 언어의 의미를 적절하게 처리하지 못하는 까닭에 새로운 형식 언어를 고안하고자 하였다. 그리고, 다른 모든 연구들과 마찬가지로, 그의 노력도 이전 연구들의 바탕 위에 이루어졌다. 명제논리나 술어논리 등의 전통 논리학에서도 자연 언어가 다루어졌으나 한계가 분명하였고, 이에 Montague는 이들을 바탕으로 하여 자연 언어를 보다 만족스럽게 다룰 수 있는 체계를 고안하게 되었다.[1]

이러한 맥락에서 명제논리와 술어논리를 우선 살펴볼 것이며, 자연 언어를 다룸에 있어서 이러한 전통적인 형식 언어들이 어떠한 한계를 가지는지를 알아볼 것이다. 그리고 이러한 한계를 극복하는 형식의미론의 형성 과정을 살펴보고자 한다.[2]

14.2. 명제논리

명제논리(Propositional Logic)는 관찰할 수 있는 최소의 단위를 명제로 설정하고, 명제들 간의 논리적 관계를 관찰하고 설명하는 형식언어이다. 명제를 문장의 의미라고 본다면, 문장 의미들 간의 논리적 관계를 연구하는 것이다. 문장은 여러 가지 문장 성분들로 이루어져 있으나, 명제논리는 이러한 문장 성분들의 의미에 대해서는 관여하지 않는다.

문장의 의미로서 명제는 참 또는 거짓의 의미값을 가진다. 어떤 문장이 주어진 세계와 부합하면 그 명제는 참이고 그렇지 않으면 거짓이다. '영수가 자고 있다.'라는 문장의 의미, 즉 명제는 영수가 자고 있으면 참이고 그렇지 않으면 거짓이다. 그리고 여러 개의 문장들이 모여 복합 문장을 만들게 되는데, 이럴 경우에는 각각의 문장들이 가지는 의미값들이 상호 작용하여 전체

---

1) 명제논리나 술어논리 등의 형식 언어들은 자연 언어의 분석을 위해 개발된 것이 아니라, 명제들의 추론 과정을 다루려는 논리학적 목적으로 개발되었다. 따라서 자연 언어의 분석에는 매우 제한적일 수밖에 없다.
2) 설명의 편의를 위해 영어 예들이 주로 다루어질 것이다. 동일한 설명이 한국어에도 적용될 것이지만, 영어를 대상으로 이론적 논의가 발전되었기에 영어 예들을 다루는 것이 설명에 용이한 까닭이다.

문장의 의미값을 결정하게 된다. '영수가 자고 있고 동수가 놀고 있다.'의 의미값은 두 문장 '영수가 자고 있다.'와 '동수가 놀고 있다.'의 의미값이 모두 참일 때 참이 된다. 복합 명제를 구성하는 단순명제의 의미값을 바탕으로 그 복합명제의 의미값을 추론해가는 과정을 다루는 것이 명제논리이다.

자연언어의 문장들이 결합하는 방식은 매우 다양하지만, 명제논리에서 다루는 명제들 간의 논리적 관계는 매우 한정되어 있다. 부정, 연접 (conjunction), 이접(disjunction), 조건(conditional), 양방향조건(biconditional)의 5가지만을 다룬다.

명제논리의 통사부는 다음과 같이 구성된다.

(1) 기본어휘
　　　명제 기호: φ, ψ 등
　　　연결사: ㄱ, ∧, ∨, →, ↔
　　　통사규칙
　　　(1) φ가 적형식이면 ㄱφ는 적형식이다.[3]
　　　(2) φ와 ψ가 적형식이면 $\varphi \wedge \psi$는 적형식이다.
　　　(3) φ와 ψ가 적형식이면 $\varphi \vee \psi$는 적형식이다.
　　　(4) φ와 ψ가 적형식이면 $\varphi \rightarrow \psi$는 적형식이다.
　　　(5) φ와 ψ가 적형식이면 $\varphi \leftrightarrow \psi$는 적형식이다.

명제논리의 의미부는 다음과 같다.

(2) 의미규칙
　　　(1) $[\![\neg \varphi]\!]$ =1 iff $[\![\varphi]\!]$ =0[4]
　　　(2) $[\![\varphi \wedge \psi]\!]$ =1 iff $[\![\varphi]\!]$ =1 그리고 $[\![\psi]\!]$ =1

---

3) '적형식'은 'well formed formula'를 옮긴 것이다.
4) '$[\![\ ]\!]$'은 의미값을 나타낸다. '$[\![\varphi]\!]$=1'은 'φ'가 참임을, '$[\![\varphi]\!]$=0'은 'φ'가 거짓임을 나타낸다. 'iff'는 'if and only if'의 약어로서, 'A iff B'는 'A'와 'B'가 동일한 것을 나타냄을 뜻한다.

(3) $[\![\varphi \vee \psi]\!] = 1$ iff $[\![\varphi]\!] = 1$ 또는 $[\![\psi]\!] = 1$

(4) $[\![\varphi \rightarrow \psi]\!] = 0$ iff $[\![\varphi]\!] = 1$ 그리고 $[\![\psi]\!] = 0$

(5) $[\![\varphi \leftrightarrow \psi]\!] = 1$ iff $[\![\varphi]\!] = [\![\psi]\!]$

위와 같이 모든 형식언어에는 통사규칙에 대응되는 의미규칙이 있다.

14.3. 술어논리

14.3.1. 술어논리의 체계

문장 내부를 분석하지 않는 명제논리에서 발전하여, 술어논리는 문장 내부를 술어와 논항으로 분리하여 이들 사이의 관계를 포착하는 형식언어이다. 또한 술어논리는 양화 표현을 다루는데, 보편 양화와 존재 양화의 두 가지가 포함된다. 술어논리는 명제논리의 체계를 그대로 계승하면서 이와 같은 두 가지 속성을 첨가하여, 아래와 같은 통사부와 의미부를 구성한다.

(3) 술어논리의 통사부
    기본어휘
        명제 기호: φ, ψ 등
        술어 부호: P, Q 등
        개체 상항: a, b 등
        개체 변항: x, y 등
        연결사: ㄱ, $\wedge$, $\vee$, $\rightarrow$, $\leftrightarrow$
        양화사: $\forall$, $\exists$
    통사규칙
        (1) φ가 적형식이면 ㄱφ는 적형식이다.
        (2) φ와 ψ가 적형식이면 $\varphi \wedge \psi$는 적형식이다.

(3) φ와 ψ가 적형식이면 φ ∨ ψ는 적형식이다.

(4) φ와 ψ가 적형식이면 φ → ψ는 적형식이다.

(5) φ와 ψ가 적형식이면 φ ↔ ψ는 적형식이다.

(6) P가 1항 술어이면 P(a)는 적형식이다.

(7) P가 2항 술어이면 P(a, b)는 적형식이다.

(8) φ가 적형식이면 ∀xφ는 적형식이다.

(9) φ가 적형식이면 ∃xφ는 적형식이다.

(4) 술어논리의 의미부
   의미규칙

   (1) ⟦¬φ⟧=1 iff ⟦φ⟧=0

   (2) ⟦φ∧ψ⟧=1 iff ⟦φ⟧=1 그리고 ⟦ψ⟧=1

   (3) ⟦φ∨ψ⟧=1 iff ⟦φ⟧=1 또는 ⟦ψ⟧=1

   (4) ⟦φ→ψ⟧=0 iff ⟦φ⟧=1 그리고 ⟦ψ⟧=0

   (5) ⟦φ↔ψ⟧=0 iff ⟦φ⟧=⟦ψ⟧

   (6) ⟦P(a)⟧=1 iff ⟦a⟧∈⟦P⟧

   (7) ⟦P(a, b))⟧=1 iff ⟨⟦a⟧, ⟦b⟧⟩∈⟦P⟧

   (8) ⟦∀xφ⟧=1 iff 모든 x에 대하여 ⟦φ⟧=1

   (9) ⟦∃xφ⟧=1 iff 어떤 x에 대하여 ⟦φ⟧=1

통사규칙과 의미규칙의 (1)-(5)는 명제논리에서 계승된 부분이고, (6)-(7)이 문장 내부를 술어와 논항으로 분리한 결과이며, (8)-(9)가 보편 양화와 존재 양화를 수용하고 있다.

14.3.2. 술어논리의 자연 언어 분석

형식언어를 이용하여 자연언어를 분석하는 기본적인 절차는 다음과 같다.

(5) 번역 평가
　　　　　자연언어 ⇒ 형식언어 ⇒ 의미
　　　(예) Bill smokes ⇒ S(b) ⇒ 참/거짓

첫째, 자연언어의 표현은 형식언어의 통사부에 부합되는 적형식으로 번역된다. 둘째, 그 적형식은 주어진 모형에 입각하여 형식언어의 의미부의 의미규칙에 따라 의미(참 또는 거짓)을 얻는다.

명제논리, 술어논리, 그리고 곧이어 살펴볼 고차논리 등이 이러한 형식언어에 해당한다. 술어논리는 명제논리의 체계를 바탕으로 좀 더 정교해지고, 고차논리는 술어논리의 체계를 바탕으로 좀 더 정교해진 형식언어이다. 명제논리는 문장을 가장 작은 분석 단위로 하는 까닭에 자연언어의 분석에는 매우 부족한 체계이다. 여기에서는, 술어논리를 통해 형식언어가 자연언어의 분석에 어떻게 이용되는지를 살펴보고자 한다.

먼저, 자연언어를 술어논리로 번역하는 절차가 행해진다.

(6) 가. Mary is asleep: ASLEEP(m)
　　나. Bill smokes: SMOKE(b)
　　다. Bill resembles Peter: RESEMBLE(b, p)
　　라. Tom hates Sue: HATE(t, s)
　　마. Mary doesn't jog: ¬JOG(m)
　　바. Bill smokes and Kate drinks: SMOKE(b) ∧ DRINK(k)
　　사. Bill smokes or Kate drinks: SMOKE(b) ∨ DRINK(k)
　　아. If Bill smokes, Jenny coughs: SMOKE(b) → COUGH(j)
　　자. Every teacher is asleep: ∀x(TEACHER(x) → ASLEEP(x))
　　차. Some teachers are asleep: ∃x(TEACHER(x) ∧ ASLEEP(x))
　　카. Every teacher likes Tom: ∀x(TEACHER(x) → LIKE(x, t))
　　타. Some teachers like Tom: ∃x(TEACHER(x) ∧ LIKE(x, t))

(가)-(나)는 위 (3)의 통사규칙 (6)에 의해, (다)-(라)는 통사규칙 (7)에 의해, 복합명제인 (마)-(아)는 통사규칙 (1)-(4)에 의해, 양화표현인 (자)-(타)는 통사규칙 (8)-(9)에 의해 주어진다.

다음으로, 번역된 적형식들이 모형에 입각하여 해당 의미규칙에 의해 평가된다. 모형 M은 세계 U와 외연할당함수 F로 이루어진다: M = ⟨U, F⟩. 세계 U는 개체들의 집합이고, 외연할당함수 F는 모든 상황들에 특정한 외연을 할당한다. 다음의 모형에 입각하여 위의 적형식들을 평가해보자.

(7) M_1 = ⟨U_1, F_1⟩

   U_1 = {Mary, Bill, Peter, Tom, Sue, Kate, Jenny}

   F_1(m) = Mary, F_1(b) = Bill, F_1(p) = Peter, F_1(t) = Tom,
       F_1(s) = Sue, F_1(k) = Kate, F_1(j) = Jenny

   F_1(ASLEEP) = {Tom, Peter}, F_1(SMOKE) = {Bill, Kate},
       F_1(JOG) = {Sue, Jenny, Tom}, F_1(DRINK) = {Mary, Bill},
       F_1(COUGH) = {Sue, Tom}, F_1(TEACHER) = {Mary, Bill}

   F_1(RESEMBLE) = {⟨Bill, Tom⟩, ⟨Sue, Jenny⟩},
       F_1(HATE) = {⟨Tom, Sue⟩, ⟨Sue, Bill⟩},
       F_1(LIKE) = {⟨Peter, Tom⟩, ⟨Mary, Kate⟩, ⟨Bill, Tom⟩}

(8) 가. ⟦ASLEEP(m)⟧ = 1 iff ⟦m⟧∈⟦ASLEEP⟧. (의미규칙 (6))
       ⟦m⟧=Mary이고 ⟦ASLEEP⟧={Tom, Peter}이므로, ⟦m⟧∉⟦ASLEEP⟧.[5]
       따라서 ⟦ASLEEP(m)⟧ = 0.
     나. ⟦RESEMBLE(b, p)⟧ = 1 iff ⟨⟦b⟧, ⟦p⟧⟩∈⟦RESEMBLE⟧. (의미규칙 (7))
       ⟦b⟧=Bill, ⟦p⟧=Peter, ⟦RESEMBLE⟧={⟨Bill, Tom⟩, ⟨Sue, Jenny⟩}
       이므로, ⟨⟦b⟧, ⟦p⟧⟩∉⟦RESEMBLE⟧.
       따라서 ⟦RESEMBLE(b, p)⟧ = 0.
     다. ⟦∃x(TEACHER(x) ∧ ASLEEP(x))⟧ =1 iff 어떤 x에 대하여

---

5) 상황의 의미값은 외연할당함수 F에 의해 모형에서 주어지므로, 모형 M_1에서 '⟦m⟧= F_1(m)=Mary'이다. 마찬가지로 '⟦ASLEEP⟧=F_1(ASLEEP)={Tom, Peter}'이다.

〚TEACHER(x) ∧ ASLEEP(x)〛=1. (의미규칙 (9))

〚TEACHER(x) ∧ ASLEEP(x)〛=1 iff 〚TEACHER(x)〛=1 그리고

〚ASLEEP(x)〛=1. (의미규칙 (2))

〚TEACHER(x)〛=1과 〚ASLEEP(x)〛=1을 모두 만족시키는 개체가

있으면 참.

즉, {Mary, Bill}와 {Tom, Peter}에 모두 속하는 개체가 있으면 참.

그런 개체가 없으므로, 〚∃x(TEACHER(x) ∧ ASLEEP(x))〛 = 0.

(6)의 예들 중 (가), (다), (차)에 대해 모형 M_1에 입각하여 술어논리의 의미
규칙에 따라 의미값을 부여해 보았다. 나머지 예들도 이러한 방식으로 의미
값을 부여할 수 있다.

14.3.3. 술어논리와 합성성 원리

우리는 술어논리에서 다음과 같이 번역과 평가의 절차를 거쳐 문장의 의
미를 얻는 방식을 살펴보았다. 그런데 이러한 평가 절차를 함수의 시각으로
이해할 수 있다.

(9)   번역   평가

Bill smokes → SMOKE(b) ⟹ 〚SMOKE(b)〛=1 iff 〚b〛∈〚SMOKE〛

먼저, 위에서 주어진 모형 M_1에 따르면 〚SMOKE〛는 개체들의 집합인 {Bill,
Kate}인데, 이것은 다음과 같은 함수, 즉 특성 함수(characteristic function)로
표현된다. 이 집합의 원소인 Bill과 Kate가 논항이 되면 참으로 사상되고,
그 외의 개체가 논항이면 거짓으로 사상된다.

(10)

$$[\![\text{SMOKE}]\!] = \begin{bmatrix} \text{Mary} & \to & 0 \\ \text{Bill} & \to & 1 \\ \text{Peter} & \to & 0 \\ \text{Tom} & \to & 0 \\ \text{Sue} & \to & 0 \\ \text{Kate} & \to & 1 \\ \text{Jenny} & \to & 0 \end{bmatrix}$$

따라서 이 함수에 $[\![\text{b}]\!]$가 논항으로 작용한 것이 바로 $[\![\text{SMOKE(b)}]\!]$가 된다. Bill이 {Bill, Kate}의 원소이므로 $[\![\text{SMOKE(b)}]\!]$는 참이 된다.

(11)

$$[\![\text{SMOKE(b)}]\!] = [\![\text{SMOKE}]\!]([\![\text{b}]\!]) = \begin{bmatrix} \text{Mary} & \to & 0 \\ \text{Bill} & \to & 1 \\ \text{Peter} & \to & 0 \\ \text{Tom} & \to & 0 \\ \text{Sue} & \to & 0 \\ \text{Kate} & \to & 1 \\ \text{Jenny} & \to & 0 \end{bmatrix} (\text{Bill}) = 1$$

이와 같이 $[\![\text{SMOKE(b)}]\!]$는 함수 $[\![\text{SMOKE}]\!]$에 논항 $[\![\text{b}]\!]$가 입력되는 함수적 적용(functional application)을 보인다.

술어논리의 함수적 적용이 자연언어의 의미 해석에 작동한다는 생각은 일찍이 Frege에 의해 언급되었다. 'Bill smokes.'와 같은 주어-술어의 문장에서 주어 'Bill'은 완전한 표현인 반면에 술어 'smokes'는 불완전하여 'Bill'과 결합하여야 완전한 표현인 문장이 된다고 하였다. 그리고 이러한 술어와 같이, 다른 표현과 결합하여야 완전한 표현이 되는 것들을 함수라고 하였고, 함수와 결합하는 'Bill'과 같은 표현을 논항이라고 하였다. 나아가, Frege는 모든 의미적 합성(composition)은 함수적 적용이라고 보았다. 그의 합성성 원리, 즉 '어떤 표현의 의미는 그 부분들의 의미와 그들이 결합하는 방식에 의해 결정된다.'에서 그 방식은 바로 함수적 적용을 일컫는다.

14.3.4. 술어논리의 한계

이상과 같이, 'smoke'와 같은 1항 술어는 논항과의 함수적 적용을 통해 합성성 원리를 구현시킴을 살펴보았다. 그런데 2항 술어의 경우에는 이러한 합성성 원리가 제대로 구현되기 어렵다. 술어논리에 의하면 'resemble'과 같은 2항 술어는 'Bill', 'Tom'과 같은 두 논항을 한꺼번에 취하여 'Bill resembles Tom.'을 만든다. 따라서 'resemble Tom'를 하나의 구성성분으로 처리할 수가 없다. 단지 'resemble', 'Bill', 'Tom'의 세 단어를 동시에 취하여 문장을 생성할 뿐이다. 온전한 합성성 원리의 구현을 위해서는 'resemble'과 'Tom'이 함수적으로 결합하여 'resemble Tom'을 이루는 단계가 포함되어야 한다.

이러한 사정은 양화 표현에서도 동일하게 드러난다. 예를 들어, 통사규칙 (8)에 의하면 보편 양화의 문장에 대해 다음과 같은 번역이 주어진다.

(12) Every teacher is asleep $\Rightarrow$ $\forall x(\text{TEACHER}(x) \rightarrow \text{ASLEEP}(x))$

이 번역에는 'Every teacher'에 대응되는 적절한 구성성분이 없다. '$\forall x$'이 'TEACHER(x) $\rightarrow$ ASLEEP(x)' 전체에 작용하므로 '$\forall x(\text{TEACHER}(x)$'와 같은 구성성분이 허용되지 않는다. 따라서 'every teacher'가 구성성분으로서 'every'와 'teacher' 간의 함수적 적용에 의해 형성됨을 포착하지 못한다. 양화 표현에서도 온전한 합성성의 원리를 포착할 수 없다.

이와 관련하여 한 가지 더 언급할 것이 있다. 술어논리는 매우 단순한 형성규칙 체계를 가지고 있어서 자연언어의 다양한 표현들을 수용할 수가 없다. 형용사, 부사 등의 수식어들이 나타나는 'very fast', 'happy person', 'very happy person' 등이나, 'at school', 'in summer'와 같은 전치사구 등을 비롯하여 수많은 종류의 표현들을 표현할 수가 없다. 기본적으로 자연언어의 모든 복합 표현에는 합성성의 원리가 작동한다.

결국, 술어논리를 통한 자연언어의 의미 분석에서 합성성의 원리가 작동함이 제시되었지만, 1항 술어의 문장만을 설명할 수 있을 뿐이었다. 그 밖의 다양한 종류의 자연언어 표현들의 의미 해석에서 작동하는 합성성의 원리는 포착되지 않는 제한적 수준의 설명이었다.

14.4. 형식의미론

14.4.1. 고차논리

술어논리에서는 자연 언어의 의미 해석에서 나타나는 합성성 원리가 온전하게 포착되지 못한다. 이러한 한계를 극복하고 자연언어의 의미를 제대로 포착하기 위하여, Montague는 술어논리에 유형이론과 λ-연산자를 도입하는 형식언어를 고안하였다. 이를 가리켜 고차논리(higher-order logic)라고 부른다.

14.4.1.1. 유형이론

술어논리에서 소개된 함수적 적용은 유형이론(Type Theory)에 의해 보다 명시적으로 포착할 수 있다. 유형이론에 따르면, 유형 B와 결합하여 유형 C를 산출하는 함수 F의 유형은 〈B, C〉이다. 유형이론에서는 기본 유형으로 개체 유형 e와 문장 유형 t를 설정하고 이들로부터 복합 유형이 도출된다. 유형 〈e, t〉는 유형 e와 결합하여 유형 t를 산출하는 함수의 유형으로 'smoke'와 같은 1항 술어가 이에 해당한다. 1항 술어는 집합을 표의하며

(10)과 같은 특성함수로 나타낼 수 있는데, 이 특성함수는 개체(e)로부터 진리치(t)로의 함수인 〈e, t〉유형을 보여준다. 정리하면 다음과 같다.

(13)

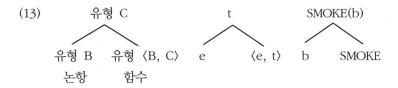

이상과 같이 유형 이론을 통해, 1항 술어가 논항과 결합하여 함수적 적용이 작동함을 명시적으로 파악할 수 있다.

이에 입각하여 1항 술어의 문장을 다음과 같이 파악할 수 있다.

(14)

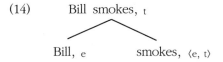

이것은 번역 이전의 영어 문장의 통사 구조에서 각 구성성분에 유형을 표시한 것이다. 문장의 유형은 t이고, 주어 'Bill'은 개체 유형 e이므로 함수인 'smokes'는 〈e, t〉 유형을 가진다.

이러한 방식으로 2항 술어의 경우를 살펴보자. 2항 술어 문장의 구조는 다음과 같은 통사구조를 가진다. 그리고 유형이론에 따라 각 구성성분에 대해 적절한 유형들을 부여할 수 있다.

(15)

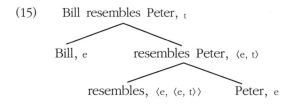

'Bill'과 'resembles Peter'가 결합하여 'Bill resembles Peter'를 산출할 때 이들 사이에 함수적 적용이 이루어진다면, 'resembles Peter'는 ⟨e, t⟩ 유형을 부여받는다. 'Bill'과 'Bill resembles Peter'는 각각 기본 유형인 e 유형과 t 유형이기에 'resembles Peter'에는 함수 유형인 ⟨e, t⟩가 주어진다. 다음으로, 'resembles'와 'Peter'가 결합하여 'resembles Peter'를 이루는데, 'Peter'가 e 유형이므로 'resembles'는 e 유형의 논항과 결합하여 ⟨e, t⟩ 유형을 도출하는 함수 유형 ⟨e, ⟨e, t⟩⟩을 가진다.

양화 표현에 대해서도 유형이론에 따라 함수적 적용을 확인할 수 있다.

(16)

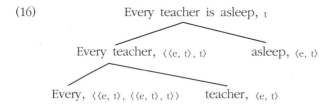

'Bill'과 같은 주어에 주어졌던 유형 e와는 달리, 양화 표현의 주어 'Every teacher'에는 ⟨⟨e, t⟩, t⟩의 함수 유형이 주어졌다. 그리고 술어 'asleep'가 ⟨e, t⟩ 유형의 논항으로 작용하고 있다. 그런데 'Bill'의 예와 같이 'Every teacher'를 e 유형으로 보아도 함수적 적용을 얻을 수 있을 것이다. 그러나 이것은, 양화표현 'Every teacher'를 'Bill'과 같이 개체 유형으로 보는 것이어서 언어적 직관과 맞지 않는다. 'Every teacher'가 어떤 개체를 가리킨다는 것은 매우 부자연스러운 설명이다. 이러한 상황에서 함수적 적용을 추구할 수 있는 유일한 방법은 'Every teacher'를 ⟨⟨e, t⟩, t⟩ 유형으로 처리하는 것이다.[6] 다음으로, 'Every'가 'teacher'와 결합하여 'Every teacher'를 형성하는 것을 살펴보자. 먼저, 개체들의 집합을 표의하는 'teacher'를 ⟨e, t⟩

---

6) 'Every teacher'를 ⟨⟨e, t⟩, t⟩ 유형으로 처리하는 것이 언어적 직관에 부합함은 곧 살펴볼 것이다.

유형의 논항으로 처리할 수 있고, 'Every'가 이 논항으로부터 $\langle\langle e, t\rangle, t\rangle$ 유형의 'Every teacher'를 산출하는 함수로서 $\langle\langle e, t\rangle, \langle\langle e, t\rangle, t\rangle\rangle$ 유형으로 처리될 수 있다.

이와 같이, 함수적 적용이 유형이론에 의해 효과적으로 파악될 수 있어서, 술어논리에서 함수적 적용으로 처리할 수 없었던 2항 술어와 양화 표현의 문장에서도 함수적 적용이 구현됨을 확인할 수 있다. 이와 동일한 방식으로 다른 다양한 표현들에 대해서도 함수적 적용이 구현된다.

14.4.1.2. 람다 표현

이상에서, 유형이론에 입각하여, 술어논리에서 포착할 수 없었던 자연언어의 함수적 적용을 포착할 수 있음을 살펴보았다. 다음으로, 이러한 함수적 적용을 표상하는 λ-표현에 대해 알아보자. λ-표현은 함수의 유형을 고스란히 드러내는 표상으로, 다음과 같이 정의된다.

(17) u가 유형 B의 변항이고 φ가 u를 포함하는 유형 C의 표현일 때, $\lambda u[\varphi]$는 유형 $\langle B, C\rangle$의 표현이다.

'$\lambda u[\varphi]$'는 변항 'u'의 유형과 이 변항을 포함하는 'φ'의 유형으로 형성된 유형의 함수를 표상하는 방식이다.

가장 간단한 함수 유형인 $\langle e, t\rangle$ 유형의 λ-표현부터 살펴보자. 1항 술어인 'SMOKE'는 $\langle e, t\rangle$ 유형의 함수로서, e 유형의 논항과 결합하여 t 유형을 낳는다. 이 함수를 λ-표현으로 표현하자면, e 유형의 변항과 t 유형의 표현이 필요하다. e 유형의 변항으로 'x'를 취하면, t 유형의 표현은 1항 술어 'SMOKE'와 'x'를 포함하는 'SMOKE(x)'가 된다. 이들로부터 함수 표현인 '$\lambda x[SMOKE(x)]$'를 얻는다. 'x'의 유형 e와 'SMOKE(x)'의 유형 t에 의해

'$\lambda x[\text{SMOKE}(x)]$'의 유형이 $\langle e, t \rangle$임이 분명하게 드러난다. 이제 함수 유형의 표현인 'SMOKE'를 λ-표현으로 대신하여 다음과 같은 통사구조를 얻는다.

(18)   SMOKE(b), $_t$ SMOKE(b), $_t$

    b, $_e$ SMOKE, $_{\langle e,\ t \rangle}$ $\Rightarrow$ b, $_e$ $\lambda x[\text{SMOKE}(x)]$, $_{\langle e,\ t \rangle}$

다음으로, λ-표현을 통하여 함수적 적용이 명시적으로 나타나는 과정을 살펴보자. 위의 예에서 나타나는 함수적 적용이란 함수 '$\lambda x[\text{SMOKE}(x)]$'에 논항 'b'가 작용하여 적형식 'SMOKE(b)'가 도출되는 과정을 말한다. 논항 'b'가 함수 '$\lambda x[\text{SMOKE}(x)]$'에 작용하면 논항과 동일한 유형의 변항인 'x'가 'b'로 대치된다.

(19)   SMOKE(b), $_t$

                           $\lambda x[\text{SMOKE}(x)](b)$

  b, $_e$ $\lambda x[\text{SMOKE}(x)]$, $_{\langle e,\ t \rangle}$

이때 λ-표현의 함수에 논항이 적용되면서 λ-연산자가 제거되므로 λ-전환 (conversion)이라고 부른다. 이를 일반화시켜 보면 다음과 같다.

(20) $\lambda u[\varphi](a) \equiv \varphi^{[a/u]}$

함수 '$\lambda u[\varphi]$'에 변항 'u'와 동일한 유형의 논항 'a'가 적용되면, 'φ'에서 나타나는 모든 'u'를 'a'로 대치하는 것이다. 이 과정에서 함수 유형의 표현이 λ-표현으로 표상되어 그 유형이 명시적으로 나타나므로 어떤 함수적 적용이 일어나는지를 명확하게 포착할 수 있다.

다음은 2항 술어 문장의 예이다. 앞에서 살펴본 유형이론적 분석을 토대로, 함수로 작용하는 각 구성성분에 λ-표현을 부여하면 다음과 같다.

(21)

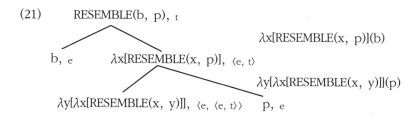

⟨e, t⟩ 유형인 'resemble Peter'가 'λx[RESEMBLE(x, p)]'로 번역되고, ⟨e, ⟨e, t⟩⟩ 유형인 'resembles'가 'λy[λx[RESEMBLE(x, y)]]'로 번역되어 적절한 함수적 표현을 얻는다. 그리고 논항 'p'와 'b'가 차례로 적용되어 나타나는 모든 함수적 적용이 온전하게 포착된다. 함수 유형을 가지는 모든 구성성분들에게 λ-표현이 주어지고, 이를 토대로 이루어지는 함수적 적용이 λ-전환에 의해 실현됨을 보여준다. 이는 진정한 의미의 합성성 원리가 작용함을 보이는 것이다.

양화표현에 대해서도 유형이론적 분석을 토대로 다음과 같은 λ-표현들을 부여할 수 있다.

(22)   ∀x(BOY(x) → SMILE(x)), t

λP[∀x(BOY(x) → P(x))](SMILE)

λP[∀x(BOY(x) → P(x))], ⟨⟨e, t⟩, t⟩   SMILE, ⟨e, t⟩

λQλP[∀x(Q(x) → P(x))](BOY)

λQλP[∀x(Q(x) → P(x))], ⟨⟨e, t⟩, ⟨⟨e, t⟩, t⟩⟩   BOY, ⟨e, t⟩

⟨⟨e, t⟩, t⟩ 유형의 함수인 'every boy'는 ⟨e, t⟩ 유형의 변항 'P'를 취하여 'λP[∀x(BOY(x) → P(x))]'로 나타난다. ⟨⟨e, t⟩, ⟨⟨e, t⟩, t⟩⟩ 유형의 함수

인 'every'도 〈e, t〉 유형의 변항 'Q'를 취하여 'λQλP[∀x(Q(x) → P(x))]'로 번역된다. 그리고 이러한 λ-표현을 토대로 이루어지는 함수적 적용들이 λ-전환에 의해 실현됨을 보여준다. 여기에서는 'P', 'Q'와 같은 〈e, t〉 유형의 변항이 사용되어 2차 논리(second-order logic)에 해당하고, 이것부터를 고차논리(higher-order logic)라고 불러 개체 논항(e 유형)만을 사용하는 1차 논리(술어논리)와 구별한다.

존재 양화표현에서도 동일한 관찰을 할 수 있다.

(23)   ∃x(BOY(x) ∧ SMILE(x)), t

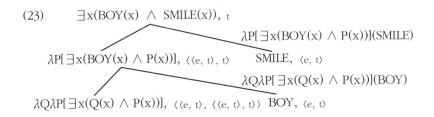

보편 양화표현과 동일하게 〈e, t〉 유형의 변항 P와 Q가 도입되는 고차논리적 표상이다.

14.4.1.1.에서부터 양화표현을 e 유형이 아니라 〈〈e, t〉, t〉 유형으로 처리해 왔는데, 그 배경에 대해 생각해보자. 가령 'every boy'가 'λP[∀x(BOY(x)→ P(x))]'로 번역되어 〈〈e, t〉, t〉 유형의 λ-표현으로 나타나는데, 이는 '모든 소년들이 가지는 속성들의 집합'을 일컫는다. 그리고, 모든 소년들이 가지는 속성들을 총망라하면, 대상이 되는 모든 소년들을 꼭 집어낼 수 있는 상태에 이를 것이다. 즉, '모든 소년'을 '모든 소년들이 가지는 속성들의 집합'으로 포착하여도 동일한 표의를 얻게 된다. 마찬가지로 'some boy'를 '어떤 소년이 가지는 속성들의 집합'을 나타내는 'λP[∃x(BOY(x)∧ P(x))]'로 번역하여도 동일한 표의를 얻는다.[7]

---

7) 이러한 처리는 전형적인 e 유형인 고유명사로도 확대될 수 있다. 'John'을 e 유형의 'j'가

이상과 같이, 고차논리는 유형이론과 λ-표현을 이용하여 자연언어에서 실현되는 합성성 원리를 함수적 적용에 입각하여 설명한다. 유형이론을 도입함으로써 술어논리에서는 가능하지 못했던 여러 표현들의 함수적 적용을 포착할 수 있었고, λ-표현을 도입함으로써 함수 유형의 구성 성분들의 유형이 명시적으로 드러나서 함수적 적용에 의한 합성성 원리를 구현할 수 있게 되었다. 위에서는 그러한 예들을 몇 개 살펴보았을 뿐이며, 실제로는 자연언어 표현들 전반에 함수적 적용에 입각한 합성성 원리가 작동함을 명시적으로 입증하였다. 이로써 Montague는 술어논리의 한계를 넘어 자연언어에도 다른 형식언어들과 마찬가지로 고유의 논리체계가 있음을 주장하였다.

그런데 우리는 위에서 이러한 고차논리가 작동하는 Montague 의미론의 통사 규칙 및 의미 규칙을 구체적으로 살펴보지는 못했다. 단지, 고차논리를 이루는 핵심인 유형이론과 λ-표현의 원리를 살펴보았을 뿐이다. 이는 단지 지면의 문제로 인한 것이며, 이를 통해서도 형식의미론의 기본 정신을 엿볼 수 있었다고 판단된다.[8] 한편, 형식의미론의 또 한 가지 특성인 가능세계의미론(Possible World Semantics)적 관점도 언급하지 못하였다. 우리는 위에서 단지 외연적(extensional) 의미만을 다루었으나 Montague는 내포논리(Intensional Logic)로 구축된 가능세계의미론에 입각하여 내포적(intensional) 의미를 추구하였다. 이것도 지면의 문제로 다루지 못하였는데, 6장에서 가능세계적 설명을 요구하는 양상의 현상을 다루면서 그 취지를 간략히 소개한 바 있다.

아니라 〈〈e, t〉, t〉 유형인 'λP[P(j)]'로 번역하는 경우가 있다. 이 번역은 'John이 가지는 속성들의 집합'을 나타내는데, John이 가지는 속성들을 총망라한다면 결국 John을 표의하게 되므로 'j'와 'λP[P(j)]'는 동일한 표의를 가진다.

8) 고차논리의 구체적인 통사 규칙과 의미 규칙은 Dowty 외(1981), Gamut(1991) 등과 같은 형식의미론의 입문서를 참조할 수 있다.

14.4.2. 일반 양화사

이상과 같이, 고차논리는 술어논리가 제대로 보여주지 못한 합성성 원리를 잘 보여준다. 그러나 위와 같은 고차논리는 양화 표현과 관련하여 아래와 같은 보편 양화와 존재 양화 두 가지만을 다룬다는 한계를 가진다.

(24) 가. Every boy smiles: $\forall x(BOY(x) \rightarrow SMILE(x))$
　　나. Some boys smile: $\exists x(BOY(x) \wedge SMILE(x))$

술어논리에 이 두 가지 양화만이 설정되어 있고, 이를 그대로 받아들이기 때문에 자연 언어의 수많은 양화 표현들이 수용되지 못하였다. 술어논리적인 방식으로 다른 양화 표현들을 표현하는 것이 가능하지가 않다.

‘most’를 예로 들어 살펴보자. 보편 양화와 존재 양화를 위해 설정한 운용자인 ‘$\forall$’와 ‘$\exists$’와 같이, ‘most’를 대변하는 운용자로 ‘MOST’를 설정하고, 술어논리에서 가능한 연결사 ‘$\rightarrow$, $\wedge$, $\vee$, $\leftrightarrow$’를 모두 사용하여 아래와 같이 네 가지를 생각해 볼 수 있다.

(25) Most boys smile.
　　가. $MOSTx(BOY(x) \rightarrow SMILE(x))$
　　나. $MOSTx(BOY(x) \wedge SMILE(x))$
　　다. $MOSTx(BOY(x) \vee SMILE(x))$
　　라. $MOSTx(BOY(x) \leftrightarrow SMILE(x))$

그러나 이 네 가지 모두 ‘most’의 양화적 의미를 제대로 포착하지 못한다. (25가)를 예로 들어 보자. ‘most’가 50% 이상을 의미한다고 가정하면, ‘$MOSTx(BOY(x) \rightarrow SMILE(x))$’는 대략 ‘50% 이상의 개체에 대하여, 그 개체가 소년이면 그것은 웃는다.’를 나타낸다. 아래의 ‘$\rightarrow$’의 진리표에 따르면, 50%의 개체에 대해 1, 3, 4행의 결과가 나옴을 말한다.

(26)	BOY(x)	SMILE(x)	BOY(x) → SMILE(x)
1.	T	T	T
2.	T	F	F
3.	F	T	T
4.	F	F	T

가령, 100명이 사람이 있고 그 가운데 소년이 10명인데, 소년 중 2명이 웃고 비소년 중 80명이 웃는 경우를 가정해 보자. 비소년 80명이 웃는 것이 3행에 해당하므로 이것만으로도 80%의 사람이 웃는 것이므로 'MOSTx (BOY(x) → SMILE(x))'은 참이 된다. 이 경우에 'Most boys smile.'은 거짓이라는 우리의 직관을 반영하지 못한다. 이런 결과가 나타나는 주 원인은, 'MOSTx(BOY(x) → SMILE(x))'가 소년을 대상으로 하지 않고 전체 개체를 대상으로 50% 이상을 계산하기 때문이다. 나머지 (25나-라)도 이와 비슷하게 우리의 직관을 반영하지 못한다.

이상과 같이, 술어논리식으로 양화 표현을 표현하게 되면 'most'를 비롯한 대부분의 양화 표현들을 제대로 다룰 수가 없다. 술어논리의 방식으로는 보편 양화와 존재 양화의 표현들만을 처리할 수 있을 뿐이다.

이러한 한계는 일반 양화사 이론(Generalized Quantifier Theory)에 의해 극복된다(Barwise & Cooper 1981). 이 이론은 양화를 두 집합 간의 관계로 파악하여 자연 언어가 가지는 다양한 양화 표현을 포착한다. 위의 'most'의 예는 다음과 같이 포착된다.

(27) Most boys smile.

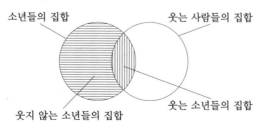

소년들의 집합   웃는 사람들의 집합

웃지 않는 소년들의 집합   웃는 소년들의 집합

술어 'boys'의 표의인 '소년들의 집합'과 술어 'smile'의 표의인 '웃는 개체들의 집합' 간의 관계로 'most'의 의미가 표상된다.[9] 'most'가 50% 이상을 의미하므로, 두 집합의 교집합인 웃는 소년들의 집합이 웃지 않는 소년들의 집합보다 크면 이 문장은 참이 된다. 우리의 직관을 제대로 반영한다. 전체 사람을 대상으로 하지 않고 소년만을 대상으로 50%를 따지기 때문이다.

이와 같은 생각을 통사 구조와 함께 다른 양화사들에 적용시켜 보면 다음과 같다.[10]

(28)

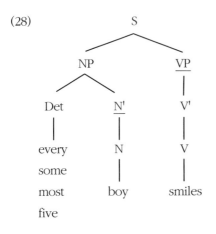

가. Every boy smiles $\{x: BOY(x)\} \subseteq \{x: SMILE(x)\}$
나. Some boys smile $|\{x: BOY(x)\} \cap \{x: SMILE(x)\}| \geq 2$
다. Most boys smile $|\{x: BOY(x)\} \cap \{x: SMILE(x)\}| \rangle$

---

9) 여기서 사용되는 '술어(predicate)'는 문법 용어가 아니라 유형 이론에서 사용하는 ⟨e, t⟩ 유형의 표현을 나타낸다.
10) 여기에서 사용되는 집합이론의 부호에 대한 간략한 해설은 다음과 같다.
 집합 A와 B에 대하여,
 A ⊆ B: A는 B의 부분집합이다. 즉, A의 모든 원소는 B의 원소이다.
 A ∩ B: A와 B의 교집합.
 A − B: A와 B의 차집합. 즉, A에는 속하지만 B에는 속하지 않는 원소들의 집합.
 |A| : A의 원소들의 수.

| | $\mid \{x:\ BOY(x)\} - \{x:\ SMILE(x)\} \mid$ |
| 라. Five boys smile | $\mid \{x:\ BOY(x)\} \cap \{x:\ SMILE(x)\} \mid = 5$ |

결정사(determiners)와 결합하는 명사의 표의인 집합({x: BOY(x)})과 술어의 표의인 집합({x: SMILE(x)}) 사이의 관계가 위와 같이 포착된다.

위 문장을 '[[Det N'] VP]'로 파악하여 'N''이 표의하는 집합을 'F', 'VP'가 표의하는 집합을 'G'라고 하고, 두 집합 'F'와 'G'의 관계를 통해 양화사에 대한 정의를 다음과 같이 내린다.

(29) 가. [[All F] G] $F \subseteq G$

       [[Most F] G] $\mid F \cap G \mid \rangle \mid F - G \mid$

                ...   ...

    나. [[No F] G] $\mid F \cap G \mid = 0$

       [[An F] G] $\mid F \cap G \mid \geq 1$

       [[Some F] G] $\mid F \cap G \mid \geq 2$

       [[Four F] G] $\mid F \cap G \mid = 4$

                ...   ...

위 정의는 두 그룹으로 분리되어 있는데, 그 이유는 아래에서 곧 논의될 것이다.

그런데 이와 같이 양화를 두 집합 간의 관계로 파악하는 것은 Montague 가 양화 표현을 처리하는 방식에도 이미 반영되어 있었다. 우리는 앞에서 (16)과 같이 유형 이론에 따라 고차논리에서 'every teacher'를 e 유형이 아니라 ⟨⟨e, t⟩, t⟩ 유형으로 처리함을 살펴본 바 있다. 그리고 그에 따라 'every'는 ⟨⟨e, t⟩, ⟨⟨e, t⟩, t⟩⟩ 유형으로 분석되었다. 이를 나무 그림으로 나타내면 다음과 같다.

(30)

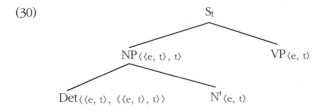

'Det'의 유형 $\langle\langle e, t\rangle, \langle\langle e, t\rangle, t\rangle\rangle$에서 첫 번째 밑줄 친 $\langle e, t\rangle$는 'N'$_{\langle e, t\rangle}$'로 부터 유래하고, 두 번째 밑줄 친 $\langle e, t\rangle$는 'VP$_{\langle e, t\rangle}$'로부터 유래한다. 함수 유형 $\langle\langle e, t\rangle, \langle\langle e, t\rangle, t\rangle\rangle$는 두 $\langle e, t\rangle$ 유형의 표현들 간의 관계를 반영한다. 이와 같이 양화가 두 $\langle e, t\rangle$ 유형 간의 관계, 즉 두 집합 간의 관계임이 Montague의 양화 분석에 이미 반영된 셈이다.

다음으로, 이상과 같은 양화사의 의미를 반영하여 문장을 분석해보자. 'Every boy smiles.'는 다음과 같이 분석된다.

(31)

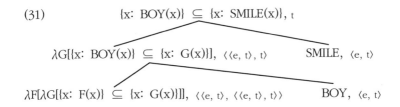

술어논리의 형식인 '$\forall x(BOY(x) \rightarrow SMILE(x))$'이 일반양화사의 형식인 '$\{x: BOY(x)\} \subseteq \{x: SMILE(x)\}$'으로 바뀌고, 이를 바탕으로 고차논리의 람다 표현이 부여됨으로써 위의 과정을 얻는다.

이제 'Most boys smile.'에 대해서도 일반양화사 방식에 의해 적형식이 부여되고, 그 도출 과정도 제시될 수 있다.

(32) | {x: BOY(x)} ∩ {x: SMILE(x)} | 〉 | {x: BOY(x)} − {x: SMILE(x)} | , t

λG[| {x: BOY(x)} ∩ {x:G(x)} | 〉 | {x: BOY(x)} − {x: G(x)} |], ⟨⟨e, t⟩, t⟩   SMILE, ⟨e, t⟩

λF[λG[| {x: F(x)} ∩ {x:G(x)} | 〉 | {x: F(x)} − {x: G(x)} |]], ⟨⟨e, t⟩, ⟨⟨e, t⟩, t⟩⟩   BOY, ⟨e, t⟩

술어논리에서는 가능하지 않았던 'most'의 양화적 해석이 반영되어 ' | {x: BOY(x)} ∩ {x: SMILE(x)} | 〉 | {x: BOY(x)} − {x: SMILE(x)} | '의 형식이 문장에 부여되고, 이를 바탕으로 적절한 람다 표현이 구성성분들에 주어진다.

이와 같이 일반양화사 이론에 의해 양화사에 대한 표현력의 한계가 극복됨으로써, 고차논리는 보다 진정한 의미에서 합성성 원리를 구현할 수 있게 되었다. 그리고 이러한 일반양화사 이론이 도입되면서 한정성(definiteness)이나 부정극어(negative polarity items)와 같은 현상들을 매우 명시적으로 설명할 수 있게 되었다. 아래에서 한정성과 관련된 예를 하나 살펴보고자 한다.

강양화사, 약양화사 그리고 존재문

'[[Det F] G]'에서 'Det'의 양화적 의미에 따라 두 집합 F와 G의 특수한 관계가 형성됨을 살펴보았다. 그런데 F와 G를 서로 바꾸었을 때 이러한 관계가 여전히 유지되는 경우도 있고 그렇지 않은 경우도 있다.

(33) 가. Some boys smile = Some smilers are boys
　　 나. Five boys smile = Five smilers are boys
　　 다. Every boy smiles ≠ Every smiler is a boy
　　 라. Most boys smile ≠ Most smilers are boys

'some'과 'five'가 유지되는 경우이고, 'every'와 'most'가 그렇지 않은 경우이다. 'Some boys smile'은 몇몇 소년들이 미소 짓는 상황을 말하는데, 미소 짓는 사람들 몇몇이 소년인 상황과 마찬가지를 나타낸다. 이에 반해, 'Every boy smiles'은 대상이 되는 학생들이 모두 미소를 짓는 상황을 말하는데, 미소 짓는 모든 사람들이 소년인 상황과 동일하지 않을 수 있다. 소년들이 모두 미소를 짓지만 몇 명의 소녀들도 미소를 짓고 있다면 'Every boy smiles'은 참이지만 'Every smiler is a boy'는 거짓이다. 'five'와 'most'는 각각 'some'과 'every'의 경우에 해당한다.

'some'이나 'five'와 같이 F와 G가 서로 바뀌어도 되는 경우를 '대칭적'이라고 하고, 'every'나 'most'처럼 그렇지 않은 경우를 '비대칭적'이라고 하여 구분한다. 그런데 이러한 차이는 '[[Det F] G]'에서 F가 표의하는 집합의 역할에서 비롯된다. 대칭적인 경우에는 이 집합의 크기가 중요하지 않은 반면에 비대칭의 경우에는 이 집합의 크기가 고려되어야만 한다. 'Some boys smile'은 전체 소년들이 몇 명이든지 그 중 몇몇이 미소를 짓는다는 것이므로 소년들의 집합의 크기가 고려되지 않는 반면에 'Every boy smiles'은 전체 소년들 모두에 대한 언급이므로 소년들의 집합의 크기가 정해져 있어야 한다. 이런 차이를 반영하여 전자를 '계량적(cardinal)'이라고 하고 후자를 '비율적(proportional)'이라고 구분한다.

이렇게 구별되는 두 종류의 양화사의 특성은 한정성(definiteness)으로 연결된다. 양화가 작용되는 집합의 크기를 안다는 것은 그 집합의 존재를 이미 알고 있다는 것이 될 것이다. 따라서 'some'이나 'five'와 같이 '대칭적', '계량적' 속성은 비한정성으로, 'every'나 'most'처럼 '비대칭적', '비율적' 속성은 한정성으로 통한다. 전자를 약 양화사(weak quantifier), 후자를 강 양화사(strong quantifier)로 부른다.

'[[Det F] G]'를 'DET(F, G)'로 표시하면, 다음과 같이 정리된다.

(34) 가. 약 양화사: 대칭적, 계량적, 비한정적

$$DET(F, G) = DET(G, F)$$

나. 강 양화사: 비대칭, 비율적, 한정적

$$DET(F, G) \neq DET(G, F)$$

이와 같은 두 가지 양화사의 구별은 다음과 같은 존재문의 특성을 잘 설명해준다. 새로운 개체를 도입하는 존재문의 의미 특성으로 인해, 존재문에는 비한정적 표현만이 허용된다.

(35) 가. There is/isn't a fox in the garden.

나. There are/aren't some foxes in the garden.

다. There are/aren't two foxes in the garden.

라. *There is/isn't every fox in the garden.

마. *There are/aren't most foxes in the garden.

바. *There are/aren't both foxes in the garden.

(가)-(다)의 약 양화사는 존재문에 출현하지만 (라)-(바)의 강 양화사는 그렇지 않다. 이는, 위에서 살펴본 두 가지 양화사의 속성들과 잘 부합한다.

14.4.3. 정리

이상으로 형식의미론의 형성 과정에 대해 알아보았다. 자연 언어가 다른 형식 언어들과 동일한 수준으로 자체의 논리 체계를 가지고 있다는 취지를 가지고, 자연 언어의 의미를 설명하기 위하여 구축된 형식 체계가 형식의미론이다. 전통적인 논리 언어인 명제논리와 술어논리의 체계를 이어받아 이를 기반으로 자연 언어의 분석을 위해 필요한 유형이론과 람다표현을 접목시킨 결과, 자연 언어의 의미 전반에 작용하는 합성성의 원리가 함수적 적용에 의해 구현됨을 보여주었다. 그리고 Montague 이후에 일반양화사에 대한 보다 진전된 연구가 이루어짐으로써 보편 양화와 존재 양화를 넘어 자연 언어의 모든 양화 표현들을 다룰 수 있게 되었다. 이로써 형식의미론은 보다 큰 표현력을 갖추게 되었다. 한편, 1980년대 들어 Kamp(1981)와 Heim(1982)에 의해, 문장의 해석이 이전 문장들의 의미 정보도 요구한다는 동적의미론(Dynamic Semantics)의 요소가 가미되었다. 그리하여, 조응이나 전제 등과 같이 문장 간의 의미 관계가 반영되는 현상들을 비롯하여 보다 다양한 자연 언어의 의미 현상을 설명할 수 있게 되었다.

인지의미론

15.1. 인지의미론과 인지언어학

인지의미론의 태생을 이해하기 위해서는 인지언어학 및 인지과학과의 관계를 이해할 필요가 있다. 인지언어학은 1970년대에 태동하였는데, 그 당시 주류였던 형식주의 언어학의 연구에 반대하는 일련의 연구자들이 주도하였다. 그리고 1960-1970년대에 생겨나서 발전하던 인지과학의 여러 연구들의 연구 결과들을 수용하였는데, 특히 인지심리학의 영향을 크게 받았다. 한편, 일반적으로 의미론은 언어학의 한 분야이기 때문에 인지의미론이 인지언어학의 한 분야라고 생각할 수 있겠지만, 이 둘의 관계에는 상당히 특이한 측면이 있다. 인지언어학은 그 본질상 음운, 형태, 통사 등의 언어학적 단위들을 분명하게 구분하여 연구하지 않으며, 또한 언어 연구의 핵심을 의미에 두고 있다. 인간이 이 세상을 살며 경험하는 것이 인간의 신체적 조건에 의해 걸러져서 개념화되며, 이 개념화의 결과물이 언어인데, 개념화는 언어의 형식과 의미 중에서 의미와 직결된다고 보기 때문이다. 따라서 인지언어학의 연구는 인지의미론에 의해 주도되어 왔고, 그 결과로 인지의미론을 인지언어학과 동일시하기도 한다. 물론 의미론이 아닌 인지언어학의 다른 분야, 가령 인지언어학의 문법 연구들이 종종 따로 언급되지만, 이것들도 역시 의미에 기반을 둔 연구라는 점은 마찬가지이다.

이와 같은 배경을 가지는 인지언어학은 아주 다양한 방식의 연구들로 구성되어 있어서 하나의 단일한 이론이라고 보기에 어려운 점이 있다. Lakoff(1990)은 *Cognitive Linguistics* 창간호에서 인지언어학에 대해 일반화 언명(generalization commitment)과 인지적 언명(cognitive commitment)이라는 두 가지 언명을 제시한 바가 있는데, 이 언명들이 인지언어학의 성격을 잘 보여준다. 일반화 언명에 따르면, 자연 언어의 모든 분야에 적용되는 일반 원리들이 존재한다. 그런 까닭에, 생성문법이나 형식의미론과 같이 음운론, 형태론, 통사론, 의미론, 화용론 등으로 언어 연구를 따로 구분해서는 이 세부 분야들을 관통하는 원리를 찾을 수 없다고 비판한다. 인지적 언명이란, 인지언어학이 인지과학의 다른 연구 분야들의 경험적 연구 결과들을 수용해야 된다는 것이다. 따라서 인지언어학은 '인지적'이며 '학제적(interdisciplinary)' 연구가 된다. 나아가 이 두 언명은 함께 맞물려 작동하게 될 것이라고 주장하였다.

15.2. 인지의미론의 주요 원리들

이러한 특성을 가지는 인지언어학의 그야말로 핵심 분야인 인지의미론도 매우 다양한 종류의 연구들로 이루어져 있어서 하나의 통합된 관점으로 파악하기가 쉽지 않다. 그렇지만 인지의미론에 속하는 연구들이 추구하는 몇 가지 원리들을 다음과 같이 정리할 수 있다(Evans 외 2007).

(1) 가. 개념적 구조(conceptual structure)는 체화된(embodied) 것이다.
     나. 의미적 구조(semantic structure)는 개념적 구조이다.
     다. 의미 표상(meaning representation)은 백과사전적이다.
     라. 의미 구성(meaning construction)은 개념화(conceptualization)이다.

아래에서 이 네 가지 원리에 대해 차례로 살펴본다.[1]

개념적 구조는 체화된 것이다

인간은 자신의 신체를 통해 세상을 경험하기 때문에 인간의 경험은 신체적 조건의 영향을 받을 수 밖에 없다. 즉, 인간은 자신의 신체를 매개로 세상을 이해한다. 예를 들어, 인간의 시각 체계는 세 개의 색채 채널을 가지기 때문에 인간은 인간 특유의 색채 영역을 가진다. 다람쥐나 토끼처럼 두 개의 색채 채널을 가지기도 하고 금붕어나 비둘기처럼 네 개의 색채 채널을 가지는 종도 있다. 색채 채널의 수가 다르면 색채 스펙트럼 상에서 접근 가능한 색채의 범위가 달라진다. 어떤 종은 적외선에서도 볼 수 있어서 밤에 사냥을 하지만 인간은 그렇지 못하다. 인간의 시각 기관의 특성으로부터 인간의 시각적 경험의 특성이 결정된다. 인간의 신체가 인간의 경험에 절대적인 영향을 미친다. 즉, 인간의 경험은 체화된 경험(embodied experience)이다.

한편, 인간은 세상에 대한 경험을 근거로 인지 과정을 거쳐 개념을 만들어낸다. 따라서 그러한 개념에는 인간의 경험을 한정하는 인간의 신체적 영향이 고스란히 반영되기 마련이다. 우리가 이야기하고 생각하는 실재의 본질에는 인간의 신체적 영향이 관여될 수 밖에 없다. 즉, 우리는 체화된 경험으로부터 체화된 개념(embodied concept)을 만들고 사용한다.

의미적 구조는 개념적 구조이다

두 번째 원리는, 언어 형식이 인간의 마음 속에 존재하는 개념과 연결되어 있다는 것이다. 언어는 형식과 의미의 관습적인 연결체이므로, 이와 같이 형식과 연결된 개념이 바로 언어의 의미가 된다. 언어가 객관적인 외부 세계를 반영하지만, 외부 세계로의 연결은 직접적인 것이 아니라 개념을

---

1) 이 네 가지 원리에 대해서는 13.4.에서 살펴본 바 있는데, 여기에서는 좀 더 상술한다.

매개로 하여 간접적으로 연결되어 있다고 본다. 이와 같이 언어의 의미가 심적 표상(mental representation)인 개념이라는 표상적 의미관은, 언어 형식이 외부 세계를 직접 반영한다는 지시적 의미관과 대립된다.

이렇게 언어의 의미를 개념이라고 하지만, 이 둘이 동일한 것은 아니다. 인간은 언어와 연결되는 개념보다 더 큰 규모의 개념을 가지고 있어서, 언어를 통해 구현되는 개념은 인간에게 가능한 개념의 부분 집합일 뿐이다. 우리가 언어를 통해 부호화할 수 있는 것보다 더 풍부한 생각이나 감정들이 인간에게 가능하기 때문이다. 우리가 감지하는 모든 생각이나 감정을 표현할 수 있을 정도로 풍부한 어휘를 가진 언어는 아마 존재하지 않을 것이다. 어휘적 개념의 집합은 인간에게 가능한 개념들의 전체 집합의 부분일 뿐이다.

의미 표상은 백과사전적이다

다음 원리는 의미적 구조가 본질적으로 백과사전적이라는 것이다. 즉, 어휘적 개념은 언어사전에서처럼 깔끔하게 포장되어 있는 정보의 묶음이 아니라 단지 특정한 개념과 연관된 거대한 지식 저장고로 통하는 접근점(point of access) 역할을 한다. 그래서 어떤 단어가 특정한 맥락에서 사용되면, 그 맥락과 연계되는 백과사전식 지식이 동원되어 그 단어의 의미가 결정된다.

그러나 이와 같이 어휘적 개념이 백과사전적 의미에 대한 접근점 역할을 한다고 해서, 단어가 고유의 고정적 의미를 가지고 있음을 부정하지는 않는다. 예를 들어, '철수는 영리하다.'와 '철수는 게으르다.'는 다른 의미를 가지는데, 그 이유는 '영리하다'와 '게으르다'의 고정적 의미의 차이에서 유래할 것이다. 그렇지만 인지의미론자들은 이러한 고정적 의미의 역할은 제한적이라고 생각한다. 즉, 의미 구성(meaning construction)이란 주어진 발화의 맥락에서 적절한 해석을 선택하는 과정인데, 고정적 의미는 단지 그 과정을 촉발시킬 뿐이며 의미 구성은 맥락과 연계된 백과사전식 지식이 개입되어 이루어진다고 생각한다.

'깨끗하다'의 예를 들어 의미 구성의 과정을 살펴보자.

(2) 가. 철수는 깨끗하다.
     나. 저 방은 깨끗하다.

(2가)는 맥락에 따라 여러 가지 해석을 가진다. 철수의 몸이 청결하다거나, 철수가 아무 죄가 없다거나, 철수가 건강검진 결과 병이 없다는 등의 해석이 가능하다. 그런데 이렇게 다양한 해석은 '깨끗하다'의 고정적 의미가 아니라 이것을 근거로 맥락과 관련된 우리의 세상 지식이 작동하는 의미 구성의 결과라는 것이다. (2나)는 저 방의 청결 상태가 양호하다는 해석만이 선택 가능할 텐데 이러한 결과도 마찬가지이다. 방은 철수와는 달리 죄의 유무나 건강 상태에 대해 논할 수 없다는 우리의 세상 지식이 관여되어 이러한 선택을 가져오는 의미 구성이 이루어진 것이다.

의미 구성은 개념화이다

이 원리는 언어가 그 자체로 의미를 부호화하는 것이 아니라는 견해이다. 바로 위에서 살펴보았듯이, 단어는 단지 의미 구성을 촉발시키는 역할을 할 뿐이다. 그리고 단어에 의해 촉발되는 의미 구성에는 맥락과 관련되는 세상의 지식이 들어오고 이를 대상으로 개념적 작용이 행해지게 된다. 단어 뿐만 아니라 다른 모든 언어 단위들에도 이와 마찬가지의 의미 구성 과정(process)이 진행될 것이다. 결국, 이런 식으로 구성되는 의미는 언어에 의해 제각기 구분되어 포장되는 대상이 아니라 과정이다. 의미는 개념적 차원에서 행해지는 과정, 즉 개념화(conceptualization)인 것이다.

15.3. 인지의미론의 주요 이론들

이제부터 인지의미론의 이름으로 다루어진 주요 이론들을 간추려 살펴보고자 한다. 그런데 이 이론들이 서로 구분되어 독립적으로 존재하는 것이 아니라 여러 가지 방식으로 서로 관련되어 있다. 비슷한 생각이 다른 명칭으로 쓰이면서 미세한 차이를 동반한다든지, 어떤 이론이 다른 이론의 전개에 관여를 한다든지 하기 때문에 그 전모를 말끔하게 정리하기 힘든 측면들이 있다. 여기에서는 각 이론들의 기본적인 생각들을 간략하게 소개하고자 하며, 위에서 언급한 인지의미론의 주요 원리들이 특정 이론에서 두드러지게 실현되는 경우들도 살펴보고자 한다.

15.3.1. 영상도식이론

인간은 신체를 통해 이 세상을 경험한다. 주위 환경을 지각하고, 자신이 이동하고, 다른 물체를 움직이는 등의 다양한 신체적 경험을 한다. 그런데 이러한 신체적 경험이 누적되면서 그 경험들을 몇 가지 특정한 영상(image)으로 전환하여 이해하려는 시도가 발생한다고 가정해 볼 수 있다. 가령 우리는 방에서 TV를 보기도 하고, 축구 경기장에서 축구를 관람하기도 하고, 제주도를 여행하기도 한다. 그런데 이 경험들을 겪는 과정에서 우리의 신체가 각각 방, 축구 경기장, 제주도라는 어떤 공간 안에 존재한다는 점을 포착할 수 있고, 이 경험들을 일정한 공간 안에 존재한다는 영상으로 전환하여 동일하게 이해할 수 있다. 신체적 경험을 이러한 영상으로 이해한다는 것은 일종의 개념 구조를 형성한 것이 된다. 이러한 신체적 경험은 개념 형성 이전에 겪는 선개념적(preconceptual) 경험이며, 이로부터 영상도식(image schema)의 개념이 형성될 수 있다.

영상도식은 추상적 영역으로도 확대되어 사용될 수 있다는 점에서 매우 유용하다. 바로 위의 예들은 구체적인 신체적 경험의 영역에 속하는 것들인데, 이들로부터 형성된 영상도식이 보다 추상적인 경험도 포함할 수 있다. 가령, 어떤 사람들이 동일한 의견을 공유하는 상황을 그 사람들이 일정한 공간 내에 공존하는 것으로 이해할 수 있다. 이것은 곧 살펴보게 될 은유의 예인데, 이러한 은유적 확대를 통해 영상도식의 개념이 추상의 영역으로 크게 확대될 수 있다.

위에서 살펴본 영상도식은 그릇(container) 도식인데, 이 외에도 경로(path), 연결(link), 힘(force), 균형(balance), 방향(orientation), 부분-전체(part-whole), 중심-주변(centre-periphery) 등의 도식이 제안되었다. 이 도식들은 모두 공간적 정보와 관련되는 속성을 반영하고 있는 점이 주목된다. 인간의 공간적 인지 능력이 매우 뛰어나다는 점을 고려해보면, 우리의 신체적 경험들이 인지되는 방식을 영상도식이 매우 자연스럽게 포착하고 있다. 이 중에서 그릇 도식과 경로 도식을 간략히 살펴보고자 한다.

15.3.1.1. 그릇 도식

위에서 살펴본 예들이 바로 이 그릇 도식에 속한다. 기본적으로 사람 몸이 이 도식의 형성에 관여하는데, 사람 몸 자체가 그릇의 역할을 하는 경험을 하기도 하고, 사람 몸이 어떤 한정된 그릇 안에 놓이는 경험을 하기도 한다. 그리고 어떤 물체를 한정된 그릇 안으로 집어넣는 경험도 상정할 수 있다. Johnson(1987: 23)의 간단한 아래 그림이 이러한 경험들을 반영한다.

(3)
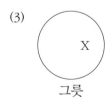

위의 그림은 그릇과 그릇 속의 물체를 통해 그릇 도식과 관련되는 경험들을 매우 단순하게 포착한다. 그리고 이러한 단순한 도식으로부터 다음과 같은 몇 가지 추론들도 가능하다(Johnson 1987: 22).

(4) 가. 그릇의 경험은 외부 세력으로부터의 보호를 포함한다.
　　나. 그릇은 움직임을 일정한 범위 내로 제한한다.
　　다. 그릇 속의 개체는 자신의 위치가 상대적으로 고정됨을 경험한다.
　　라. 그릇은 그릇 속의 개체를 관찰하는 관찰자의 시계(視界)에 영향을 미친다.
　　마. 어떤 개체가 그릇 A 안에 있고, 그릇 A가 그릇 B 안에 있으면, 그 개체는 그릇 B 안에 있게 된다. 즉, 그릇 도식에는 이행성 (transitivity)이 작동한다.

이러한 추론들은 (3)의 단순한 그림이 지니는 공간적 정보로부터 손쉽게 얻을 수 있는 것이며, 우리의 일상적 경험에 녹아 있는 것들이다.
　(3)과 같이 포착되는 그릇 도식은 아래의 예들을 설명한다.

(5) 가. 비행기가 시야에 들어 왔다.
　　나. 철수가 시야에서 벗어났다.
　　다. 영희는 기말고사 준비에 온 힘을 쏟았다.
　　라. 그는 생각에 깊이 잠긴다.
　　마. 그녀는 사랑에 빠졌다.
　　바. 그녀가 혼수상태에서 벗어났다.

(가)와 (나)는 시력이 미치는 범위를 그릇으로 지각하는 경험을 반영하고 있다. 나머지도 마찬가지로, (다)와 (라)는 시험 준비나 생각과 같은 특정 행위를, 그리고 (마)와 (바)는 사랑이나 혼수상태와 같은 상태를 그릇으로

지각하는 경험을 반영한다. 그릇 도식은 어떤 범위의 안과 밖이라는 단순한 신체적 경험을 반영하는데, 이 예들은 이러한 단순한 공간적 경험보다 더 추상적인 경험들을 표현한다. 이것은 은유적 확대가 일어난 결과이며, 그릇 도식의 이러한 은유적 확대는 매우 활발하게 발생한다.

15.3.1.2. 경로 도식

다음으로, 움직임과 관련되는 경험을 포착하는 경로 도식을 살펴보자. 내가 스스로 움직이는 것을 경험하거나 다른 대상들이 움직이는 것을 경험하는 것인데, 이를 아래의 그림과 같이 포착할 수 있다(Johnson 1987: 114).

(6)　　A　　　　　　　　　B

경로 도식은 근원점 A, 목표점 B, 그리고 이 둘을 잇는 연속적인 점들로 구성되어 있다. 그리고 Johnson은 이 도식에 대해 다음과 같은 세 가지 추론을 덧붙인다.

(7)　가. A에서 출발하여 B에 이른다면, 둘 사이의 모든 점들을
　　　　　 다 거친 것이 된다.
　　　나. 경로 A-B는 방향성을 가진다.
　　　다. A에서 B로의 이동은 시간의 흐름을 동반한다.

이러한 경로 도식은 우리의 일상적인 신체적 경험의 일부를 잘 대변해 주는데, 이러한 경험들이 보다 추상적인 영역으로 확대되어 은유적 쓰임으로 흔히 확대된다. 예를 들어, 목표점을 물리적 움직임의 끝점으로 보는 것을 넘어서서 책을 집필하고, 박사학위를 취득하고, 행복을 성취하는 등의

보다 추상적인 목적으로 확대하여 사용할 수 있다. 그 예를 몇 개 들어보자.

(8) 가. 그 팀은 동계 훈련 중인데 거의 중간 지점쯤 와 있어요.
    나. 학위 취득이 바로 코앞에 와 있어요.
    다. 이제 막 제도 개선을 위한 긴 장정을 시작했어요.

'목적은 물리적 목표점이다.'의 은유를 수용하기 위하여 경로 도식이 확대된 것으로 이 예들을 설명할 수 있다.

15.3.2. 틀의미론

인지의미론의 여러 이론들 중에는, 앞에서 살펴본 인지의미론의 한 원리인 '의미 구조는 백과사전적이다.'에 집중하여 이론적 모색을 한 연구들이 있다. 이러한 백과사전적 의미론(encyclopaedic semantics)은 몇 가지 가정을 상정한다. 우선, 의미론과 화용론의 구별이 존재하지 않는다. 이 가정은 인지의미론의 모든 이론들이 공유하겠지만, 특히 백과사전적 의미관이 이 가정을 명시적으로 반영한다. 단어가 의미하는 것에 대한 지식이나 단어가 사용되는 것에 대한 지식이나 모두 '의미론적' 지식에 속한다. 다음으로, 백과사전적 의미는 맥락에 따라 결정되며, 이와 관련된 백과사전적 지식은 구조화된 지식 체계이다. 예를 들어, 한 단어의 의미는 맥락에 따라 달라질 수 있는 것이지만, 단어와 연계된 우리의 지식은 무질서한 상태가 아니라 정연한 네크워크를 구성한다. 그리고, 어휘 항목은 백과사전적 지식에 대한 접근점 역할을 할 뿐이다. 단어는 정연하게 포장된 정보의 묶음이 아니라 백과사전적 지식의 방대한 네트워크에 이르는 통로 구실을 한다고 가정한다.

이러한 연구들은 인간의 경험으로부터 유래하는 배경 지식의 구조를 설정하는데, 이 구조를 인지 모형(cognitive model)이라고 부른다. 인지 모형은 여러 학자들에 의해 다양하게 사용되어 정연하게 정리하기 힘든 측면이 있는데, 대표적인 예들로 Fillmore의 틀(frame), Langacker의 영역(domain), Lakoff의 이상적 인지 모형(idealized cognitive model: ICM) 등이 있다. 이 중에서 우리는 Fillmore의 틀에 대해 좀 더 자세히 살펴보고자 한다.

Fillmore의 틀의미론(frame semantics)은 텍스트의 이해에 대한 이론이다. 틀의미론은, 텍스트의 이해를 위해서는 텍스트에 쓰인 언어 표현의 문자적 의미 외에도 텍스트가 해석되는 적절한 개념적 구조를 알아야 한다고 주장한다. Fillmore(1985)의 예를 들어 이 이론의 기본적인 생각을 알아보자. 그는 다음의 두 예가 문자적 의미의 관점에서는 매우 유사하지만, 실제적으로는 매우 다른 광경을 연출한다고 지적하였다.

(9) 가. I can't wait to be on the ground again.
     나. I can't wait to be on land again.

두 문장은 'ground'와 'land'만 다를 뿐이고, 이 두 단어도 동일한 지시적 의미를 가지고 있어서 문자적 의미는 대동소이하다. 그런데도 (가)는 비행기를 타고 있는 화자가 등장하는 광경을 불러오는 반면에, (나)는 배를 타고 항해하는 화자를 등장시키는 상당히 큰 의미적 차이가 나타난다. Fillmore의 설명에 따르면, 'ground'는 항공 여행이라는 개념적 틀 안에서 이해되고 또한 그 틀 안에서 'air'와 대립되는 반면에, 'land'는 바다 여행의 개념적 틀 안에서 이해되고 'sea'와 대립된다. 이 두 단어가 동일한 지시를 가지지만 서로 다른 개념적 틀에서 이해되기 때문에 이들의 의미가 달라지고 이로 인해 (가)와 (나) 두 문장이 다른 해석을 가지게 된다는 것이다. 이와 같이 단어의 의미가 기대고 있는 개념적 배경을 고려해야만 텍스트를 제대로 이해할 수 있다고 주장한다. 그는 이러한 개념적 배경을 '틀'이라고 불렀다.

위의 예에서는 텍스트에 사용된 언어 표현, 즉 단어에 직접적으로 연관되는 개념적 틀이 텍스트의 이해에 관여하고 있다. 그런데 텍스트의 이해에 관여하는 개념적 틀은 다른 방식으로 도입될 수도 있다. 아래는 Fillmore (1985)의 다른 예인데, 이 문장을 해석할 때 크리스마스를 보통 떠올리게 된다.

(10) We never open our presents until morning.

그런데 이 문장의 어떤 단어도 크리스마스에만 해당되는 의미를 끌어들이고 있지 않다. 그럼에도 불구하고 문장 전체가 크리스마스를 쉽게 연상시키는 상황을 기술함으로써 크리스마스 틀이 도입되어 텍스트의 이해를 도모한다. 그리고 이렇게 크리스마스 틀이 도입됨으로써 이어지는 다음 텍스트의 해석에도 매우 중요하게 작용한다. 이와 같이 어떤 특정한 단어를 직접 사용하지 않더라도, 우리의 경험에 비추어 어떤 개념적 틀과 연관되는 사실을 표현함으로써 그 개념적 틀을 불러 올 수도 있다. 이러한 둘 중 어느 경우가 되었든, 텍스트의 이해가 그 텍스트의 문자적 의미의 수준을 뛰어넘어 행해짐이 틀의미론에 의해 설명된다.

한편, 틀의미론은 개념의 존재 방식에 대해서도 설명한다. 개념은 독립적으로 존재하는 것이 아니라 체계를 만들며, 이로 인해 대부분의 개념을 이해하기 위해서는 그 개념과 관련되는 개념 체계를 전체적으로 고려해야만 한다고 가정한다. '위자료'의 개념을 예로 들어보자. 이 개념은 '이혼'의 개념에 의존하고, 다시 이것은 '결혼'의 개념에 의존한다. 만약 결혼이 무엇인지 모른다면 이혼을 정의할 수 없을 것이고, 위자료도 정의할 수 없다. 또한 이 개념들 사이에는 의존의 방향성도 존재한다. 이와 같이 개념들은 유기적인 체계를 이루고 있으며, 이러한 체계가 바로 의미적 틀(semantic frame)이다. 이는 인간 경험의 소산인 지식 구조로서 장기 기억 속에 저장되어 있으며,

또한 여기에는 인간의 경험으로부터 유래하는 특정 문화적인 요소가 담겨져 있다고 본다.

15.3.3. 원형이론

여기에서는 범주(category) 및 범주화(categorization)와 관련되어 인지의미론의 원리들이 작동하는 연구들에 대해 알아보고자 한다. 인간은 세상을 경험한 결과들을 가지고 끊임없이 범주를 만들고, 거기에 이름을 붙여 사고하고 의사소통한다. 그런데 범주화에 대한 고전적 이론은 범주를 필요충분적 자질들의 관점에서 정의하여, 한 범주의 모든 구성원이 그러한 필요충분적 자질들을 가진다고 본다. 또한 범주 간의 경계는 명확하며, 범주 내 모든 구성원은 동등한 지위를 가진다고 본다.

그런데 1970년대에 이르러 이러한 고전적 범주관에 대해 이의를 제기하는 연구들이 Rosch의 일련의 연구들을 필두로 대거 등장한다. 이들에 따르면, 인간은 고전적 이론의 필요충분 조건에 따라 범주화를 행하는 것이 아니라, 어떤 범주를 대표하는 원형(prototype)을 참조하여 범주화를 행한다. 원형이란 해당 범주를 대표할 만한 '가장 좋은' 예들을 일컫는다. 가령, '가구'라는 범주의 가장 좋은 예는 의자, 소파 등이 될 것인데, 이 원형적 예들은 '가구'를 대표할 수 있는 핵심적 속성들을 가지고 있고, 사람들은 이러한 속성들을 고려하여 다른 예들을 '가구'의 구성원으로 선택하여 범주를 구성한다는 것이다. 이와 같은 범주관을 가진 연구들을 원형이론(prototype theory)이라고 부른다.

이러한 방식으로 '가구' 범주의 구성원들을 가려내면, 의자, 책상, 시계, 꽃병 등이 이 범주 속으로 들어올 것인데, 이 예들 사이에는 원형성의 정도의 관점에서 차이가 나타난다. 의자나 책상은 좀 더 원형적인 예가 될 것이고, 시계나 꽃병은 좀 덜 원형적인 것으로 구분될 것이다. 모든 구성원이 동등한 지위를 가지는 고전적 범주와는 달리, 이제 범주는 서로 다른 지위를 가지는 구성원들이 내적 구조를 형성하는 것으로 파악된다. 이와 같이, 범주 구성원들 간에 원형성의 정도의 차이가 나타나는 현상을 원형 효과(prototype effect)라고 한다.

범주에 대한 이와 같은 태도로 말미암아, 범주들 간의 경계가 불분명해지는 경우가 발생하기도 한다. 어느 정도의 유사성을 가진 것까지를 해당 범주의 예로 취하는지의 판단을 모든 사람이 공유하지 않을 수도 있고, 그 판단이 일정하지 않을 수도 있을 것이다. 맥락에 따라 판단이 달라져서, 가령 카펫이 어느 상황에서 어떻게 사용되는지에 따라 가구로 처리될 수도 있고 그렇지 않을 수도 있을 것이다.

원형이론에 속하는 연구들의 특징 중에 하나로 그 연구 방법을 언급할 필요가 있다. 이 연구들은 이론적 타당성을 검증하기 위해 다양한 실험들을 행하였는데, 이는 이들이 인지심리학적 연구에서 비롯되었기 때문이다. Labov(1973)는 가정용 용기와 관련하여 발견되는 원형 효과를 확인하기 위한 실험을 하였으며, Rosch는 일련의 실험들을 주도하여 원형 효과가 광범위하게 발생함을 검증한 것으로 잘 알려져 있다.

Lakoff에 의해 이루어진 일련의 연구들도 원형이론의 토대를 다지는 데 크게 기여하였다. 그에 따르면, 인간은 이상적 인지 모형(idealized cognitive model: ICM)이라는 구조를 통해 지식을 조직화하며, 범주 구조나 원형 효과는 이 조직의 부산물이다. 우리는 15.3.2.에서 인지 모형의 일종으로 이상적 인지 모형을 언급하기도 하였는데, Lakoff(1987)은 이상적 인지 모형이 복합적으로 구조화된 통일체(a complex structured whole), 즉 게슈탈트(Gestalt)이며, 명제 구조(propositional structure), 영상 도식 구조(image schematic structure), 은유적 사상(metaphoric mapping), 환유적 사상(metonymic mapping)의 네 가지 구조화 원리를 사용한다고 설명한다.[2]

그는 이상적 인지 모형의 한 예로 'Tuesday'를 든다. 'Tuesday'를 위한 이상적 인지 모형은, 하루를 결정하는 해의 움직임이나 7일로 구성된 더 큰 주기인 주(週)에 의해 정의되는 자연 주기를 포함하고 있어야 한다. 그러나 7일로 이루어진 한 주는 객관적으로 존재하는 것이 아니라 인간에 의해 만들어진 것이다. 다른 문명권에서 다른 방식의 주기가 설정되기도 한다. 이런 측면에서 Lakoff는 그의 모형을 '이상적'이라고 부른다.

그는 이상적 인지 모형을 통해 원형 효과를 설명하였다. 그는 원형 효과가 다양한 근거에서 다양한 방식으로 나타날 수 있음을 지적하면서, 가장 단순하게는 관련 개념들을 위한 이상적 인지 모형 간의 부조화가 원형 효과의 원인이 된다고 하였다. 그리고 교황이나 타잔 등이 범주 '총각'의 좋은 예가 되지 못하는 원형 효과를 설명한다. '총각'은 결혼하지 않은 어른 남자를 가리키는데, 이 단어를 위한 이상적 인지 모형은 결혼 제도가 존재하고, 전형적인 결혼 연령대가 있는 등의 특성을 가지는 사회를 포함한다. 한편, 교황은 결혼하지 않은 어른 남자이므로 '총각'의 범주에는 속하지만, 개념 '교황'이 기대고 있는 '가톨릭 교회'를 위한 이상적 인지 모형에서는 사제가 결혼을 할 수 없으므로, '총각'을 위한 이상적 인지 모형과 조화를 이루지 못한다. 즉, '교황'을 위한 이상적 인지 모형과 '총각'을 위한 이상적 인지 모형이 부조화를 이루게 되므로, 그 결과로 교황은 '총각' 범주의 좋은 예가 되지 못하게 되어 원형 효과가 발생한다는 것이다.

Lakoff의 이상적 인지 모형은 어휘 의미의 다의성을 설명하는 데도 기여하였다. 단어가 표상하는 개념적 범주는 서로 관련되면서도 또 구별되는 여러 의미들을 가지기도 하는데, 이러한 의미들 사이에 원형 효과가 나타난다고 본다. 그래서 단어가 표상하는 이러한 범주는 이상적 인지 모형에 의

---

2) 게슈탈트 이론에 따르면, 전체는 부분의 합 이상이며 인간은 어떤 대상을 개별적 부분의 조합이 아닌 전체로 인식하는 존재이다.

해 설명할 수 있다고 주장한다. 이렇게 다의적인 의미들로 이루어진 범주는 원형에 의거하여 구조화된다고 보고, 이러한 범주를 방사성 범주(radial category)라고 칭하였다. 그리고 방사성 범주의 여러 구성원들은 예측가능한 규칙에 의해서가 아니라 관습에 의해 원형과 관계를 맺는다고 주장한다.

전치사 'over'를 통해 그의 설명을 간략히 살펴보자. 'over'는 여러 가지 의미를 가지는데, 아래 (가)에서는 'over'가 '위'의 의미를 가지고 (나)에서는 '통제'의 의미를 가진다. 그런데 이 두 의미 중에서 전자가 후자보다 'over'의 더 좋은, 더 전형적인 예라는 데에 이견이 없을 것이다.

(11) 가. The picture is over the mantelpiece.
　　 나. Jane has a strange power over him.

두 의미 사이의 이러한 차이는 '위'의 의미가 공간적 개념과 연계되는 반면에 '통제'의 의미는 그렇지 못하다는 데 있다. 공간적 의미는 매우 원형적인 특성이 있어서 두 의미들 사이에 이러한 원형 효과가 나타나게 되었을 것이다. 즉, 'over'는 다의적인 의미들을 가지는 개념 범주를 형성하는데, 이 의미들은 더 원형적인 것 혹은 덜 원형적인 것으로 판단을 내릴 수 있어서 이들 사이에 원형 효과가 나타난다.

15.3.4. 개념적 은유이론

'인생은 나그네 길, 말없이 왔다가 말없이 가는 것'이라는 노래 가사에는 인생을 여행에 비유하는 은유(metaphor)가 사용되었다. 전통적으로 이와 같은 은유는 수사학적 기법 중 하나로 보고, 일상적인 평범한 문자적 언어 사용이 아니라 특별한 의도에 의해 사용되었기에, 이것을 해석하기 위해서는 특별한 책략이 필요한 비문자적 언어 표현이라고 여겼었다.

이러한 전통적인 견해와는 달리, 인지의미론에서는 은유를 일상적이지 않은 특별한 언어 사용이라고 보지 않는다. 은유는 매우 광범위하고 빈번하게 일상 언어에서 사용되고 있으며 매우 자연스럽고 체계적인 언어 사용이라고 본다. 예를 들면, '기분이 하늘을 찌를 듯하다.', '오늘 기분이 최고다.', '온종일 기분이 가라앉아 있다.', '걔는 오늘 저기압이야.' 등과 같은 많은 표현에서는 '행복/불행'이 '상향/하향'으로 은유화되고 있다. 이러한 은유는 상향과 하향의 체화된 경험을 '행복/불행'의 지각에 연결시킨 결과이다. 즉, '행복/불행'의 개념을 '상향/하향'의 개념으로 표현한 것이다. 이와 같이 인지의미론에서는 은유를 두 개념 간에 형성되는 개념 구조로 파악하며, 이를 개념적 은유(conceptual metaphor)라고 부른다.

개념적 은유는 어떤 개념 영역(conceptual domain)이 다른 개념 영역으로 이해되는 것으로 두 개의 개념 영역으로 이루어진다. 전자를 목표 영역(target domain), 후자를 근원 영역(source domain)이라고 하며, '목표 영역은 근원 영역이다.'의 방식으로 이름을 붙인다. 예를 들어 '인생은 여행이다.'는 '인생'이 '여행'으로 이해되는 개념적 은유이며, '인생'은 목표 영역이고 '여행'은 근원 영역이다. 우리는 이 개념적 은유를 근거로 다음과 같은 표현들을 사용한다.

(12) 가. 그는 좋은 부모 밑에서 인생을 출발했다.
　　 나. 그는 마침내 삶의 종착역을 마주보게 된다.
　　 다. 지난 삶이 늘 평탄하지만은 않았다.
　　 라. 살다 보면 돌부리에 치이기도 한다.
　　 마. 모두의 행복을 위해서는 다른 승객들도 고려해야 한다.

이 표현들은 모두 인생을 여행의 관점에서 기술하고 있다. 인생을 이루는 여러 요소인 출생, 사망, 생존 시간, 힘든 일, 공동체적 삶 등을 여행의 여러 요소인 출발점, 도착점, 여행 경로, 방해물, 단체 여행 등으로 연결시켜 이해하고 있다.

이러한 개념적 은유의 실현을 다음과 같이 나타낼 수 있다.

(13)   여행   인생

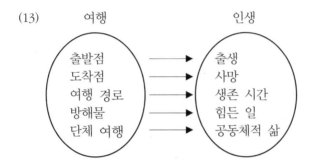

이 도식에는 근원 영역이 왼쪽에 나타나고 목표 영역이 오른쪽에 나타나서, 근원 영역의 요소들이 목표 영역의 요소들로 사상되고 있음을 보여준다. 그런데 이러한 사상 방향은 '목표 영역은 근원 영역이다.'의 이름과 역방향이어서 주의할 필요가 있다.

이렇게 설명될 수 있는 개념적 은유는 몇 가지 중요한 특성을 동반한다. 첫째, 개념적 은유는 체계성(systematicity)을 가진다. 위의 '인생은 여행이다.'의 개념적 은유를 설명하는 도식에서 살펴본 것같이, 근원 영역 및 목표 영역의 개념들은 각각의 구성 요소들로 이루어져 있는데, 그 요소들이 체계적으로 대응된다. 그리고 이 대응이 일상적인 언어 표현들에서 손쉽게 발견된다.

둘째, 개념적 은유는 관습성(conventionality)을 가진다. 개념적 은유의 표현들은 대부분 일상적인 언어 생활에서 생소하다는 느낌이 별로 없이 사용되는 경향이 있다. 어떤 개념을 표현할 때 그 개념과 직접 연결되어 있는 표현을 사용하지 않고 다른 개념과 연결된 표현을 쓴다는 점에서 생소하거나 참신한 느낌을 동반해야 할 것만 같은데 실제로는 그렇지 않은 것이다. 그만큼 은유적 표현은 관습적으로 사용되는 측면이 있다. 한편 죽은 은유(dead metaphor)라고 하여, 관습화된 은유는 더 이상 은유가 아니라 문자적 의미가 되어버린다는 주장이 있다. 그렇지만 관습화가 많이 진행된 은유도 새로운 은유 표현으로 다시 확대되어 쉽게 사용되기 때문에 적절하지 못한 측면이 있다. '인생은 여행이다.'의 은유는 관습화되었지만, (12)와 같은 종류의 표현들은 얼마든지 새로이 등장할 수 있다.

셋째, 개념적 은유를 구성하는 두 개념 영역인 근원 영역과 목표 영역 사이에는 비대칭성(asymmetry)이 존재한다. 은유는 '목표 영역은 근원 영역이다.'의 방식으로만 표현될 뿐이지, 그 역방향인 '근원 영역은 목표 영역이다.'의 방식은 잘 나타나지 않는다. 예를 들어, '인생은 여행이다.'는 은유는 가능하지만 '여행은 인생이다.'식의 은유가 적용되는 표현은 찾아보기 어렵다. (12가)의 '그는 좋은 부모 밑에서 인생을 출발했다.'는 '인생은 여행이다'의 은유가 적용되어 인생의 한 요소인 '출생'이 여행의 한 요소인 '출발'으로 이해되는 표현이다. 이와는 반대되는 방향으로, 즉 여행의 '출발'을 인생의 한 요소인 '출생'으로 표현하는 경우는 찾기 어렵다. '인생'은 '여행'에 비해 더 복잡하고 추상적인 개념이어서 더 간단하지만 유사한 구조를 가지는 개념인 '여행'으로 설명하여 보다 수월한 이해를 도모하고자 하는 것이다. 이런 이유로 목표 영역의 개념은 근원 영역의 개념에 비해 더 복잡하고 추상적인 개념이 된다.

15.3.5. 개념적 환유이론

개념적 은유이론과 함께 거론되는 인지의미론의 한 연구로 개념적 환유이론(conceptual metonymy theory)이 있다. 두 이론은 매우 유사한 면들을 공유하고 있는데, 개념적 환유도 개념적 은유의 표현들과 마찬가지로 전통적으로는 수사학적 표현의 한 종류로서 풍부한 표현력을 위한 단순한 언어적 도구로 다루어져 왔다. 그러나 인지의미론에서는 개념적 은유와 함께 개념적 환유도 개념적 구조를 반영하는 인지 작용으로 설명한다. 예를 들면 다음과 같다.

(14) 가. 갈비탕이 김치를 더 달래요.
    나. 톨스토이는 읽기 힘들어요.

(14가)가 식당에서 종업원에 의해 발화된다면, '갈비탕'은 갈비탕을 먹는 손님을 나타낸다. 그리고 (14나)의 '톨스토이'는 톨스토이의 작품을 나타낸다. 세상에 대한 경험을 통해 얻는 지식이나 맥락적 정보에 의해 이런 해석이 구현되는데, '갈비탕'과 '톨스토이'는 각각 원래 이것들이 표의하는 대상과 매우 관련이 깊은 다른 대상을 나타내게 된다. 두 예가 보여주듯이, 환유는 지시(reference)와 관련되는 현상이다. 갈비탕을 먹고 있는 손님을 지시하기 위해서 그 손님을 명시적으로 대변할 수 있는 갈비탕을 택하여 사용하는 것이다. 읽기에 힘든 톨스토이의 작품들을 총칭하기 위하여 '톨스토이'라는 표현을 선택하면 세상의 지식과 맥락에 의해 톨스토이의 작품을 지시하게 된다.

이러한 환유의 기능은 앞에서 살펴본 은유와 분명히 차이가 난다. X와 Y의 은유 관계는, X를 설명하기 위하여 X와 유사한 속성들을 가지는 Y를 이용하는 반면에, 환유 관계에 있는 X와 Y에서는 X가 Y에 의해 지시되는 차이가 있다. 그래서 만약 (14가)에서 환유가 아니라 은유가 발생한다고 보면, 갈비탕이 인간의 속성들을 가지는 음식으로 이해되어야 할 것이다. 그런데 그렇게 갈비탕의 속성과 인간의 속성을 연결시키는 해석은 세상적 지식이나 맥락에 의해 허용되기 어려울 것이다. (14가)는 환유의 예로 보는 것이 자연스럽다.

환유 관계를 형성하는 두 대상은 매우 근접하게 존재함이 지적되어 왔는데, 이를 인접성(contiguity)라고 칭한다. (14)의 예에서 갈비탕과 갈비탕을 먹는 손님은 매우 인접하게 인지되는 두 대상이고, 톨스토이와 톨스토이 작품도 또한 그러하다. 그리고 이러한 인접성은 상당히 체계적으로 포착될 수 있어서 그 유형에 대해 여러 가지 제안들이 있었다. 그 중에서 몇 가지를 취해 예를 들어 보면 다음과 같다.

(15) 가. 부분 : 전체
　　　손[사람]이 모자란다.
　　나. 전체 : 부분
　　　한국[한국 팀]이 우승했다.
　　다. 그릇 : 내용물
　　　두 컵[커피]이나 마셨다.
　　라. 소유물 : 소유자
　　　뿔테 안경[뿔테 안경을 낀 사람]이 이겼어.
　　마. 기관 : 기관장
　　　백악관[미국 대통령]이 마침내 그 안을 수용했다.
　　바. 시간 : 사건
　　　아침[아침 식사을 거르지 말아라.

(가)에서 '손[사람]'은 '손'이 '사람'을 대신하여 환유적으로 사용되었음을 나타낸다. 이 둘의 환유 관계는 '부분 : 전체'으로 표시되었다. 위의 예들은 흔히 언급되는 몇 가지 유형의 예들을 제시해 놓은 것인데, 이 예들을 통해서도 환유 관계가 일정한 체계를 이루고 있음을 알 수 있다. 또한 이 예들을 통해 환유 관계가 상당한 수준의 관습성을 가지고 있음도 쉽게 알 수 있다. '아침'이라는 시간적 표현이 '아침 식사'라는 사건과 인접하기 때문에 환유적으로 대신 사용된다고 설명할 수 있지만, '아침'의 이런 환유적 사용은 관습적으로 이미 굳어졌다고 보는 것이 더 현실적인 설명일 것이다.

　이상과 같이, 개념적 환유는 개념적 은유와 마찬가지로 수사학적 기법이라기보다는 개념적 과정으로 이해되며, 둘 다 나름의 체계성 및 관습성을 가지고 있다는 점에서도 유사하다. 그러나 이 둘이 모두 개념적 과정이지만, 개념적 은유는 두 개념 영역 사이의 개념적 과정인 반면에 개념적 환유는 하나의 동일한 개념 영역 내에서의 개념적 과정인 차이가 있다. 예를 들어 '인생은 여행이다.'의 은유는 목표 영역인 '인생'과 근원 영역인 '여행' 사이에서 영역을 가로질러 발생한다. 반면에 환유에서는 한 개체가 다른 개체를 대변하는데, 이는 관여하는 두 개념이 하나의 영역에 속하기 때문에 가능하다. (14가)에서 갈비탕과 갈비탕을 먹는 손님은 동일한 '식당' 개념 영역에 속해서 개념적으로 아주 인접하여 동일한 지시가 가능해지므로 이 둘 사이에 환유가 발생할 수 있다.

15.3.6. 정신공간이론

정신공간이론(mental space theory)은 Fauconnier(1985)를 필두로 전개된 의미 구성(meaning construction)에 대한 인지의미론의 대표적 연구이며, 추후에는 역시 Fauconnier의 주도로 개념적 혼성이론(conceptual blending theory)으로 발전하였다. 이 이론들에 따르면, 의미 구성은 개념 층위에서 이루어지는데, 이를 위해 언어는 단지 미명세된 단서를 제공한다. 그리고 이러한 단서에 맥락적, 문화배경적 요소 등이 가미되어 개념 층위에서 의미의 구성이 발생한다. 따라서 이 이론들은 의미 구성이 곧 개념화라는 인지의미론의 네 번째 원리를 잘 보여준다. 한편, 두 이론은 이러한 공통점을 비롯하여 많은 것들을 공유하지만, 서로 구분되는 이론들로 다루어지는 경향이 있다. 이를 반영하여 여기에서는 정신공간이론만을 살펴볼 것이고, 이어서 절을 달리하여 개념적 혼성이론을 알아보려고 한다.

정신공간이론은 우리가 대화를 할 때 화청자가 의미를 다루기 위하여 머릿속에 특정한 개념적 공간을 설정한다고 가정한다. 이러한 개념적 공간들은 대화의 내용과 맥락에 따라 그때 그때 만들어지며, 이 공간들은 의미를 구성하기 위하여 다양한 방식으로 관계를 맺는다. 이러한 개념적 공간을 정신공간이라고 하는데, 이것은 형식의미론의 가능세계에 해당한다고 볼 수 있다. 우리가 대화를 할 때 이 세상에 대해 얘기하기도 하지만 과거, 미래, 가상의 세계 등등의 다양한 세계에 대해 언급하기도 하는데, 우리는 이럴 때 실제 세계를 비롯하여 실제 세계와는 다른 다양한 세계를 머릿속에 그리며 이 세계들 간의 관계를 계산하면서 대화를 이어간다고 볼 수 있다. 정신공간이론은 이와 같은 우리의 언어 사용의 측면을 반영하는 인지의미론의 핵심 이론들 중 하나이다.

정신공간이론에서 대표적으로 다루어지는 현상 중 하나로 지시(reference)를 들 수 있다. 다음의 예를 살펴보자.

(16) 가. 김화백의 그림에는 푸른 눈의 소녀가 녹색 눈을 가지고 있어.
　　 나. 김화백은 푸른 눈의 소녀가 녹색 눈을 가졌다고 믿고 있어.

(16가)는, 화자가 모델 소녀를 이미 알고 있고 그 모델이 푸른 눈을 가진 것도 알고 있는데, 김화백이 그 모델을 녹색 눈을 가진 것으로 그렸음을 기술한다. 정신공간이론에서는 이 해석을 설명하기 위해 다음의 두 가지 정신공간을 설정한다.

(17)

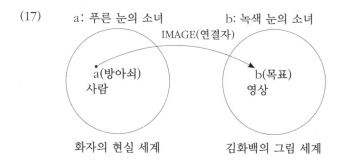

화자의 현실 세계와 김화백의 그림 세계인 두 정신공간은 연결자(connector)

에 의해 사상(mapping)이 되는데, 그 사상이 시작되는 방아쇠(trigger)는 푸른 눈의 소녀이고 목표(target)는 녹색 눈의 소녀이다. 그리고 두 정신공간 간의 이러한 사상은 대화의 맥락에 의해 결정되므로 그 연결자를 화용론적 함수 (pragmatic function)로 처리할 수 있다. 이 예에서는 그러한 함수를 IMAGE로 설정하여, 화자의 현실 세계에 있는 사람이 김화백의 그림 세계에서 영상으로 사상됨을 포착하고 있다. 이와 같이, 정신공간이론에서 의미 구성은 정신공간의 형성과 정신공간 간의 사상이라는 두 과정으로 이루어진다.

(16나)는 명제태도동사의 구문인데 (16가)와 유사하게 처리할 수 있다.

(18)

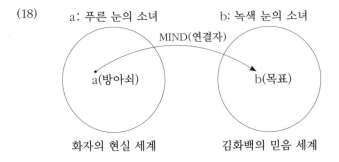

위 그림에서 화자의 현실 세계와 더불어 김화백의 믿음 세계라는 두 정신공간이 형성되고, 푸른 눈의 소녀와 녹색 눈의 소녀라는 방아쇠와 목표 사이에 연결자 MIND에 의한 사상이 행해져서 의미 구성을 완성시킨다.

(16가)와 (16나)는 방아쇠를 포함하는 정신공간은 동일하지만 목표를 포함하는 정신공간은 차이가 난다. (16가)는 '김화백의 그림에는'에 의해 김화백의 그림 세계라는 정신공간을 도입하고, (16나)는 '믿고 있어'에 의해 김화백의 믿음 세계라는 정신공간을 끌어들인다. '김화백의 그림에는'이나 '믿고 있어'와 같이 정신공간을 만드는 단초를 제공하는 언어 표현을 공간형성자 (spacebuilder)라고 한다. 위의 예와 같은 공간 부사어나 명제태도동사 외에도 '2023년', '내일'과 같은 시간 표현, '-면'과 같은 조건의 연결사, '아마', '사실

은', '이론적으로는'과 같은 부사어 등을 그 예로 들 수 있다.

이상과 같은 정신공간의 개념은 불투명 맥락(opaque context), 전제 취소 등의 다양한 현상들을 동일한 원리로 설명할 수 있다. 여기에서는 불투명 맥락의 예를 간략히 살펴보고자 한다.

(19) 철수는 그 사건의 범인이 정신병자라고 믿는다.

이 문장은 두 가지 해석을 가진다. 첫 번째는 철수가 그 사건의 범인이 누구인지를 알고 있고, 그가 정신병자라고 믿고 있는 해석이다. 두 번째는 철수가 그 사건의 범인이 누구인지는 모르지만, 그가 정신병자라고 믿고 있는 해석이다. 첫 번째는 투명 해석이고, 두 번째는 불투명 해석이다. 이 두 해석의 차이는 아래와 같이 설명된다.

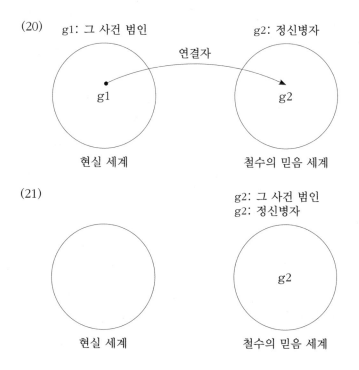

(20) g1: 그 사건 범인   g2: 정신병자

연결자

g1   g2

현실 세계   철수의 믿음 세계

(21)   g2: 그 사건 범인
                              g2: 정신병자

                              g2

현실 세계   철수의 믿음 세계

(20)에서, 먼저 철수가 그 범인의 정체를 확인할 수 있는 현실 세계가 있고, 이어서 그 범인을 정신병자라고 기술하는 철수의 믿음 세계가 형성되어 있다. 여기에서는 현실의 그 범인과 철수의 믿음 안의 그 범인 사이에 지시적 연결이 존재한다. 따라서 철수의 믿음 안의 그 범인이 실제로 누구인지를 알고 있다는 투명 해석이 잘 포착되고 있다. 이와는 달리, (21)에서는 현실 세계에서 그 범인의 정체가 확인되지 않고, 단지 철수의 믿음의 세계에서 범인이 정신병자임이 기술된다. 여기에는 두 정신공간 사이에 지시적 연결이 존재하지 않으며, 철수의 믿음 안의 그 범인이 실제 누구인지가 파악되지 않는 불투명 해석임이 잘 나타난다.

15.3.7. 개념적 혼성이론

개념적 혼성이론(conceptual blending theory)은 정신공간이론에서 발전하였으며, 정신공간이론의 핵심 요소들을 이어 받았다. 그 첫 번째 요소는 의미 구성에 관한 것으로, 개념적 층위에서 일어나는 의미 구성이 주어진 맥락 및 문화적 배경 등을 고려하여 동적으로 이루어진다는 생각이다. 두 번째는 이론적 뼈대에 관한 것으로, 정신공간 개념을 그대로 수용하여 정신공간의 구성을 도모한다는 것이다. 그럼에도 불구하고 개념적 혼성이론을 별개의 이론으로 처리하기도 하는데, 그 이유는 정신공간이론 및 개념적 은유이론 등이 적절하게 설명할 수 없었던 현상들을 설명하려는 시도이고, 그 과정에서 이론적으로도 풍성한 결과를 얻었기 때문이다.

이 이론의 핵심은 의미 구성이 정신공간들의 통합을 포함하는데, 이 통합이 단순히 정신공간들의 합이 아니라 그 이상으로서 창조적인 신생 구조(emergent structure)를 만들어 낸다는 것이다. 나아가 이러한 개념적 통합 및 혼성은 일반적이고 기본적인 인지 작용으로 우리가 생각하는 방식의 핵심이라는 것이다. 그리하여 이러한 방식의 인지 작용은 인간의 언어 사용뿐만 아니라 도구의 생산과 사용, 의식(儀式), 예술 등 다양한 방면에서도 실현된다고 설명한다.

다음의 잘 알려진 예를 통해 이 이론의 대략적인 틀을 알아보자.[3]

(22) If Clinton had been the Titanic, the iceberg would have sunk.

(23)

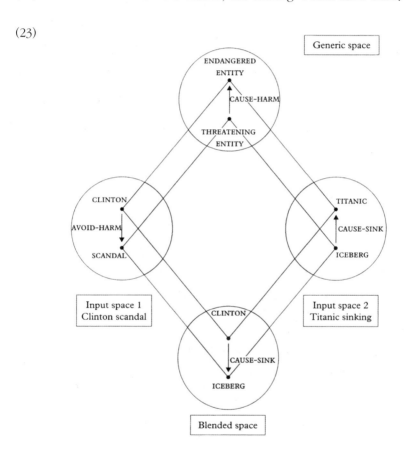

---

3) 이 예는 Fauconnier & Turner(2002)의 것인데, 관련된 논의를 바탕으로 Saeed(2009)가 그림 (23)을 그려 수록하였다.

제15장 인지의미론 **303**

이 문장은 클린턴 미국 대통령의 스캔들과 타이타닉호의 침몰 사건을 연결하여 만들어낸 농담이다. 이 두 사건이 연결되어 클린턴이 타이타닉호에 대응되고 스캔들이 침몰 사건에 대응되는 구도이다. 그림을 보면, 먼저 이 두 사건에서 유래하는 두 지식 영역이 정신공간을 형성하여 두 개의 입력 공간(input space)을 만든다. 첫 번째 입력 공간에는 클린턴이 스캔들에 의해 위협을 받지만 견디어 내는 정보가 담긴다. 두 번째 입력 공간에는 타이타닉호가 침몰하는 정보가 담긴다. 다음으로 총칭 공간(generic space)이 형성되는데, 여기에서는 입력 공간의 요소들 사이의 대응 관계가 표시되어 클린턴과 타이타닉호, 스캔들과 빙하가 대응된다. 마지막으로 형성되는 혼성 공간(blended space)에서는 이러한 요소들이 입력 공간과는 다른 방식으로 관계를 맺어 새로운 시나리오를 만들어 낸다. 즉, 타이타닉호와 대응되는 클린턴이 스캔들과 대응되는 빙하를 침몰시키는 새롭게 창조된 시나리오가 구성된다. 이 시나리오는 타이타닉호와 빙하의 관계를 역전시키고 있다. 이렇게 새롭게 창조되는 부분을 신생 구조라고 하는데, 혼성 공간은 늘 신생 구조를 포함하게 된다. 이와 같이, 신생 구조는 입력 공간에서는 나타나지 않는 새로운 정보를 나타내는 것으로, 바로 이 정보에 화자의 의중이 반영된다.

이와 같이 혼성 정보를 나타내기 위하여, 두 개의 입력 공간, 총칭 공간, 혼성 공간의 네 개의 정신공간이 구성된다. 이는 기존의 두 가지 개념을 섞어서 새로운 개념을 만들어내는 개념적 작용을 포착하기 위한 방법이다. 혼성에 관여되는 두 개념을 위해 두 개의 입력 공간이 형성되고, 이 두 입력 공간의 요소들이 서로 대응되는 관계를 포착하기 위해 총칭 공간이 형성되고, 마지막으로 형성되는 혼성 공간에는 이 두 입력 공간의 요소들이 새롭게 대응되는 창조적인 신생 구조가 생성된다. 이 일련의 과정들의 핵심은 신생 구조에 있다.

Fauconnier(1997)은 신생 구조가 생성되는 방식으로 합성(composition), 완

성(completion), 정교화(elaboration)의 세 가지를 제시하였다. 합성은 입력 공간들로부터 혼성공간으로의 투사를 통해 입력 공간에서는 존재하지 않았던 새로운 관계를 만들어낸다. 완성은 입력 공간으로부터 혼성 공간으로 투사된 합성 구조가 더 큰 개념 구조의 일부가 되는 경우이다. 정교화는 혼성 공간에 새롭게 형성된 신생 구조가 자체의 논리에 의해 추후에 보다 정교화되는 과정을 겪을 수 있음을 일컫는다. 우리가 위에서 살펴본 클린턴-타이타닉호의 예는 이 세 가지 방식 중에서 합성의 경우에 해당한다.

정신공간이론이나 개념적 은유이론은 두 개념 영역 간의 대응 관계에만 입각하여 인간의 개념 작용을 설명하기 때문에 그러한 대응 관계를 넘어서는 더 복잡한 개념 작용에 대해서는 충분한 설명을 하기 힘들다. 개념적 혼성이론은 두 개념 영역 간의 대응 관계를 근거로 더 복잡하게 진행되는 영역들 간의 상호 작용을 설명하기 위한 시도로서, 두 개념들의 영역에서는 등장하지 않는 새로운 관계를 수용하는 신생 구조를 설정하여 그러한 보다 복잡한 개념 작용을 설명할 수 있는 장점을 가지게 된다. 그리고 바로 이것이 개념적 혼성이론을 정신공간이론과 구별하여 다루는 이유이다.

참고문헌

강범모 외 12인 공저(1999), 형식의미론과 한국어 기술, 서울: 한신문화사.

강범모(2014), 양화와 복수의 의미론, 서울: 한국문화사.

강범모(2018), 의미론: 국어, 세계, 마음, 서울: 한국문화사.

고영근, 구본관(2008), 우리말 문법론, 서울: 집문당.

김건희(2016), "국어 양태의 특수성: 다른 양태소 및 문법소와의 공기를 중심으로", 한국어학 70, 1-54.

김윤신(2019), "논항의 유형과 실현 양상", 언어학 83, 49-73.

김일웅(1982), 우리말 대용어 연구, 부산대학교 박사학위논문.

김태인(2019), 한국어 문장의 의미 층위에 대한 연구: 사건, 명제, 사실, 화행을 중심으로, 서울대학교 국어국문학과 박사학위논문.

김현옥(1988), Preverbal Focusing and Type XXIII Languages, In M. Hammond, E. Moravcsik and J. Wirth eds., *Studies in Syntactic Typology*, Amsterdam: John Benjamins, 147-169.

남승호(2007), 한국어 술어의 사건 구조와 논항 구조, 서울대학교 출판부.

두임림(2014), 중세 한국어의 정보구조, 서울대학교 국어국문학과 박사학위논문.

명정희(2021), 한국어 양태 구문의 의미 해석 연구, 서강대학교 국어국문학과 박사학위논문.

목정수(2020), 언어유형론, 정신역학론 그리고 한국어 문법, 서울: 한국문화사.

문숙영(2005), 한국어 시제 범주 연구, 서울대학교 국어국문학과 박사학위논문.

박재연(2006), 한국어 양태 어미 연구, 국어학총서 56, 서울: 태학사.

박재연(2019), 한국어 어미의 의미, 서울: 집문당.

박진호(2011), "시제, 상, 양태", 국어학 60, 289-322.

박철우 외 13인 공저(2023), 한국어 의미론, 서울: 사회평론아카데미.

박철우(1998), 한국어 정보구조에서의 화제와 초점, 서울대학교 언어학과 박사학위논문.

박철우(2011), "화시의 기능과 체계에 대한 고찰", 한국어의미학 36, 1-37.

백인영(2022), "가능세계의미론을 기반으로 한 동적 양상 범주 연구", 인문논총 79-2, 39-83, 서울대학교 인문학연구원.

송재목(2009), "인식양태와 증거성", 한국어학 44, 27-53.

송재정(1997), The So-called Plural Copy in Korean as a Marker of Distribution and Focus, *Journal of Pragmatics* 27, 203-224.

송철의(1996), "'-었-'과 형태론", 국어사와 차자표기, 847-863, 서울: 태학사.

신서인(2017), 양태 표현의 다의성과 구조적 다의성, 우리말글 72, 1-29.

심재기, 이기용, 이정민(1984), 의미론서설, 서울: 집문당.

윤영은(2013), 언어의 의미 및 화용 이론과 실제: 형식 의미론적 관점과 인지 의미론적 관점을 중심으로, 서울: 한국문화사.

윤평현(2020), 국어의미론, 서울: 역락.

이남순(1988), 국어의 부정격과 격표지 생략, 국어학총서 14, 서울: 태학사.

이성범(1999), 언어와 의미, 서울: 태학사.

이성범(2001), 추론의 화용론, 서울: 한국문화사.

이은섭(2005), 현대 국어 의문사의 문법과 의미, 국어학총서 51, 서울: 태학사.

이익섭, 채완(1999), 국어문법론강의, 서울: 학연사.

이정복(2012), 한국어 경어법의 기능과 사용 원리, 서울: 소통.

임근석(2006), 한국어 연어 연구, 서울대학교 언어학과 박사학위논문.

임동훈(2008), "한국어의 서법과 양태 체계", 한국어의미학 26, 211-249.

임동훈(2012), "'은/는'과 종횡의 의미 관계", 국어학 64, 217-271.

임동훈(2012), 복수의 형식과 의미, 제 31차 한국어 의미학회 전국학술내회 발표논문집.

임지룡(2018), 한국어 의미론, 서울: 한국문화사.

임채훈(2012), 사건 발화상황 그리고 문장의미, 서울: 역락.

임홍빈(2000), "복수 표지 '들'과 사건성", 애산학보 24, 3-50.

장경희(1980), "지시어 '이, 그, 저'의 의미 분석", 어학연구 16-2, 167-84.

장석진(1985), 화용론연구, 서울: 탑출판사.

장석진(1987), 오스틴-화행론-, 서울대학교출판부.

전영철(1997), *The Syntax-Semantics Interface of Genericity*, Ph.D. dissertation, Indiana University.

전영철(2000), "한국어 존재문의 구성", 언어학 27, 261-280.

전영철(2006), "대조 화제와 대조 초점의 표지 '는'", 한글 274, 171-200.

전영철(2013), 한국어 명사구의 의미론, 서울대학교 출판부.

전영철(2015), Focus, Topic, and Contrast, In L. Brown and J. Yeon eds., *The Handbook of Korean Linguistics*, Oxford: Wiley Blackwell, 179-195.

전영철(2018), "의미론의 어제와 오늘", 한국어학 81, 65-88.

전영철(2019), "한국어 정보구조표지 '은/는'의 의미-대조 의미를 중심으로", 언어학 85, 99-137.

전영철(2022), "한국어 양상 범주의 형식의미론적 접근에 대하여", 인문논총 79-2, 7-38, 서울대학교 인문학연구원.

채완(1984), "화제와 총칭성, 특정성, 한정성", 목천 유창균 박사 환갑기념 논문집, 계명대학교 출판부, 743-755.

최동주(1995), 국어 시상체계의 통시적 변화에 관한 연구, 서울대학교 언어학과 박사학위논문.

최윤지(2015), 한국어 정보구조 연구, 서울대학교 국어국문학과 박사학위논문.

카릴 샐리(2023), 한국어 인칭어의 대인관계 관리 기능 연구, 서울대학교 국어국문학과 박사학위논문.

홍종선 외 5인 공저(2009), 국어의 시제, 상, 서법, 서울: 박문사.

Abbott, B. (2004), Definiteness and Indefiniteness, In L. Horn and G. Ward eds., *The Handbook of Pragmatics*, Blackwell, 122-150.

Anderson, S. & E. Keenan (1985), Deixis, In T. Shopen ed., Language Typology and *Syntactic Description vol. III: Grammatical Categories and the Lexicon*, Cambridge: Cambridge University Press, 259-308

Austin, J. (1962), *How to Do Things with Words*, Oxford: Clarendon Press.

Barwise, J. & R. Cooper (1981), Generalized Quantifiers and Natural Language, *Linguistics and Philosophy* 4, 159-209.

Berlin, B. & P. Kay (1969), *Basic Color Terms: Their Universality and*

Evolution,   Berkley: University of California Press.

Birner, B. (2013), *Introduction to Pragmatics,* Oxford: Wiley Blackwell.

Brown, P. & S. Levinson (1987), *Politeness: Some Universals in Language Usage,* Cambridge: Cambridge University Press.

Cann, R., R. Kempson, and E. Gregoromichelaki (2009), *Semantics: An Introduction to Meaning in Language,* Cambridge: Cambridge University Press.

Carnap, R. (1947), *Meaning and Necessity,* Chicago: University of Chicago Press.

Chapman, S. (2000), *Philosophy for Linguists: An Introduction,* London: Routledge.

Chapman, S. (2011), *Pragmatics,* Hampshire: Palgrave Macmillan.

de Swart, H. (1998), *Introducing to Natural Language Semantics,* CSLI Publications.

Dowty, D., R. Wall, and S. Peter (1981), *Introduction to Montague Semantics*, Dordrecht: Reidel.

Fauconnier, G. (1985), *Mental Spaces,* Cambridge, MA: MIT Press.

Fauconnier, G. (1997), *Mapping in Thought and Language,* Cambridge: Cambridge University Press.

Fauconnier, G. & M. Turner (2002), *The Way We Think: Conceptual Blending and the Mind's Hidden Complexities*, New York: Basic Books.

Fillmore C. (1985), Frames and the Semantics of Understanding, *Quaderni di Semantica* 6: 222-254.

Frege, G. (1892), On Sense and Reference. In J. Gutiérrez-Rexach ed. (2003), *Semantics: Critical Concepts in Linguistics vol 1,* London: Routledge, 7-25.

Gamut, L.T.F. (1991), *Logic, Language, and Meaning,* Chicago: University of Chicago Press.

Gawron, J. (2011), Frame Semantics. In C. Maienborn, K. von Heusinger,

P. Portner eds., *Semantics: An International Handbook of Natural Language Meaning vol 1*, Berlin: De Gruyter Mouton, 643-664.

Gordon, D. & G. Lakoff (1975), Conversational Postulates, In P. Cole & J. Morgan eds., *Syntax and Semantics vol. 3: Speech Acts*, New York: Academic Press, 83-106.

Grice, P. (1957), Meaning, *The Philosophical Review* 64, 377-388.

Grice, P. (1975), Logic and Conversation, In P. Cole & J. Morgan eds., *Syntax and Semantics vol. 3: Speech Acts*, New York: Academic Press, 43-58.

Gundel, J. (1988), Universals of Topic-Comment Structure, In M. Hammond, E. Moravcsik, and J. Wirth eds., *Studies in Syntactic Typology*, John Benjamins, 209-239.

Gundel, J. and T. Fretheim (2004), Topic and Focus, In L. Horn and G. Ward eds., *The Handbook of Pragmatics*, Oxford: Blackwell, 175-196.

Gundel, J., N. Hedberg, and R. Zacharski (1993), Cognitive Status and the Form of Referring Expressions in Discourse, *Language* 69, 274-307.

Hajičová, Eva, Barbara H. Partee and Petr Sgall (1998), *Topic-Focus Articulation, Tripartite Structures, and Semantic Content*, Kluwer Academic Publishers.

Heim, I. (1982), *The Semantics of Definite and Indefinite Noun Phrase*, Ph.D. dissertation, University of Massachusetts.

Horn, L. (1984), Towards a New Taxonomy for Pragmatic Inference: Q- and R-based Implicature, In D. Schiffrin ed., *Meaning, Form and Use in Context*, Washington, DC: Georgetown University Press.

Huang, Y. (2007), Pragmatics, Oxford: Oxford University Press.

Huddleton, R. and K. Pullum (2002), *The Cambridge Grammar of The English Language*, Cambridge: Cambridge University Press.

Jackendoff, R. (2011), Conceptual Semantics. In C. Maienborn, K. von Heusinger, P. Portner eds., *Semantics: An International Handbook of*

Natural Language Meaning vol 1, Berlin: De Gruyter Mouton, 664-687.

Johnson, M. (1987). *The Body in the Mind: The Bodily Basis of Meaning, Imagination, and Reason.* Chicago: Chicago University Press.

Kamp, H. (1981), A Theory of Truth and Semantic Representation, In J. Groenendijk, T. Janssen, and M. Stokhof eds., *Formal Methods in the Study of Language,* Amsterdam: Mathematisch Centrum, 277-322.

Karttunen, L. (1973), Presuppositions of Compound Sentences, Linguistic Inquiry 4, 169-93.

Kearns, K. (2011), *Semantics, 2nd edition,* Hampshire: Palgrave Macmillan.

Kratzer, A. (1977), What 'must' and 'can' Must and Can Mean, *Linguistics and Philosophy* 1, 337-355.

Kratzer, A. (1981), The Notional Category of Modality, In H-J. Eikmeyer and H. Rieser eds., *Words, Worlds, and Contexts: New Approaches to Word Semantics,* Berlin: Walter de Gruyter, 38-74.

Kratzer, A. (2012), *Modals and Conditionals,* Oxford: Oxford University Press.

Krifka, M., F. Pelletier, G. Carlson, A. ter Meulen, G. Chierchia, and G. Link (1995), Genericity: An Introduction, In G. Carlson and F. Pelletier eds., *The Generic Book,* Chicago: The University of Chicago Press, 1-124.

Kripke, S. (1972), Naming and Necessity, In D. Davidson and G. Hartman eds., *Semantics of Natural Language,* Dordrecht: Reidel, 253-355.

Kröger, P. R. (2019), *Analyzing Meaning,* Berlin: Language Science Press.

Labov, W. (1973), The Boundaries of Words and Their Meanings, In C.-J. Bailey & R. Shuy eds., *New Ways of Analyzing Variation in English,* Washington, DC: Georgetown University Press, 340-373.

Lakoff, G. (1990), The Invariance Hypothesis: Is Abstract Reason Based on Image-schemas?, *Cognitive Linguistics* 1-1, 39-74.

Levinson, S. (1983), *Pragmatics,* Cambridge: Cambridge University Press.

Levinson, S. (2000), *Presumptive Meanings,* Cambridge: Cambridge University Press.

Littlemore, J. (2017), Metonymy. In In B. Dancygier ed. The Cambridge *Handbook of Cognitive Linguistics,* Cambridge: Cambridge University Press, 407-422.

Löbner, S. (2013), *Understanding Semantics,* Abingdon: Routledge.

Lyons, J. (1977), *Semantics,* Cambridge: Cambridge University Press.

Oakley, T. and E. Pascual (2017), Conceptual Blending Theory. In B. Dancygier ed., *The Cambridge Handbook of Cognitive Linguistics,* Cambridge: Cambridge University Press, 423-448.

Ogden, C. and I. Richards (1923), *The Meaning of Meaning.* London: Routledge and Kegan Paul.

Portner, P. (2005), *What is Meaning?: Fundamentals of Formal Semantics,* Oxford: Blackwell Publishing.

Portner, P. (2009), *Modality,* Oxford: Oxford University Press.

Recanati, F. (2010), *Truth Conditional Pragmatics.* Oxford: Oxford University Press.

Reichenbach, H. (1947), *Elements of Symbolic Logic,* London: Macmillan.

Reinhart, T. (1981), Pragmatics and Linguistics: An Analysis of Sentence Topics, *Philosophica* 27: 53-94.

Riemer, N. (2010), *Introducing Semantics,* Cambridge: Cambridge University Press.

Roberts, C. (2011), Topics, In C. Maienborn, K. von Heusinger, and P. Portner eds., *Semantics: An Introduction Handbook of Natural Language Meaning* vol. 2, Berlin: Mouton De Gruyter, 1908-1934.

Russell, B. 1905. On Denoting, In J. Gutiérrez-Rexach ed. (2003), *Semantics: Critical Concepts in Linguistics vol 1,* London: Routledge, 26-38.

Sadock, J. (1974), *Towards a Linguistic Theory of Speech Acts*, New York: Academic Press.

Saeed, J. (2009), *Semantics, 3rd edition*, Oxford: Wiley Blackwell.

Searle, J. (1969), *Speech Acts*. Cambridge: Cambridge University Press.

Searle, J. (1975a), A Taxonomy of Speech Acts. In K. Gunderson ed., *Minnesota Studies in the Philosophy of Science 9: Language, Mind, and Knowledge*, 344-69.

Searle, J. (1975b), Indirect Speech Act. In P. Cole and J. Morgan eds., *Syntax and Semantics 3: Speech Acts*. London: Academic Press, 59-82.

Smith, C. (1991), *The Parameter of Aspect*, Dordrecht: Kluwer.

Sperber, D. & D. Wilson (1995), *Relevance: Communication and Cognition, 2nd edition*, Oxford: Blackwell.

Strawson, P. (1950), On Referring, *Mind* 59, 320-44.

Sullivan, K. (2017), Conceptual Metaphor. In B. Dancygier ed., *The Cambridge Handbook of Cognitive Linguistics*, Cambridge: Cambridge University Press, 385-406.

Taylor, J. (2011), Prototype Theory. In C. Maienborn, K. von Heusinger, and P. Portner eds., *Semantics: An Introduction Handbook of Natural Language Meaning vol 1*, 643-664.

van der Auwera, J. and A. Ammann (2013), Overlap between Situational and Epistemic Modal Marking, In D. Matthew and M. Haspelmath eds., *The World Atlas of Language Structures on Line*, Leipzig: Max Planck Institute for Evolutionary Anthropology.

Vendler, Z. (1967), *Linguistics in Philosophy*, Ithaca, NY: Cornell University Press.

색인